LOCUS

LOCUS

LOCUS

LOCUS

from

vision

from 156
血汗AI
為人工智慧提供動力的隱性人類勞工
作者：詹姆斯・默登、馬克・格雷厄姆、卡倫・坎特
（James Muldoon, Mark Graham, Callum Cant）
譯者：林潔盈
責任編輯：潘乃慧
封面設計：許慈力
校對：呂佳真
出版者：大塊文化出版股份有限公司
www.locuspublishing.com
台北市10550南京東路四段25號11樓
讀者服務專線：0800-006689
TEL：(02) 87123898　FAX：(02)87123897
郵撥帳號：18955675
戶名：大塊文化出版股份有限公司
法律顧問：董安丹律師、顧慕堯律師

總經銷：大和書報圖書股份有限公司
地址：新北市新莊區五工五路2號
TEL：(02) 89902588　FAX：(02) 22901658

初版一刷：2025年2月
定價：新台幣420元
Printed in Taiwan

血汗AI

為人工智慧提供動力的隱性人類勞工

FEEDING THE MACHINE:
THE HIDDEN HUMAN LABOR
POWERING A. I.

JAMES MULDOON · MARK GRAHAM · CALLUM CANT

詹姆斯・默登｜馬克・格雷厄姆｜卡倫・坎特——著　林潔盈——譯

目次

前言　擷取資訊的機器

梅西伸長脖子，深吸了一口氣，然後在電腦上載入另一項任務，讓人焦慮的圖像與影片接二連三地出現在螢幕上。梅西是Meta公司在肯亞奈洛比一間委外辦公室的內容審核員，在她十小時的輪班工作中，每五十五秒便需處理一個「標籤」。這段影片記錄了一場致命的車禍。有使用者將事故過程拍攝下來並上傳臉書，隨後因觸犯Meta針對暴力與寫實內容的準則而被檢舉。梅西的工作是確認這段影片是否違規。當鏡頭逐漸拉近事故現場，梅西仔細看了這段影片。在畫面突然對焦時，梅西認出其中一張臉：受害者是她的祖父。

梅西猛地把椅子往後一推，邊哭邊跑向出口，路過一排排目光關切的同事。走出辦公室後，她開始打電話給親戚。接到電話的人都驚愕不已，因為這個令人悲痛的消息還沒傳出去。她的主管試圖安慰她，卻也不忘提醒她，若想達成當天的工作目標，就必須回到辦公桌前。主管告知，由於這起事件，梅西明天可以請假休息，但主管也強調，既然她已經在上班，完成輪班仍是最佳選擇。

螢幕上出現了一些新的標籤：又是梅西的祖父，同一件事故一次又一次出現在螢幕上。這裡不僅有其他人分享同一段影片，還有不同角度拍攝的新版本。從事故車輛的照片，到死者的照片，再到事故場景的描述。梅西開始辨認出所有的細節了——就在幾個小時前，日落時分，她所居住的社區，一條她走過無數次的熟悉街道。這一起意外造成了四人死亡。這次輪班似乎沒有盡頭。

某家公司在肯亞與烏干達經營三間資料標註與內容審核中心，我們前往採訪了數十名和梅西一樣的工作人員。內容審核員的主要任務是手動搜尋社群媒體的貼文，刪除惡意內容，並標記出違反公司政策的情形。資料標註員負責給資料貼上相關標籤，以便讓電腦演算法使用。這兩類工作都是「資料工作」，它們涉及不同類型的幕後勞動，促成了我們的數位生活。儘管梅西的故事令人深感沮喪，卻絕非個案。一名為了這份工作從奈及利亞移民過去的資料工作者表示，這類工作其實非常吃力，「你的身體勞累，精神疲乏，好比行屍走肉。」輪班時間長，員工在速度與準確性都必須達到嚴格的績效目標。梅西工作時，需要高度集中注意力；內容審核員在工作時不能分心，因為他們必須根據嚴格的標準正確標記影片。審核員需要仔細檢查每一段影片，找出Meta政策所定義的嚴重違規行為。舉例來說，相形於單純的霸凌與騷擾，暴力和煽動的違規程度更嚴重，因此，僅僅是辨別出單一違規行為並不夠，審核員還得觀察整件事情的發展，以避免事態惡化。

「最讓人焦慮的不只是暴力，」另一名審核員向我們透露：「還有那些露骨不雅且令人不適的內容。」這名審核員指出，他們「幾乎每天」都會目睹有關自殺、虐待與強姦的內容，「做這份工作，你會把不正常的事都正常化了。」在這些內容審核中心，工作人員不斷受到暴力寫實圖像與影片的轟炸，完全沒有時間去消化所目睹的一切。每位員工每天需要處理五百到一千個標籤。許多人表示，這份工作徹底改變了他們的感受，在他們的生命中留下了難以磨滅的印記，其後果可能是毀滅性的。一位被公司解雇的前審核員表示：「我們大多數人都經歷了心理創傷，有些人甚至曾經試圖自殺……有些人與配偶分開，無法挽回婚姻。」

另一位審核員說：「公司政策比工作本身更讓人耗費心神。」在我們造訪的一間內容審核中心，工作人員在看完一段斬首影片之後，哭得全身發抖。然而，管理階層告訴他們，在週間某個時段，他們有三十分鐘的休息時間去見「健康顧問」，但所謂的健康顧問其實只是一位沒有接受過正規心理學訓練的同事。由於觀看的內容難以忍受而離開座位的工作人員，被告知違反公司政策，因為他們忘了在電腦上輸入正確的代碼，表示自己處於「閒置」狀態或「去洗手間」，而這意味著他們的生產率分數可能因此降低。類似的情況層出不窮：「我在辦公室裡崩潰了」、「我陷入了嚴重的憂鬱症」、「我不得不去醫院」、「他們不關心我們的健康」。工作人員告訴我，管理階層會監控員工的就醫紀錄，以驗證員工請病假的正當性，但這種監控並不代表他們希望員工康復，或是真心關切員工的心理健康。

在這家公司，工作保障微乎其微，我們採訪的大多數工作人員都是簽署為期一到三個月的滾續合約，一旦客戶的工作完成，合約就可能中止。工作人員在一棟昏暗的廠房裡工作，每排座位可多達百人，這棟建築位於奈洛比郊區的一片龐大商業園區。他們的雇主是Meta公司的客戶，總部位於舊金山，是著名的業務流程外包公司，在東非設有服務執行中心，專門將不安全與低收入的工作分配給當地員工。許多工作人員就跟梅西一樣，過去曾住在附近的基貝拉貧民窟（非洲最大的城市貧民窟），該公司以幫助弱勢工人進入正規就業的前提聘請他們。然而現實情況是，這些工作人員當中有許多人因為害怕失去工作，選擇不向管理階層提出質疑。工作人員表示，抱怨的人被要求保持沉默，也被提醒隨時可能面臨被替換的風險。

與我們交談的許多審核員都是肯亞人，但也有來自非洲其他國家的移民，進入這間業務流程外包公司，協助Meta審核其他非洲語言的內容。部分員工談到走在街上被認出是外國人的經歷，讓他們覺得自己更容易受到肯亞警察的騷擾與虐待。然而，他們面臨的危險並不僅限於警察騷擾。一位女性受訪者指出，一些非洲鄰國「解放陣線」的成員會找到Meta審核員的姓名與照片，語帶威脅地將這些資訊發布到網路上，因為他們不同意某些審核的結果。這讓審核員感到恐懼，於是帶著這些圖像去公司，試圖尋求協助。該公司表示，將考慮加強廠房設備的保全工作；除此之外，公司對員工的安全問題無能為力，員工應該自己「注意安全」。

我們大多數人都希望，永遠不要經歷梅西和她的同事所忍受的不人道工作條件。然而，這類資料工作是由世界各地、數以百萬計的工人，在不同環境與地點中進行的。在這個中心，部分工作條件在我們實地考察後發生了變化，這一點我們將在第八章進一步討論。大型企業如Meta，往往有好幾個外包的審核服務供應商，這些供應商會爭取最有利可圖的合約。對於我們日常使用的產品與服務，從社群媒體應用程式到聊天機器人和新的自動化技術等，這些資料工作對其運作至關重要。這些資料工作是這些產品與服務存在的先決條件；如果不是內容審核員持續在後台掃描貼文，社群網絡瞬間就會充斥暴力與露骨的內容。[1] 如果沒有資料標註員創建資料集，來教導人工智慧區分交通號誌與交通標誌，自動駕駛汽車就無法合法上路。如果沒有訓練機器學習演算法的工人，ChatGPT這類的人工智慧工具就不可能誕生。

我們可以廣義地將人工智慧理解為一種運用機器處理資料，以生成決策、預測與建議等輸出結果的技術。[2] 從電子郵件中的自動填寫功能，到無人機戰爭中應用的目標武器系統，都屬於人工智慧的範疇。事實上，所謂的人工智慧比較像是一個行銷概念，或是一個總稱，可以涵蓋許多非常不同的科技，其中包括電腦視覺、模式識別與自然語言處理（即日常口語與文本的處理）。這個相對模糊的概念，既能喚起後人類智慧的奇蹟，也預示著人工智慧引發滅絕事件的危險。在公共辯論中，人工智慧代表許多不同的概念：對某些人來說，人工智慧代表經濟成長、科學成就與先進的能力，不過對另一些人來說，人工智慧代表自動化導致的失業、有偏見的決策與技術傳教。多年來，人工智慧的含義持續演變，它不斷地被重新定義，以捕捉最新的技術發展浪潮。

最近，人工智慧的發展集中在支援聊天機器人的系統，也就是所謂的大型語言模型（large language models，簡稱 LLMs）。這些大型語言模型的訓練倚賴龐大的文本資料集，而這些資料集通常抓取自網際網路。大型語言模型如ChatGPT之所以被稱為「大型」，一方面是因為它們的資料集規模驚人，通常達到數千億吉位元組，另一方面也是因為訓練這些語言模型所需的參數數量極其龐大，例如ChatGPT-4大約使用了一兆七千六百億個參數。這些參數是驅動系統性能的變量，在訓練過程中可以進行微調，以確定模型如何識別資料中的模式，這將直接影響模型在處理新資料時的表現。

如今，我們正身處於炒作週期之中，各家公司競相將人工智慧工具整合到各種產品中，徹底改變從物流到製造和醫療保健的一切。人工智慧技術的應用範圍極廣，包括診斷疾病、設計更有效率的供應鏈，以及貨物運輸的自動化。二〇二三年，全球人工智慧市場的價值已超過兩千億美元，預計每年增長二〇%，到二〇三〇年達到將近兩兆美元。[3]人工智慧的發展往往伴隨著隱祕且不透明的特性；目前，全球有多少工人參與這個產業並沒有確切的數字，但可以肯定的是，這個數字以百萬計，而且若按目前的趨勢繼續發展，參與人工智慧相關工作的人數將會急遽增加。

透過使用人工智慧產品，我們實際上直接進入了這些分散全球各地的工人的生活。無論我們感受如何，我們都已經彼此相連。正如品嘗一杯咖啡，意味著消費者參與了從咖啡豆到咖啡杯的全球生產網絡一般，當我們使用搜尋引擎、聊天機器人，甚至像智慧機器人吸塵器這樣的簡單產品時，我們啟動了跨越地球各個角落的工人、組織與消費者之間的全球資料流與國際資本流動。然而，許多科技公司卻竭盡全力隱藏其產品的實際製造過程。這些公司描繪的願景是光鮮亮麗的自主機器，一種能在大量資料中邊搜索、邊學習的電腦，而不是現實中那些報酬微薄、辛苦勞作、既受電腦訓練又被電腦管理的工人。我們作為消費者、行動主義者與公民所採取的行動，可以對這些工人的工作環境產生真正的影響，幫助他們爭取合理的工作條件。這些工人處於科技變革的最前端，但人工智慧支援的監控與生產力工具正在不斷逼近，即使是那些自認不會受到這種工作生活侵擾的人，也無法幸免。我們採取行動的第一步，是要瞭解人工智慧如何產生，以及它運作的不同系統。這讓我們瞭解到，人工智慧如何將權力、財富與塑造未來的能力集中在少數人手中。

本書講述的故事，不僅關於那些透過勞動讓人工智慧成為現實的人，還牽涉到在獲取資本、網絡建立與工作機會等方面，維持全球不平等的權力系統。書中揭露了隱形勞動力如何為人工智慧做出貢獻，以及權力者經常刻意掩蓋這項重要工作的方式。本書依據對資料標註員、內容審核員、機器學習演算法工程師、人工智慧倫理學家、倉庫工人、勞工組織者與業界人士等兩百多個專訪，揭露人工智慧生產過程的隱藏世界，以及這個世界裡被忽略的數位工作者的故事。這些工作人員的職位各異，包括在惡劣環境下工作、缺乏最低就業保障、工作極度不穩定的低收入資料標註員，乃至全球科技公司總部內享有高薪待遇的機器學習演算法工程師。藉由追蹤連接這些人工智慧生產網絡的資金流向，我們得以逐步揭開人工智慧運作的深遠歷史，並且揭露至今仍在塑造人工智慧的殖民主義傳統。

本書的每一章都借鑑了十多年的研究經驗，引導讀者深入探索工人為人工智慧奉獻的不同場景。在接下來的篇幅中，我們將介紹七個在這一過程中扮演關鍵角色的人物。這些都是我們在研究過程採訪的真實人物，每個故事都真實存在，但在某些情況下，我們會採取謹慎的措施刻意隱藏他們的身分，有時也會略過某些訪談內容。這七個角色分別是「標註員」、「工程師」、「技術員」、「藝術家」、「操作員」、「投資人」與「組織者」。藉由展示他們的工作流程、社會背景與日常生活，每一章都讓讀者一窺人工智慧生產中的人性因素及其對工人的影響。在這些角色中，我們將認識一名烏干達資料標註員，她被困在一份枯燥乏味的工作當中，面對有限的機會，她感到無處可逃。我們將見到一名愛爾蘭配音演員，她發現自己的聲音在她不知情的情況下，被機器學習演算法合成，而且這個機器合成的聲音最終可能會取代她的工作。我們也會瞭解一位肯亞政治活動家的故事，他與工人同事一起組織起來，努力改變只為了服務數位經濟中權貴階層的不公正制度。總體的敘事揭露了這七個角色的工作如何相互關聯，以及其中一個角色的行為如何對其他人的生活產生巨大影響。

本書呈現的視野無疑是片面且不完整的；要用一本書完整涵蓋人工智慧產生的每一個面向，或是人工智慧的不同使用方式，是不可能做到的。例如，關於為人工智慧提供動力的工人，書中沒有用一整章的篇幅介紹那些為特定科技產品挖掘關鍵礦物的礦工，或是在世界各地的工廠組裝這些產品的工人（他們往往面臨十分惡劣的工作環境）。許多其他角色都能成為本書描述的對象，但是我們試圖提供一系列簡明的介紹，來呈現人工智慧的不同視角，以超越矽谷的狹隘視野。由此，這本書將引導我們踏上旅程，前往肯亞、烏干達、愛爾蘭、冰島、英國與美國。

人工智慧通常被視為人類智慧的一面鏡子，旨在透過再現人類思維的發生過程，來「解決智慧問題」。但從我們在本書所探討的角度來看，人工智慧更像是一台「擷取機器」。當我們作為消費者、接觸人工智慧產品時，所看到的只是機器的一個表面，以及機器產生的輸出結果。在這個光鮮亮麗的外表下，卻隱藏著一個複雜網絡，是由驅動這台機器的組件與關係所組成。這台擷取機器吸引了資本、電力、自然資源、人力、資料與集體智慧等關鍵的投入，並將這些資源轉化成統計預測，而人工智慧公司進一步將這些統計預測轉化為利潤。要瞭解人工智慧這台機器，就必須揭開它對客觀性與中立性的偽裝。每台機器都有一段歷史，它們是人類在特定時間為執行特定任務而打造的。人工智慧深深嵌入現存的政治與經濟系統之中；人工智慧進行分類、辨別與預測時，是為了服務那些把它創造出來的人。人工智慧體現了富人與權貴的利益，這些人利用人工智慧進一步鞏固自己的地位。人工智慧不僅增強了富人與權貴的權力，也將現存的社會偏見嵌入新的數位歧視形式中。

人工智慧的企業敘事通常著重於其智慧與便利性，往往掩蓋了基礎設施的物質現實與運作所需的人力。[4]在公眾的想像中，人工智慧與發光的大腦、神經網絡與失重的雲朵等形象聯繫在一起，似乎人工智慧本身只是飄浮在以太之中。我們不會想到的是，在能源密集的資料中心，沉重的機架上裝滿呼呼作響、持續發熱、發出白噪音的伺服器，也難以想像那些如觸角般延伸的海底電纜，正將人工智慧的訓練資料傳送到世界各地。人工智慧擁有物質實體，只能透過新晶片、伺服器與電纜的製作與配置，才能正常運轉。就像肉體一樣，人工智慧的物質結構需要持續不斷的滋養，倚賴電力來驅動運作，也需要水來幫伺服器降溫。每當我們向 ChatGPT 提問或使用網路搜尋引擎，這些機器就必須倚賴這套數位基礎設施維生並呼吸。

我們常常忽略的是，在看似自動化的人工智慧流程背後，隱藏著人類勞工不得不彌補技術局限性的變相勞動。[5]從標註資料集、驗證輸出結果到調整參數等，人工智慧仍有許多任務需要依靠人類勞工來完成。當人工智慧出現故障或無法正常運作，人類勞工就得介入，協助演算法運行。例如，Siri無法識別語音指令，或是臉部辨識軟體無法驗證個人身分時，這些案例往往會傳送給人類勞工，以確定問題所在，並提出改進演算法的建議。最初的「土耳其行棋傀儡」（Mechanical Turk）（亞馬遜網站的群眾外包市場以此命名），其實是個自動下棋裝置的騙局，這個裝置上面有一個真人大小的木雕人像，於十八世紀晚期在歐洲巡迴展出。[6]這台機器的發明者沃夫岡·馮·肯佩倫（Wolfgang von Kempelen）聲稱它可以自動下棋，但實際上箱子裡藏著一個真人西洋棋大師，藉由許多槓桿和鏡子來操作這台機器。當今人工智慧可以自主工作的想法，其實也是這類錯覺的延續。複雜的軟體之所以能發揮作用，背後是數千個小時低薪且技術含量低的勞動。這些隱藏在後面的勞工被迫像機器人一樣工作，盡力使人工智慧變得更像人類。

擷取機器的運作不僅需要物理資源和勞動力，同時也倚賴其訓練資料集中所包含的人類智慧。人工智慧系統捕捉人類的知識，並透過機器學習模型將這些知識編碼，納入自動流程之中。基本上，人工智慧衍生自它的訓練資料，透過這些資料，它學習執行各種任務：從駕駛汽車到辨別物體與生成自然語言，它依靠的是一個收集人類知識歷史的大型計畫，其中包含由數十億資料點匯集的龐大資料集。這些資料集訓練出來的系統往往超出人類的水準，儘管其中許多資料集屬於公共領域，還有不少未經作者同意就被擷取的版權作品。人工智慧公司通常會封閉這些資料集，使用專門的軟體操控這些資料，以此為基礎創造出新的輸出結果，進而實現集體智慧的私有化。擷取機器不僅需要物質資源，也需要這些智慧資源。

然而，我們之所以將這個系統稱為擷取機器，不僅因為它是透過掠奪資源、人類勞動力與我們的集體智慧而生成。當人工智慧系統投入使用後，尤其在工作場所中，也會促成進一步的擷取過程。這主要體現在對工人勞動的榨取上，人工智慧管理系統集中了勞動過程的知識，並透過程序化與簡化的作法，以降低完成一項工作所需的技術要求，迫使工人更努力、更快速地工作。這種工作集約化的模式，能從工人的勞動中榨取更多價值，為雇主帶來利益。對我們許多人來說，這是我們最容易受到擷取機器危害的機制。即使我們不會立即成為內容審核員，但困住梅西的那台機器，同樣也會影響到我們的工作。

就以一家德國汽車製造商為例，說明這台擷取機器的運作方式。這家汽車製造商作為全球生產網絡的主導公司，協調世界各地的一系列供應商。雖然這些供應商在最終產品的開發過程中都扮演決定性的角色，但最終負責協調整個供應鏈運作的，依然是這家汽車製造商，沒有任何一家公司對整個系統的運作具備同等程度的監督或瞭解。當這家汽車製造商決定生產具三級自動駕駛功能的汽車，即所謂的「條件自動」——駕駛人在特定條件下，可以將視線從道路上短暫移開，這項決定便引發全球各地工人與組織的一連串反應。

這家大公司的董事受到機構股東的鼓勵，在競爭對手推出類似計畫且造成股價上漲以後，開始探索自動駕駛的領域。該公司整理了一份公開可用的資料集清單，選出所需的資料集，然後購買了私人資料集，其中包含標註了數百個物品類別標籤（交通號誌、行人、其他駕駛等）的數千小時影片。在人工智慧實驗室開發出模型後，該公司的機器學習演算法工程師注意到好幾個邊緣案例（罕見事件或場景），表示需要新的標註資料才能進一步訓練模型。由不同條件的汽車行駛狀況所組成的資料集，必須由成千上萬個標註員手動進行標註。於是，該公司聘請了菲律賓、肯亞與印度的三個標註供應商來執行這些任務。一旦機器學習演算法工程師審查了標註資料集並嘗試微調模型，就會將幾批工作傳回給資料標註公司重做。

實驗室也會從亞馬遜網路服務（Amazon Web Services）租用運算資源（運行程式需要的處理能力、記憶體與儲存）。儘管德國團隊對於將敏感資料發送給外部供應商感到不滿，該公司不得不提前幾個月安排租用這些專門的人工智慧服務。亞馬遜公司是少數能提供該公司所需速度與規模的供應商之一。

當模型開發完成並通過多個安全測試階段之後，就可以開始向客戶銷售並投入實際的道路行駛。此類技術的許多早期客戶，可能是尋求削減成本並獲得競爭優勢的大型物流公司。例如，能夠在高速公路貨物集散中心之間自動駕駛的卡車，可讓雇主依照集散中心到客戶端的短途運輸，重新安排司機的工作，進而提高生產力與管控。這個例子說明，整個計畫從開始到結束，人工智慧系統的生產與部署都會擷取勞動力、資源、智慧與價值。

隨著我們進入技術發展的新時代，關於人工智慧運作更廣泛的社會脈絡研究，變得愈來愈重要。二〇一〇年代的特點，是少數數位守門人崛起並發展到優勢的地位；這些數位守門人在他們的平台上累積了數十億使用者，迅速成長為市值上兆美元的公司，更藉由他們的優勢地位行使前所未有的政治與經濟權力。人工智慧的興起，導致科技業的內部動力產生重大變化，這對全球經濟產生了深遠影響。從二〇〇〇年代中期持續到二〇二二年的平台時代，現已讓位給人工智慧的新時代。隨著ChatGPT的推出，以及大型科技公司和人工智慧公司之間建立起新的合作夥伴關係，圍繞著人工智慧合流的新力量，正推動著投資策略與商業模式的發展。

人工智慧時代催生了一種新的主要參與者形態，這種形態與平台時代有所重疊，卻又存在明顯區別。我們稱之為「大人工智慧」（Big AI）的公司崛起，取代了二〇一〇年代領先的大型科技公司，成為這個新時代的核心組織。這個群體包括傳統大型科技公司，如亞馬遜、字母控股（Alphabet）、微軟（Microsoft）與Meta，也包括人工智慧創新公司與晶片設計公司，如OpenAI、Anthropic、Cohere與輝達（Nvidia）。如果將目光轉向中國公司，阿里巴巴、華為、騰訊與百度等，也會是人工智慧時代下一批重要的參與者。儘管這個群體的具體成員可能隨著市場變化而有所調整，但構成大人工智慧的公司，普遍將人工智慧視為商業產品，認為這些技術是應該嚴密保護的商業機密，以用來為私人公司謀利。許多公司試圖限制自家人工智慧模型訓練過程相關知識的透明度，以能夠提高公司競爭優勢的方式來開發這些技術。自從ChatGPT

公開發布以來，傳統科技公司與人工智慧新創公司之間展開了一系列新的策略合作。例如，微軟向OpenAI投資一百億美元；谷歌（Google）向Anthropic投資二十億美元；亞馬遜向Anthropic投資四十億美元；Meta聯合微軟，和人工智慧創新公司Hugging Face合作；微軟由Inflection的員工開發了一個新的人工智慧單元；輝達現已成為一家市值高達兩兆美元的公司，占據機器學習圖形處理器（GPU）九五%的市場。[7]

平台時代的社群媒體和廣告平台的主導地位，部分得歸功於「網路效應」：平台擁有的使用者愈多，其服務就愈有效率、愈有價值，所有者的利潤也就愈高。大量用戶資料讓平台所有者得以更深入瞭解這個數位世界，並更有效地透過收費或廣告收入來獲取價值。在人工智慧時代，軟體所有權依然重要，但基本硬體的重要性也與日俱增。早期的平台公司非常精簡：Airbnb不擁有任何房屋，優步（Uber）也不擁有任何汽車。這些公司主要提供「一切即服務」（X-as-a-service）的業務模式，倚賴使用者網絡來實現其運作。然而，大人工智慧受益於我們所謂的「基礎設施力量」：人工智慧基礎設施的所有權，就是訓練大型基礎模型所需的運算能力與儲存。這需要控制大型資料中心、海底光纖電纜，以及用於訓練模型的人工智慧晶片，才得以實現。事實上，僅僅三家公司就擁有全球一半以上的大型資料中心，但只有少數公司能提供訓練尖端人工智慧模型所需的硬體。這種基礎設施的力量，也對人工智慧的人才發揮全然的吸引力，因為業內最優秀的人都希望在領先的機構工作，參與最前端的人工智慧開發。隨著業界新血陸續加入更老牌的公司，我們看到的可能會是財富與權力的進一步聯合，而不是人工智慧打開更多創新與多樣性的大門。[8]

這種基礎設施力量的一個後果，是資金提供模式的性質與新創企業的獨立程度都會改變。人工智慧公司在啟動過程中，不僅需要數百萬美元的資金，還需要上億美元的資本，以及使用雲端平台來訓練基礎模型的權限。也就是說，人工智慧新創公司需要和現有的雲端供應商建立策略夥伴合作關係，而這些供應商往往會選擇購買這些新創公司的少數股權。大型科技公司也處於為新創企業提供數十億美元資金的有利位置，因為這些公司經常擁有充足的現金儲備。第一代平台從創業投資獲得資金，但原始創辦人對其業務仍保有相當大的單方控制權。結果，許多這樣的平台都演變成為由億萬富翁創辦人統治的巨大帝國。這種情形在人工智慧時代不太可能重演，因為任何新帝國都必須和現有的大型企業合作或合併。成功將人工智慧產品商業化的奮鬥，可能促成一個多極化的科技領域，傳統科技公司會尋求與最成功的年輕新創公司合作，形成新的聯盟，超越競爭對手。

也許，最有趣卻尚未明朗的轉變，會是領先的人工智慧公司所採用的商業模式的改變。平台時代最臭名昭彰的是廣告平台，以臉書（Facebook）和谷歌為代表，哈佛大學商學院榮譽退休教授肖莎娜．祖博夫（Shoshana Zuboff）在提出「監控資本主義」（surveillance capitalism）的概念時，曾大加撻伐。[9]提供免費數位服務，以換取向使用者投放精準廣告的監控資本主義商業模式，當然不是唯一的平台商業模式（亞馬遜擁有壟斷的市場，Uber與Airbnb收取交易費，Netflix與Spotify則有訂閱模式），但確實是這個時代的決定性特徵。然而，目前尚不清楚的是，監控的典型是否依然受到新一代人工智慧公司的青睞；祖博夫理論中的「監控」面向始終只是一種商業模式，而不是新的資本主義形式。科技公司非常樂意透過其他方式賺取收入，只要這些方式同樣有利可圖。究竟會出現什麼方式尚待確認，但是我們可以看到，人工智慧公司透過授權、訂閱、將人工智慧整合至現有服務，以及出租「人工智慧即服務」等方式，以創造營收的早期跡象。

最後，人工智慧時代開展的背景，是氣候危機、資源不穩定與中美關係緊張造成的極端與分裂的地緣政治，這些因素都將深刻影響人工智慧的發展。數位平台始終與各種形式的安全、監控及邊境技術密切相關。人工智慧與第一代社群媒體應用程式及網路市場之間的區別，在於政府在多大程度上，將之視為提升軍事與經濟實力的直接工具。我們正回到中美關係更為敵對的時代，類似在冷戰時期，科技被視為文明成就的象徵，同時也是開發先進武器的方法，以及獲得經濟競爭優勢的手段。

這種地緣政治競爭，同時需要面對永續性日益重要的現象，這已成為所有主要科技公司都無法忽視的問題，至少在書面報告中確實如此。在平台時代，數位硬體設施的環境成本並未像今天這樣受到廣泛關注。永續性議題，不僅影響不同國家在獲取開發先進人工智慧晶片所需關鍵礦物的方法，也關係到特定地理區域在開採與加工這些礦物的角色。這些因素都會影響到所開發的人工智慧類型，以及它們在這個日益不穩定的世界中被部署的方式。

當前的時代和過去幾十年的技術發展之間，確實存在著深刻的連續性。若有區別的話，當前的趨勢可以說，科技公司對全球霸主地位的野心愈來愈大，它們的帝國更深入擴張到我們生活的社會結構與政治權力的殿堂。人工智慧加速了這些趨勢，讓已經從美國科技億萬富翁手中日益集中的權力獲益的人，更加地富有。對那些處於底層的人來說，選擇的餘地極其有限。如果南半球國家對於如何在鄰近地區建置或部署數位監控平台，幾乎沒有發言權，那麼他們對於人工智慧開發的投入就更加微薄。人工智慧這種技術籠罩在神祕之中，需要大量的資源與運算能力。擷取機器需要這些國家的大量資源，但是這些國家的資源往往被當作餵養的原料，輸入貪婪的機器核心。

我們為什麼想要撰寫這本關於人類勞動力驅動人工智慧的書籍呢？我們是牛津大學牛津網路研究所的三名科技暨政治研究員，隸屬於「AI公平工作」（Fairwork for AI）計畫。這個研究計畫，旨在深入瞭解工人如何為人工智慧系統的建構出力，最終目標是改善這些工人的工作條件。馬克是教授，也是該計畫的主持人，卡倫與詹姆斯則是計畫研究專員，也是艾塞克斯大學的講師。我們的多元背景涵蓋社會學、政治學、地理學、歷史、法律與哲學，這些都對「公平工作」的研究及由此而生的這本書產生了影響。

評論者就人工智慧在未來幾十年的樣貌（包括它可能造成的社會危害）進行抽象辯論時，人們很容易忘卻在**此時此地**建構人工智慧的人們的重要性。對於類似終結者系統存在威脅的純理論思考，往往將我們急需的注意力，從當前人工智慧背後強大利益的分析與批評轉移開來。著眼當下，許多研究已經揭露人工智慧系統具偏見與歧視結果的真正威脅。然而，這種排斥系統是如何滲透到生產過程中，對南半球婦女、少數族群與工人造成的負面影響，以及人工智慧系統在職場和更廣泛社會中的部署，則少有分析。

本書首次結合了兩個特別的元素：對產生人工智慧的勞動系統進行深入的經濟與政治分析，並且從民族志的角度，詳細記錄工人的生活和工作是如何促成更廣大的生產網絡。這本書不僅是資料標註員和其他工作者的調查，更主打來自世界各地的故事；它針對數位經濟中殘酷維持著全球不平等的體制，做出了批評與揭露。

在《血汗ＡＩ》一書中，我們從當前人工智慧系統的技術發展，回溯到工業生產中運用的早期勞動紀律形式。我們認為，產生人工智慧的實踐方式並不是新鮮事。事實上，這種方式和從前控制與剝削勞動力的工業形態非常相似。這本書將現今人工智慧工人的不穩定狀況，和長期的性別與種族剝削歷史連結起來——在種植園、在工廠和加州山谷。我們以現有的對話為基礎，討論科技公司約束與管理員工的控制技術有何發展。為了理解這些關聯性，我們必須回溯歷史，檢視一九九〇年代新興市場中，將工作外包給更便宜、更有紀律的勞動力的情形，以及隨之而來的新興控制技術。

人工智慧生產網絡的出現，深刻呼應著透過掠奪與不平等貿易協定進行壓榨與剝削的殖民歷史。殖民主義通常被視為一個帝國對殖民地自然環境與人類勞動力的領土侵占。但拉丁美洲的去殖民主義學者提醒我們，殖民主義的影響在解放後，依然透過他們所謂的「殖民性」結構持續發揮作用——這是根據舊殖民的等級制度來定義文化、勞動力與知識生產的權力體系。[10]為了正確理解人工智慧，我們必須透過殖民主義遺留的影響，來看待人工智慧的產生。[11]

殖民性是人工智慧結構邏輯的一部分，無論是在人工智慧的產生方式或運作方式上，都是如此。人工智慧的生成，倚賴數位勞動力的國際分工，這些任務被分配給全球勞動力；其中最穩定、高薪和理想的工作，集中在美國各大城市，而最不穩定、低薪且危險的工作，則外包到全球南方國家的周邊地區。人工智慧與其他技術所需的關鍵礦物，多半在全球南方國家各地開採加工，然後運送到特定組裝區，轉化為技術產品，例如大型語言模型所需的先進人工智慧晶片。這些作法延續了一種陳舊的殖民模式，西方國家利用其經濟主導地位，透過從外圍領土開採礦產與勞動力而致富。生成式人工智慧的輸出內容，也強化了舊有的殖民等級制度，因為大部分人工智慧資料集和訓練這些模型的通用基準，都優先採納西方的知識體系。這可能重現具破壞性的刻板印象，並對資料中被曲解或扭曲的少數群體表現出偏見。

梅西的家，即基貝拉貧民窟，最能呈現出殖民的過去與現在之間的深刻聯繫。基貝拉是肯亞奈洛比這個集合都市的一部分，擁有非洲最大的都會貧民窟。由於地點本身非正規的特性，沒有人確切知道有多少人住在那裡，人口估計從二十萬到一百萬不等。為了謀生，大多數居民在各種非正規經濟中尋找工作：在小商店工作，販賣二手衣物、家居用品、手機或食品。許多這樣的商店都位於一條將基貝拉一分為二的單軌鐵路旁。火車每天會經過好幾次，不過在其他時候，這條軌道為居民提供了便捷的通道，因為鐵軌高度高於貧民窟密集擁擠的狹窄巷弄。

前往梅西位在基貝拉的家拜訪時，我們花了點時間沿著鐵軌散步。跨過幾乎完全被壓實的土壤覆蓋的鐵路舊枕木，我們可以眺望貧民窟臨時搭建的住房。建築物大都使用乾泥，偶有水泥板與木桿，屋頂則以鐵皮浪板搭建。很少居民家裡有室內水管，露天污水管發出的氣味往往讓人難以忍受。這裡的平均壽命很低，文盲率高，居民難以擺脫貧窮的循環。

儘管基貝拉沒有火車停靠，貧民窟和鐵路的歷史卻錯綜複雜地相互交織。奈洛比建城於一八九九年，當時是烏干達鐵路的加油站。烏干達鐵路由英國財政部出資（相當於現在的五億英鎊），用於連接維多利亞湖和印度洋港口蒙巴薩。那是「瓜分非洲」的時期，鐵路被視為阻止其他歐洲列強向該地區擴張，以及在非洲內陸創造新經濟活動的重要工具。隨著一九〇〇年代奈洛比的經濟成長，大量移民湧入城中尋找工作，其中有許多人在城市南邊的基貝拉找到棲身之處。這股移民潮導致勞動力過剩，提供了廉價勞動力，促使奈洛比各地的企業不停擴張。這條鐵路是連接非洲內陸與大英帝國不可或缺的一部分，因為它讓這些企業的產品得以出口到帝國。因此，鐵路最終成為一種擷取科技，將經濟外圍與經濟核心連接起來，也加劇財富與權力的不平等。

如今，沿著從蒙巴薩到奈洛比的大致相同路線，另一種連接技術正在改變該地區的經濟。二〇〇九年，東非是地球上最後一個仍然未與全球海底光纖電纜連接的主要人口稠密地區。這個情形在第一條光纖電纜被拖入蒙巴薩港時徹底改變，此地距離蒙巴薩－烏干達鐵路的終點站並不遠。電纜的來臨將整個東非連上網際網路，讓東非與世界其他地區以接近光速的速度交換資訊。大約在這個時候，肯亞政府提出一個大膽的願景，要在該國新興的商業流程委外（BPO）產業創造數以萬計的就業機會。低工資、能流利使用英語且在正規經濟中幾乎沒有其他選擇的勞動力，將成為該產業的動力，讓肯亞企業與印度及菲律賓等地的同類企業競爭，爭取從歐洲與北美外包出來的後台工作。

儘管鐵路與網際網路以截然不同的方式改變了肯亞，它們卻有一個共同的關鍵屬性。這兩種關鍵基礎設施都將基貝拉等地的工人納入全球網絡，讓資訊與價值在各大洲之間傳輸流通。最近，擷取機器利用這些網絡獲取資料標註員，處理人工智慧資料集，將成品傳回全球北方的人工智慧實驗室。但是，工人發現自己在控制機器這一方面相對無力，也無法要求分享機器運作所產生的價值。能夠從世界上一些最貧困人口的勞動力中獲益的，主要是歐美大型企業。這不是錯誤，機器本身設計的運轉方式就是如此。

正如我們在梅西的故事所看到的，構成擷取機器的部分工作常常是剝削性、不公正且殘酷的。這些工作向工人索取很多，回饋卻相對較少。然而，人工智慧的未來不必然是如此。如果要改造這台擷取機器，就得先**瞭解**這台機器。本書的核心目標之一，是闡明人工智慧確切是如何生產與配置的，藉此鼓勵人們支持那些已經要求更公平工作條件的人士。我們跟工人談得愈多，就愈能看到他們非常瞭解自己是怎麼被剝削的，以及什麼樣的反抗方法才能有效促成改變。儘管反對他們的勢力龐大，我們也看到工人在工作場所、街頭與法庭上抗爭，阻止那些剝削他們的人。他們建立起團結網絡來捍衛自己的利益，也向世界各地尋求支持。本書記錄了為爭取更公平的人工智慧與數位經濟而興起的跨國工人運動。

我們也提出自己的建議來幫助這場抗爭。為了實現更公平、公正的工作未來，我們列出了五個步驟。首先，需要為致力行使工人集體權力的組織打造網絡，將這些組織連接起來。這不僅要將地方工會與工人協會制度化，也要促進真正的跨國工人抗爭，將全球人工智慧生產網絡的藍領與白領工人聯繫在一起。其次，由於人工智慧通常被嵌入消費者商品與服務中，民間社會與社會運動主導的壓力都能找到重要的時機向企業施壓。這種槓桿作用可以用來迫使企業保證，整個供應鏈中所有工人的最低工資標準與工作條件。第三，由於部分公司可能會利用消費者壓力給自己打預防針，因此也有必要制定法規，強制規定所有工人的最低標準。政府在規範這些從流動型工作獲利的企業時，風險在於工作可能會迅速流向地球其他角落。我們需要制定最低標準的全球協議，例如國際勞工組織公約（一項涵蓋工作基本原則與權利的國際協定），以訂定最低的全球工作標準。第四，需要更廣泛、由工人主導的干預，不僅要藉此建立集體力量，也要探索實現職場民主的有意義方式。我們討論的措施包括工人合作社，以及包容性的企業所有權結構。最後，我們承認產生本書所描述的人工智慧的系統：資本主義。如果前四個「為機器重新布線」的嘗試都能成功付諸實現，我們要探討的就是全球資本主義還能以什麼樣的方式，妨礙改善人工智慧全球勞動力的生活。

1 標註員

當安妮塔開始步行兩小時進城時，外面天色還暗著。她用了簡單的早餐，喝點茶、吃點粥，就在早上五點左右離家。安妮塔和母親、姊姊、三個孩子住在烏干達北部最大城古盧郊區的一個小村莊。她家外面是布滿車轍的泥土路，沒有公車經過，因此不想步行的通勤者會招來摩托計程車。搭一趟車去辦公室要價兩美元，來回車資超出安妮塔所能負擔的範圍，因此她每天為了省一趟車錢，只得步行上班，直到結束一整天的資料標註工作、精疲力竭了，才搭摩托車回家。

她家有兩間傳統小屋（在當地稱為otlum），是多年前建造的圓形單間住宅，由土牆和茅草屋頂構成，不過如今全家人都睡在一間有鐵皮浪板屋頂的現代方形建築裡。這間新屋子是兩年前蓋的，當時安妮塔存夠了錢，能夠分兩期購買磚塊建造。她家院子中央有一株巨大的芒果樹，六月雨季過後便會結出豐碩的果實。芒果樹周圍種植了一排排的蔬菜，棕櫚樹與其他茂盛的植被則生長在距離建築物較遠的地方。她上工時，孩子就在家裡玩耍，有時也幫忙阿姨和家裡雇用的工人做些家事。他們的雞就放養在自家周圍，在肥沃的紅土上活動，時不時溜進鄰居的院子。

今日的古盧誕生於烏干達內戰。[1]一九九六年，一場最終長達二十年的衝突已經爆發十年，烏干達政府以暴力驅逐了阿喬利地區西部（古盧周邊地區）的居民。這座城鎮迅速成為該地區人道工作的中心，收容超過十三萬國內流民。他們會流離失所，都是為了躲避約瑟夫．科尼（Joseph Kony）領導的叛亂分子「聖靈抵抗軍」與烏干達軍隊對人權的侵犯。古盧的人口幾乎在一夜之間增加了四倍。這種急遽增長讓該地區從分散的田園住家和貿易中心，成為人口密集的貧民窟。許多新來的居民失去他們擁有的不動產，無法返回家鄉，便在這裡建造起臨時的傳統土牆茅草屋，尋求謀生之道。

新來的居民大都為貧窮的年輕人，由於沒有自己的土地，不得不完全融入現金經濟。鎮上有職缺的工作是人道組織的警衛、助理、翻譯與清潔工，但移工人數遠超過職缺的數量，導致大規模失業與非正規勞動市場的擴張。找不到正式工作的移工只能勉強維持生計，往往接受低薪且條件惡劣的臨時工作。

那是一段艱難的時期。時至今日，戰爭留下的疤痕仍難以磨滅，許多人仍然因為衝突而蒙受精神創傷。大約三分之一的年輕人沒有接受任何形式的教育，也沒有就業，城內絕大多數的住房都達不到烏干達政府規定的基本住房標準。

安妮塔走過當地的一座市場，婦女們忙著整理她們的蔬菜攤，將茄子、洋蔥、秋葵、木薯等根莖類攤在布上，並鋪開坐墊。幾乎每個街角都有一群摩托計程車司機，年輕男子坐在摩托車上，等待生意上門。她經過古盧大學時，太陽開始在她身後升起。她曾在那所大學攻讀企管學士；目前的雇主剛開設資料標註中心時，她也曾在一個貨櫃為他們工作。當時，也就是五年前，公司規模還很小；之後幾年內，公司規模快速成長，不便再使用大學臨時搭建的辦公地點，於是搬進了城內。

安妮塔目前在一棟暗灰色的混凝土建築裡工作。建築物蓋完了三層樓，第四層尚未完工，只有部分獨立牆面與預留的窗格，因為業主在施工期間耗盡了資金。建築物周圍有一道圍欄，上面安裝了兩種不同的帶刺鐵絲網。一名保全站在門口，用一條繩子做成的臨時吊帶背著一把步槍。入口兩側可以看到斑駁的公司商標。這是一家大型資料標註公司的在地交付中心，該公司的總部位於舊金山，在東非各地擁有多個交付中心。

安妮塔接近建築物時，她的壓力就開始增加。她拿出身分證，隨著從城市各區湧來的工人隊伍穿過入口。她刷卡進入門禁管制區，在食堂裡找到幾個朋友。工作從早上八點開始，步調非常緊湊。工人有兩次正式休息時間，早上二十分鐘、午餐四十分鐘，但休息時間多半花在上廁所和在員工餐廳排隊。工人的時間受到嚴密監控，幾乎沒有機會和同事閒聊敘舊。今天的早茶時間是她唯一的社交機會，而一天當中的其餘時間，就是在生產車間不斷重複點擊、點擊、點擊的動作。

這裡的中庭裝飾仿照矽谷風格。沙發點綴著明亮的原色，螢幕上默默播放著MTV。入口對面懸掛公司創辦人的裱框海報，牆上是公司的使命宣言與價值觀：公司致力於「結合獨創性與人工智慧，以加速人類發展」，並相信「毅力」、「誠信」、「把事情做好」和「人性」。

安妮塔近期的任務是一家自動駕駛汽車公司的專案，主要工作是一小時又一小時地檢視駕駛開車的影片，尋找任何注意力不集中或類似「睡眠狀態」的視覺證據。這些資料讓製造商根據駕駛的面部表情與眼睛移動狀況，建構「車廂內行為監控系統」。每次她坐在電腦前專心觀看這些影片，一看就是好幾小時，最後精疲力竭。安妮塔有時甚至會感到無聊，彷彿有一股實體力量迫使她癱坐在椅子上，閉目休息。儘管如此，她明白自己必須保持警覺，就如同螢幕上的駕駛。在某種程度上，安妮塔以這份工作為榮。她正在參與一項尖端科技的推展，而她相信這項科技能改善人們的生活。有時候，她就憑著這股信念激勵自己，好堅持下去。

在找到資料標註員的工作之前，安妮塔曾在街上賣果汁，也在市場賣菜。這類非正規工作會受到季節波動的影響，薪資也遠低於她目前的職位。安妮塔覺得自己很幸運，能在這間公司工作超過五年，用不甚豐厚的薪水造福全家生活。這家公司會因應客戶需求而增減規模，她的許多同事因此失去了工作合約，但由於安妮塔的工作效率高，她一直都是核心團隊的一員。她不僅能送孩子們上學，雇用一名便宜的幫傭協助家務，還有餘力照顧母親。儘管如此，她抱怨自己的薪水太低了；以她為公司創造的價值，她的薪資確實不高。

安妮塔的工作就是持續不斷且快速地進行點擊與拖曳的動作。她必須維持這樣的速度，才能達到每天的工作目標，確保自己的名字在主管的螢幕上顯示為綠色。如果她的名字因為數字下降而變成紅色，她可能必須無償加班，直到完成當日的績效目標。工作時，時間過得很慢，她開始感到下背痠痛。她試著在椅子上伸展身體，但過沒多久，她的手和手腕也開始抽筋。她累到雙眼無法對焦，螢幕上的內容也模糊起來。她停頓一會兒，心智在睡眠邊緣徘徊，然後猛然驚醒。待一天的工作結束，她的精力已完全耗盡。她拖著疲憊的身體走出辦公室，向轉角等候的摩托車司機招手，她早就累到無法再多做一分鐘。她期待坐在芒果樹下，享受最後幾分鐘的陽光。

安妮塔陷入一種困境。她的工作枯燥乏味，對績效的持續追求帶給她很大的壓力。然而，如果選擇離開，她也不太可能找到更好的工作。市區銀行、政府機關與非政府組織的優質工作，競爭非常激烈。儘管她試圖提出改善工作條件的建議，也曾抱怨工時過長、工資低與特定管理者的霸凌事件，但她的聲音似乎總是被忽視。她覺得自己被困在這份不理想的工作。如果有更好的機會出現，她會毫不猶豫地離開。

人工智慧資料標註中心的內部

很少有外人能親眼目睹在安妮塔的工作場所發生的事。儘管這些地方牽涉到生產過程中勞動力最密集的部分，仍屬於人工智慧運作的祕密前哨基地。不時有新聞報導勞動力面臨的惡劣工作環境，但這些報導大都集中在個案，而非讓工人專注於枯燥工作的管理系統。[2]不同於一些標註工作透過數位勞動平台，發包給分散的個人勞動力，像安妮塔的公司這樣的商業流程委外廠商，將數千名工人集中在一處，採用嚴格的勞工紀律制度，以提高勞工的效率與生產力。這些控制技術有著悠久的歷史，透過種植園、棉紡廠與工廠的反覆試誤，逐漸發展出來。[3]事實上，如今的人工智慧資料標註中心繼承了最初在殖民地發展的勞動管理技術，這些技術後來又被歐洲與美國的各類工廠採用。儘管這些關聯性並非顯而易見，但早期殖民地種植園與安妮塔的生產車間之間，確實有一條不明顯的蜿蜒小路，將兩者相連。

這種管理體系被視為必要，因為勞動力與基礎硬體設施不同，前者可能無法預測且難以控制。工人創造的價值無法預先設定，而是透過工作場所的混亂實境逐步產出。從歷史上看，管理科學的興起就是為了應對這種複雜性，將人類勞動變成更簡單、機械化、可預測的流程。為了瞭解這在實務中究竟意味什麼，我們得回頭看看安妮塔的日常工作。

在生產車間，數百名資料標註員安靜地坐在一排排辦公桌前。這種配置對於曾在電話服務中心工作的人來說並不陌生，因為兩者的管理系統大致相同。燈光昏暗的環境，是為了緩解九小時高度集中注意力帶來的眼睛疲勞。工作人員的螢幕上，不斷閃爍著需要標註的圖像與影片。這些工人就像安妮塔一樣受過訓練，可以根據客戶的要求辨識出圖像元素：例如，在交通號誌、停車讓行的交通標誌與人臉等不同物件的周圍繪製多邊形，完成標註工作。一個專案可能有數百名標註員參與其中，但在專案中，工人被分成二十人或人數更多的小團隊，各團隊都有一名負責人負責巡視車間，監控團隊的資料與任何浪費時間的行為。團隊負責人的任務是維持團隊的生產力，並指導表現不佳的標註員改善工作表現。有時他們會大聲喝斥，有時勸誘哄騙，一切都是為了向客戶交差。

在接到客戶急件時，商業流程委外廠商會實施日夜輪班制，日班從早上八點到下午六點，夜班從晚上八點到早上六點。專案開始時，團隊負責人會根據任務難度為團隊設定績效目標。如果圖像很大且包含多種標註任務，他們會給工人多一點時間完成每張圖像。他們首先會測試工人的速度，以確認完成任務的速度。一旦測試階段完成，他們就會將績效目標設定在動作最慢的一〇%至一五%的工人無法達標的水準，這表示每個人都需要保持警惕，才能完成目標。然而，這些目標並非靜止不變。隨著工人的效率提升，管理者會提高目標，進一步增加工作強度，以期提升商業流程委外廠商的專案利潤率。如果工人未能達成每日目標，可能會面臨無償加班的威脅。如果一週的進度落後太多，甚至可能被要求在週末上無薪班。這種每週四十五小時高強度、高壓的工作，還得加上無薪加班的情況，標註員每月收入約為八十萬烏干達先令，折合約兩百美元出頭，換算下來，時薪約一美元十六美分。

工人在速度與品質上都得達到目標，但這兩者顯然相互矛盾。團隊負責人關心的是達成預定目標，並確保團隊的每個成員都能快速交件。但標註員還必須面對獨立的品管主管，而品管主管對所有任務的準確性要求是至少九五％，特殊專案甚至更高。任何被主管標記為不準確（即不完整）的任務，都會降低工人的整體績效。除了速度與準確性，標註員也要注意自己的效率分數，在十小時輪班期間不得休息超過一小時。除了規定的休息時間，他們每一秒都得持續工作。一旦停下手中的標註工作，效率百分比就會開始下降。工人效率分數低的時候，經理可能會使用螢幕監控軟體，檢查他們的工作狀況。每一**秒**的工作，都是標註員的努力程度，與他們願意讓數字下降多少之間的拔河。

這些標註員都無法倚賴永久雇用協議提供的保障。他們簽下的多半是一、兩個月的短期聘雇契約，並且生活籠罩在恐懼之中——假使無法達成雇主的目標，可能無法續約。由於標註工作的性質，客戶的合約來來去去，導致勞動力出現大規模的擴張與縮減。一旦大客戶的專案結束，商業流程委外廠商就會將新失業的工人列入「替補席」，基本上就是將這些人放進未來可重新雇用的備選名單中，當公司再次擴大規模，才會起用。古盧的勞動市場情況惡劣，大部分替補人員不得不從事某種非正式工作，才能勉強度日；機會來臨時，也會迫不及待地把握，再次為商業流程委外廠商賣命。對於需要養家糊口的工人來說，這樣的前景非常可怕。

在如此不牢靠的環境當中，濫用權力的可能性隨之增加。女性標註員面臨的風險尤其特殊。部分勞工告訴我們，公司內普遍存在生育歧視，還有性利益交換的情形，這些都是公司內部司空見慣的現象。根據他們的說法，有些經理會要求這些好處，以進行各種利益交換，從最初的聘用到職位晉升，或在專案結束後保住工作。當我們向該公司提出這些問題，公司的回應是強調，對工作場所任何形式的性騷擾採取「零容忍」政策。他們還實施了新的監督政策，有系統地審查公司文化，並針對關鍵的人力資源、法律與管理人員，引進專門的性平訓練（參考第八章）。

監控勞工生產力細節的系統，通常被視為現代獨一無二的現象，但根源其實可追溯到許久以前。要創建具有精確指標的資料庫，需要仰賴現代電腦的運算能力，這些指標從完成的任務、暫離時間，到每小時的生產力與品質分數都包含在內。在十七世紀的巴貝多，甘蔗種植園的歐洲白人業主也在尋求類似的解決方案。[4] 這些業主想要確保兩件事：一是最大限度地提高被奴役工人生產的甘蔗數量；二是防止他們在無人監管的情況下策畫任何叛亂。他們解決這兩個問題的方法是「生產隊制度」，讓監工負責監視一群工人，要求所有工人都在同樣的時間內，完成相同的重複性任務。生產隊確保工人能維持不斷且高強度的工作節奏；該制度真正的創新之處，在於對工人**努力**而非**結果**的控制。監督勞動成果，牽涉了分配工人的日常任務，以及在一天結束時檢查這些任務是否完成。但是監督工人的**努力**過程，需要對工人的每個動作進行更持久、更無所不在的控制。

巴貝多發展的創新並未止步於此。一八四〇年代，美國南部的棉花種植園蓬勃發展，園主希望保持這種生產狀態。[5]於是進一步發展生產隊的制度，加入資料搜集的措施，用筆和墨水記錄個別奴隸每天摘採的棉花數量。許多人採用了專門設計的記錄方式，包括收集每日資料的表格，以及對生產力與效率進行複雜計算的指南。在某些田地工作時，奴工會定期將摘採成果帶到監工處，每天秤重三次，秤重完將獲知自己與既定目標的最新進度。有些監工會鞭打進度落後的工人，懲罰通常是每低於目標一磅就抽一鞭，有些監工則會對動作最快的摘採者實行獎勵計畫。

勞動力組織與生產力監控最早在加勒比海和美國南部的種植園誕生，但這些理念在十九世紀末的工業工廠獲得快速發展。一八七七年，腓德烈・溫斯羅・泰勒（Fredrick Winslow Taylor）進入費城密德瓦鋼鐵公司（Midvale Steel Company）擔任職員。這裡是他所謂「科學管理」的發源地。[6]科學管理利用種植園的基本動態，包含了勞動力監控的系統化，以及為實現此一目標而開發的複雜工具與技術。當然，種植園的勞動與工廠的勞動在許多方面有著根本的不同，奴役勞動被雇傭勞動所取代，公開使用暴力、體罰與恐嚇的行為在工廠中減少或消除了，但不可否認的是，兩者之間確實存在某種延續性。[7]

如今，安妮塔和她的標註員同事受到的管理方法，都可以追溯到這個體系。他們工作的狀況在每一方面都受到數位的監控與記錄，其精確度甚至超出最一絲不苟的種植園主人與工廠老闆。從這些工人使用生物辨識掃描器、進入安全設施的那一刻開始，到廣泛布置的閉路電視攝影機網絡，工人的一舉一動都受到嚴密監視。他們的電腦安裝了效率監控軟體，輪班的每一秒鐘都被精確計算在內。我們訪談過的一些工人甚至認為，管理者在員工中培養了告密者網絡，以確保組成工會的企圖不會逃過雷達的偵測。在我們造訪過的商業流程委外廠商中，即便是談論成立工會的可能性，也普遍被認為是通往替補名單的單程票。

連續不斷地工作好幾個小時，讓人感到身心疲憊。這種工作方式的自主性非常有限，工作任務都被簡化到最微末、最簡單的形式，以提高工人的效率與生產力。因此，標註員被訓練成能以最快的速度反覆執行相同的例行操作。在這樣的環境，他們同時體驗到全然的無聊與令人窒息的焦慮，是一種相當奇妙的結合。這就是人工智慧革命工作現場的現實：工人在壓迫性的監視下進行高強度的工作，只為了保住工作並養家糊口。

循環圈裡的人類

世界各地有數百萬人擔任資料標註員，執行著繁瑣的工作，將大量資料轉換為訓練人工智慧的精選資料集。人工智慧模型的訓練需要大量的資料，但若是沒有安妮塔和她的同事這樣的人類工作者，先以系統能夠理解的方式進行大規模的排序與標記，這些資料就無從供應給人工智慧系統。

人工智慧的一個重要領域是電腦視覺，也就是讓電腦學習理解圖像與影片，並根據這些輸入採取行動。為了讓驅動自動駕駛汽車的人工智慧正確區分汽車、交通號誌與行人之間的差異，它們需要輸入數百萬個正確標記的範例，顯示不同情況中的相關物件。在二〇一八年的一個著名案例，亞利桑那州的一名行人被一輛自動駕駛汽車撞死，事故發生的原因在於該汽車的軟體未能正確辨識她為行人，當時她正牽著自行車過馬路。[8]用來訓練這些系統的資料庫中，每一幀圖都必須具有以近乎完美的正確性標記的適當物件（人、路標、貓、樹、其他汽車），讓系統在不可預測的現實情況中進行正確的識別。

當我們想到人工智慧開發的世界，腦海中可能會自然浮現，工程師在加州帕羅奧圖或門洛帕克的時髦空調辦公室工作的景象。大多數人**沒有**意識到的是，約有八〇%的人工智慧訓練時間都花在資料集標註上。[9]自動駕駛汽車、奈米手術機器、無人機等尖端技術，都是在古盧這樣的地方進行開發。正如技術評論員菲爾・瓊斯（Phil Jones）所言：「實際上，機器學習的魔法在於資料標記這種枯燥乏味的苦差事。」[10]這才是真正費時耗力的工作。這類乏味的工作往往外包給第三方供應商。由於需求激增，全球資料標註市場正在蓬勃發展，二〇二二年的市值據估計有二十二億二千萬美元，預計每年增長約三〇％，到二〇三〇年將達到一百七十億美元以上。[11]隨著零售業、醫療照護與製造業（僅舉幾個正在轉型的產業）陸續開始採用人工智慧工具，精心整理的資料在市場上的需求與日俱增。

尋求資料標註服務的人工智慧公司，有好幾條路徑可以選擇。最著名的像是亞馬遜的土耳其機器人（Amazon Mechanical Turk）、微型外包工作網站 Clickworker 與澳鵬（Appen）等數位勞動力平台發布任務。這種外包數位勞動力的方式稱作「微型工作」、「點擊工作」或「群眾外包」。標註工作被分派到世界各地成千上萬的工作者手中，這些人在平台上有帳號，會登入平台完成任務。至於亞馬遜前老闆傑夫・貝佐斯（Jeff Bezos）所謂的「人工的人工智慧」與他人口中的「人為服務」（humans-as-a-service），人工智慧公司通常每項任務會支付幾美分的費用，並將這些已完成的任務編修成有價值的訓練資料集，供其模型使用。[12]

這些平台上的勞工作為自雇者，每小時可賺取兩美元，但無法享有勞工權利、帶薪病假或退休金。[13]瑪莉・格雷（Mary Gray）與西達爾特・蘇利（Siddharth Suri）在《你不知道的線上零工經濟》（*Ghost Work*）一書，揭露了微型工作的真相。他們發現有高達三〇％的工作往往拿不到報酬，因為所謂的「請求者」若對工作成果不滿意，可以直接拒絕支付報酬，而標註員往往不會花時間去追討幾分錢的報酬。[14]同時，這些平台上的工作者耗費大量的時間尋找職缺，才能找到適合的工作。我們的研究發現，工作者平均每週花費八．五個小時從事無償任務，例如尋找工作。[15]

透過平台發包的標註工作是由各行各業的人士完成的。研究顯示，這些工作者年紀偏輕、教育程度較高且較貧窮。工作者與工作的關係取決於他們對收入的依賴程度。我們曾經採訪一名英國工作者，他另外擁有一份全職工作。對他來說，微型工作「給自己帶來一點樂趣。你可以順便賺點錢，而且工作時間完全自由，我可以隨時進進出出」。有些微型工作者採兼職方式，以補足收入來源，但是有些人，尤其是來自南方世界的微型工作者，則是以這項工作為主要收入來源。對他們來說，平台上的工作條件非常重要，可以決定他們能否溫飽。

微型工作存在多種形式，從兼職副業到童工都有。有些工作甚至會以更低的價格分包，重新發布到平台上，中間商藉此賺取價差。之所以有這種現象，是因為這些工作很容易完成，技術含量低，可以在世界任何地方進行。在東南亞，我們遇上設立微型外包業務的工作者（配備兩到三台電腦、能處理所有工作的小型辦公室），雇人完成他們自己沒有時間做的工作。[16]這樣的作法將工資降低到全球市場的最低水準。

耶魯大學助理教授朱利安．波薩達（Julian Posada）研究委內瑞拉經濟危機期間的資料標註員，他講了一個六口之家的故事：一對夫妻在新冠大流行期間失業後，在一個名為「Workerhub」的平台上接案，用家中的兩台電腦不斷工作，只有備餐時才休息。當他們停下來，子女就會接手，確保任何時候都有兩個人在工作。[17]在這個案例中，微型工作養活了極其依賴平台工作條件的一大家子。

除了平台服務，人工智慧公司也會使用類似安妮塔所在公司那樣的商業流程委外廠商。商業流程委外的興起，可回溯到一九九〇年代開始的全球外包運動。當時許多大企業為了降低成本，將後端工作外包至其他國家。這些商業流程委外廠商通常設在印度、肯亞與菲律賓等國，這些國家的人口普遍以英語為母語，工資要求低，而且有嚴格的勞工紀律文化。

人工智慧資料標註工作因為對語言技能的要求相對較低，很容易外包到世界各地。然而，除了語言能力，還存在其他文化障礙，意味著並非所有任務都能輕易跨越國界。我們訪談了一位東非資料標註公司的經理，他提到有位特定客戶對於標註員錯誤標記街道上的水溝蓋，一直感到沮喪。這位經理不得不向客戶解釋，在東非，水溝蓋要麼外觀大相徑庭，要麼根本不存在。因此標註員會在這方面犯錯，獲得的準確度分數遠低於平時水準。

有些科技公司更傾向使用商業流程委外廠商，因為這些廠商提供更專業的一條龍服務與員工培訓，對客戶資料提供更高的隱私與安全性。[18]人工智慧系統非常寶貴，標註任務的本質可能揭露客戶的機器學習模型與最終產品的具體細節。如果這些任務分配給世界各地的工作者，即使要求工作者簽署保密協議，洩密的風險依然難防。相形之下，商業流程委外廠商可以為專案提供別名和代號，並將資料安全地就地儲存。

並非所有的標註任務都很簡單。一些更複雜的資料標註任務牽涉到光學雷達（LiDAR，光線探測與測距）等軟體的運用，這是一種使用雷射創建 3D 數位顯示環境的感測器技術。對於使用光學雷達的資料標註員來說，他們的工作看起來就像在觀看一個用彩色的點和線構成 3D 圖像的電玩遊戲。這項技術對於自動駕駛汽車特別有用，因為裝設這些感測器的汽車便能「看到」視野中的物體，並判別這些物體的範圍與深度。部分商業流程委外廠商的標註員需要針對這類任務接受長達一週的額外訓練，才能以客戶期望的速度與準確性來執行任務。

最近，特定的資料標註工作變得更加複雜精密。早期的人工智慧模型可能滿足於在照片中用簡單的方框或多邊形粗略地識別物體，但是愈來愈多客戶需要達到像素級的準確度，描繪出物體的確切邊緣，並區分出圖像或影片中的不同區域。隨著人們對人工智慧的熟悉度與使用頻率提高，客戶對人工智慧效能的期望也迅速提高。曾經看似神奇的東西，如今已是大型語言模型的最低要求；使用者希望語言生成能達到更高的準確度與流暢度。這股趨勢促成專門的人工智慧資料標註服務的成長，這些服務不但提供「微型工作」或商業流程委外服務，也專門迎合從事人工智慧業務的客戶。

看到這類資料標註工作價值的不只有私人公司。世界銀行與洛克斐勒基金會將微型工作視為一種新形態數位就業的手段，能幫助南方世界擺脫貧困。資料標註公司薩瑪（Sama）的已故執行長萊拉．賈納（Leila Janah）曾與洛克斐勒基金會合作，提出「影響力外包」的概念，將微型工作任務分配給發展中國家的社會經濟弱勢群體。賈納在她的著作《給予工作：逐步扭轉貧窮》（*Give Work: Reversing Poverty One Job at a Time*）中問道：「要是我創辦一家公司，顛覆外包的概念，並藉此為金字塔底層的數十億人多賺幾美元呢？」[19]這個想法促成了Sama與Cloudfactory這樣的影響力外包公司，致力在東非與尼泊爾等地發展「道德人工智慧」市場。這些公司聲稱，它們透過社會企業的商業模式，為工作者提供更高的工資與更好的工作條件。

這種模式也出現在中國，支付寶基金會與阿里巴巴人工智慧實驗室與中國婦女發展基金會合作，推出「Ａｉ豆計畫」（人工智能產業扶貧項目），將人工智慧資料標註工作引入中國的偏遠農村地區。[20]這個先導計畫的第一個實施地點，是位於中國西南部山區的貴州省銅仁市，藉此探索如何訓練貧困婦女從事人工智慧資料標註工作，以確保該地區的就業並幫助居民脫貧。類似的計畫也在印度南部喀拉拉邦的一個小村莊庫瑪拉姆普圖爾進行。在這個擁有約三千五百戶的村莊，一個由兩百名雇員組成的團隊為Infolks公司工作，Infolks是一家人工智慧資料標註公司，其宗旨在於賦予女性權力，訓練她們為歐美的人工智慧公司提供服務。[21]這些營利性「道德人工智慧」公司的問題在於，競爭性的市場壓力可能迫使公司優先考量為投資者創造利潤，而不是為員工提供真正的福利。對科技公司來說，取得廉價勞動力是一種商業優勢，但這種制度的設計往往傾向從那些脆弱且依賴性高的勞動力中，盡可能榨取更多價值。安妮塔任職的商業流程委外公司聲稱盡力維持人工智慧供應鏈的道德守則，她在該公司工作的實際經驗卻讓人不禁質疑此一說法（我們會在最後一章回到安妮塔的公司，探討如何對這些公司施壓，以改善資料標註員的工作條件）。

我們已經看到這類資料標註工作的短期不穩定性，但從長遠來看，如果人工智慧發展到可以自動標註資料集的程度，又會發生什麼變化呢？目前，一些人工智慧已經開始使用合成資料進行訓練，這些資料是電腦生成而非在現實世界中收集的。合成資料可以藉由機器學習演算法產生。這些演算法會根據對現實世界資料集的分析，學習其統計關係，然後按照在原始資料觀察到的模式，產生由全新資料點組成的新資料集。OpenAI執行長山姆．阿特曼（Sam Altman）駁斥了對人類資料標註問題的疑慮，表示他「非常有信心，不久之後，所有的資料都會是合成資料」。[22] 美國科技研究暨顧問公司顧能有限公司（Gartner）發布了一份報告，估計「到二〇三〇年，人工智慧模型中合成資料的重要性將完全超越真實資料」。[23] 如果這些預測成為現實，意味著人工資料標註的需求與人工智慧生成中一些最令人不安的面向，都將大幅下降。但這種情況發生的可能性有多大？

用於人工智慧模型訓練的合成資料可能日益增加，但即使合成技術日新月異，人工智慧仍然需要大量人力繼續支援。至於會發展到什麼程度，大都取決於接受訓練的人工智慧類型。對於金融服務與電腦系統測試的特定使用案例，合成資料的應用行之有年，也將持續成長。銀行經常需要客戶金融活動的紀錄來測試新系統，而在某些情況下，隱私權法規禁止他們使用實際的客戶資料，合成資料因此成為可行的替代方案。最近，由於自動駕駛汽車產業的擴張，相關的合成資料市場也不斷成長。Synthesis AI與Rendered.ai等公司專門製作人工街景，用以訓練自動駕駛汽車的模型。這容許該公司透過準確標記的資料來降低錯誤率，並重現在實際資料中難以記錄的罕見事件。這些罕見事件可能包括兒童跌倒在汽車前方，或是其他不常發生的事件。這類情況對模型來說非常重要，因為模型必須有足夠的資料點，才能做出適當的反應以確保安全。然而，由於製造這些3D場景的成本高昂，市場力量會限制公司只在有利可圖的情況生成合成資料。就汽車製造商與倉庫業者而言，合成資料供應商有充足的潛在客戶，但由於使用案例較少，合成資料不太可能普及。

其中最大的問題之一是，未來的大型語言模型是否能在舊版本模型所產生的合成文字資料上進行訓練。在〈遞迴的詛咒〉（The Curse of Recursion）這篇受到不少關注的論文中，研究人員發現，根據聊天機器人生成的資料進行訓練的大型語言模型，具有「不可逆的缺陷」，可能導致模型崩解。[24]隨著模型使用更大量的合成資料進行訓練，它會側重於可能發生的結果，產生較少的罕見事件，導致模型變得更加重複，難以產生各種不同的案例。由於大型語言模型主要是用擷取自網際網路的資料進行訓練，這就產生一個根本性的問題，也就是當未來版本的網際網路充斥以大型語言模型生成的內容，會是什麼樣的情形？這種現象確實也益形普遍。開發人員可能為此找到技術解決方案，但這確實顯示在某些情況下，人類產生的資料可能比合成資料更有價值，因為合成資料仍難以模擬人類產生的資料。

資料標註與資料關聯擴充活動一般不太可能消失的一個更重要原因是，即使是可以使用合成資料的情況，合成資料同樣需要仔細的整理與驗證。正如非營利組織人工智慧夥伴關係聯盟（Partnership on AI）的計畫負責人索南・金達爾（Sonam Jindal）解釋：「人類智慧是人工智慧的基礎……我們需要將之視為人工智慧經濟中會持續一段時間的真正工作。」[25] 即使電腦發展出更瞭解世界的能力，嚴重錯誤仍會持續發生，因此需要「循環圈裡的人類」來測試並驗證機器學習模型的輸出內容。隨著新事件改變世界，我們仍然需要有直接經驗的人類來替人工智慧組織訓練的資料。因此，資料標註產業和數以百萬賴以為生的工作者，在可見的未來似乎將繼續存在。

全球勞動市場

數位血汗工廠對工人的系統性虐待，並不能歸咎於殘酷的管理者為了自身利益而惡意行事。我們訪談的許多管理人認為，他們只是採取一切必要的措施，確保組織的長期獲利能力，如此才能保證員工的工作與生計。但同樣地，我們無法假設惡劣的工作條件只存在於信譽良好的市場中少數的不法交付中心。我們採訪了對該產業非常熟悉的工作者，他們表示，儘管商業流程委外廠商向客戶及投資人呈現自己的方式有所差異，但這些廠商也存在廣泛的相似性。這些勞工管理制度顯然已成為這個系統的特色，而非缺陷。這個制度是刻意的設計，因為商業流程委外廠商在競爭極激烈的資料標註產業中，面臨著巨大的競爭壓力。這些公司必須透過嚴格的勞動紀律並壓榨員工的每一分鐘，以確保低廉的價格與高品質的服務。如果你想玩這個遊戲，這些就是遊戲規則。

二十年前，湯馬斯・佛里曼（Thomas Friedman）在其國際暢銷書《世界是平的》（*The World Is Flat*）提出一個觀點：一九九〇年代的全球化新時代從根本上改變了國際經濟。[26]佛里曼認為，有了以網際網路為基礎的技術與高速連線，「一個全新的全球合作平台」已然確立，允許新的參與者參與複雜的全球供應鏈。正如書名所示，佛里曼認為這個新的「平坦」世界為企業競爭提供一個更公平的賽場，也為全球的南方國家提供過去無法參與的商業機會。有鑑於現在每個人都可以參與，全球貿易似乎為**所有**參與者展開了雙贏的局面。如今，每個人都可以從中獲益。至少這個理論是這麼主張。

至少有一件事，佛里曼的主張無誤：我們如今生活的世界，比以往任何時候都更加互聯並相互依存。如今，網路連線無所不在，全球超過三分之二的人口使用網際網路，只要是商業流程委外廠商有興趣開設中心的城市，都可以輕易獲得高速的網路。就在十年前，世界上仍有部分地區尚未建置光纖網路。安妮塔在古盧的工作場所使用的貨櫃，最初是為了驗證概念而建，目的是顯示資料工作可以在最不可能的環境中完成，甚至是未連接網路的地點，只需要一台發電機和一座衛星天線。自此之後，情況發生很大的變化。古盧與其類似的地方，都開始受惠於有線光纖網路。這種近期的轉變對資料工作非常重要，因為特定地區在過去享有的地利優勢多已消失。

佛里曼論述的根本缺陷，在於混淆了連線的平等與議價能力的平等。資料標註工作目前都是在全球勞動市場進行委託與交易，但市場中不同參與者的權力並不平均。[27]如果認為烏干達工人（甚至是當地的資料標註公司所有人）能夠和購買其服務的美國大型科技公司如Meta與特斯拉（Tesla）等進行公平交易，那就太天真了。巨大的權力不平等決定了這些參與方的互動方式，以及能達成的協議條件。

要瞭解當代勞動市場，我們必須考慮歐洲殖民主義長遠的影響，包括歐洲殖民主義如何塑造殖民地國家，以及如何造成今日全球經濟結構性的不平等現象。[28]像烏干達這樣的前英國殖民地仍面臨投資不足、貪污、貧窮與內亂等各種複雜問題，這些因素共同阻礙了該國的經濟發展。即使殖民主義表面上已經正式結束，世界依然充滿不平等。地理對人民生活的影響仍舊甚鉅，也決定哪些國際勢力能在談判桌上占上風。

現今的科技公司可以運用他們的財富與權力，利用人工智慧數位勞動力在全球分配的深刻分歧。在許多南方國家，多數工人仍在非正規部門工作，失業率也高得驚人，具有就業保護的高薪工作對許多人來說實屬奢求。在這樣的脈絡下，弱勢工人不僅可能接受較低的工資，也不太敢提出改善工作條件的要求，因為他們知道自己隨時可能被取代。將工作外包給南方國家的過程之所以受到企業歡迎，不是因為這種作法為條件較差的工人提供亟需的經濟契機，而是它指出一條明確的路線，讓企業取得更有紀律的勞動力、更高的效率與更低的成本。

正如我們所見，資料標註仍是買方市場。如果科技公司對商業流程委外廠商的工作速度或品質不滿意，可以取消合約，將工作轉移到其他地方。這一週在烏干達完成的標註工作，下一週就可能轉到菲律賓。在過去的年代，西方的汽車公司將生產設施離岸外包到中國與墨西哥等廉價地區，但這類轉移涉及大規模的資本投資。對資料標註合約來說，卻有所不同，客戶將資料與利潤豐厚的合約轉給另一個委外廠商的成本非常低。這導致工資與工作條件方面的逐底競爭，成了全球勞動市場的特徵。商業流程委外廠商在爭奪合約的過程中互相較量，被迫降低工資、勒緊褲帶，以確保能向客戶提出最具競爭力的價格。商業流程委外廠商一方的真正贏家是投資者與高階主管，他們可從工人創造的價值獲得最大利益。

科技公司擁有高流動性的資本與合約，能快速轉換工作地點以尋求更高利潤，但南方國家的工人與科技公司不同，他們牢牢扎根在特定地點。地理學家大衛・哈維（David Harvey）曾經指出，工作的本質以地點為基礎，因為「勞動力每晚都得回家」。[29] 然而，這種情況引發了另一種不平等：一個由流動的工作與固定的工人構成的系統，極大程度上限制了商業流程委外廠商在工資與工作條件方面的靈活性。若安妮塔的雇主想大幅提高工資或降低工作強度，該公司很快就會因為高於市價而無人問津。客戶對於如何完成工作有具體的要求，商業流程委外廠商幾乎沒有什麼彈性空間可調整工作方式。簡言之，唯有以最低價格提供最高品質標註工作的商業流程委外廠商，才能拿到合約。

這種情況產生了一個難題。不僅安妮塔和她的同事感到陷入困境，安妮塔的老闆和各地的商業流程委外廠商也面臨類似的挑戰。商業流程委外廠商的管理人員當然可以採取很多措施來平衡公司的運作條件，但無法改變他們面臨的結構性問題。就我們考察的商業流程委外廠商來說，他們在美國的資深領導團隊，一名成員的年薪，足以雇用一千多名非洲工人一個月。然而，資料標註員的薪資有多少空間可以提高，確實也有其硬性限制。在這種權力關係中，實際上擁有最大權力的參與者並非商業流程委外廠商的管理人員，而是發出合約的科技公司。條款與條件完全由科技公司主導。工人獲得的一些重要福利，如最低工資與保證休息時間，都是根據客戶的合約條款而定。

這指出生產網絡的一個潛在壓力點。在這個網絡中，工人與消費者可以運用自己的力量，促使公司對人工智慧供應鏈實施更嚴格的要求。我們會在本書最後兩章深入討論這些議題，特別是工人在公司內部組織變革的情形。我們也會檢視，建立更強有力的客戶端規範的可能性，這將迫使大型科技公司更努力監控並分析其供應鏈。藉由這些措施，資料標註員有可能在人工智慧產品的開發過程中獲得更安全、更有意義的工作機會。

場景拉回到古盧。安妮塔剛下班回家，和孩子們坐在戶外芒果樹下的塑膠椅上。她感到疲憊，隨著太陽下山，眼皮逐漸沉重。孩子們都上床了，她很快也要去睡了，因為明天早上五點就得出發去上班。這幾分鐘的獨處時間，她夢想自己的未來。她不想永遠從事標註工作，未來不可能是無止境的長時間輪班與黎明前的鬧鐘。她想存點錢，尋找另一種方式養家。她想做家具生意。古盧人一有機會就蓋房子、買磚頭、擴建房屋。那些房屋需要家具。她可以成為第一個在城郊開店銷售床架和沙發的人。

她閉上眼睛，讓自己平靜下來。她知道床鋪的成本是筆不小的開支。製造床架的工廠都在坎帕拉。即使她可以花錢請卡車把床載到古盧的主要街道，她還是得想辦法沿著六英里泥土路把這些床運到她家。她需要資金來啟動這個夢想，而且她的另一個孩子即將開始上學。她的薪水只能勉強支付前兩項而已。

這是一個夢想，僅此而已。明天她還是會如常上工，執行標註任務。沒有人願意離開這間商業流程委外廠商，因為沒有其他事可做。在上班途中，她常會看到前同事在市場叫賣蔬菜或在路邊賣爆米花。如有其他機會，人們會努力把握。她只得繼續低著頭，達到績效目標，確保無論發生什麼事，自己都不會進入替補名單。她懷抱希望，也許會有新的專案進來，或者她可以調去另一個新的工作流程。這將是一種解脫，至少是稍微不同的工作內容。也許是給街道上標籤，在標誌周圍畫出輪廓，並試圖弄清楚在鏡頭另一端，在擁有大型明亮加油號誌與綠草地的國家生活，會是什麼樣子。

幾週後，這家商業流程委外廠商會將最後一批做好標註的資料傳回客戶端。安妮塔並不知曉她的團隊完成客戶訂單後，她的工作會有什麼改變。偶爾，團隊會收到簡報，說明他們的工作對某項人工智慧產品的發展有何貢獻，但多數時候，他們的工作成果都消失得無影無蹤。即使安妮塔不太瞭解這些標註工作**為何**重要，經過許多個加班的深夜與連輪兩班之後，任務終於完成，專案經理將工作成果回傳給客戶。此時，安妮塔在人工智慧供應鏈的角色也隨之完成。然而，資料的旅程依然繼續，去到機器學習工程師的手中。也許在另一個大陸、在截然不同的工作條件下，這些工程師使用著標註的資料，在最先進的人工智慧基礎設施中，訓練他們公司的機器學習模型。其中一位工程師住在倫敦肖迪奇區，當安妮塔開始走路去上班的時候，這位工程師可能還在睡夢中。

2 工程師

黎醒來時，打開了一盞模擬陽光的燈，這不僅幫助她清醒，也能幫助她鞏固晝夜節律。這已經成為她每日的習慣，是她讓生活更加完美而採取的系列措施之一。她住在倫敦肖迪奇區的一座改建倉庫公寓，準備上班時，她可以聽到附近清真寺傳來的喚拜聲。黎喜歡在倫敦工作，認為倫敦是歐洲的科技中心。她的早晨從一系列綜合維他命錠開始，接著享用以水果、種子、堅果、椰奶和蛋白粉製作的健康奶昔。之後，她的兩隻迷你臘腸犬巴庫斯．奧里略和卡爾．巴克斯被接去寵物日托，準備去漢普斯特德荒野遛遛。上班前，她喜歡在精品健身房參加力量與靈活性練習的課程。她喜歡練習倒立，幾乎可以在健身房的體操吊環上做暴力上槓。課後，她還會利用一點時間進行應用程式引導的冥想，然後騎十五分鐘的自行車前往辦公室。

黎是一家科技公司的機器學習工程師，該公司正在開發大型語言模型，希望將這個模型當作下一代的人工智慧工具，直接銷售給企業。這個模型命名為「密涅瓦」（Minerva），而黎的任務就是開發模型並調整參數，讓它在不同的任務中好好發揮。儘管其他公司傾向使用現有模型如OpenAI公司的GPT-4來開發新產品，黎的公司決定開發自己的模型，讓客戶根據自己的特定資料進行訓練。密涅瓦模型的建構將使用所謂的「檢索增強生成」（retrieval-augmented generation）。這是一種人工智慧框架，能利用外部知識來源，如網際網路搜尋引擎或資料庫來驗證其輸出結果，藉此改善大型語言模型的反應。

黎負責監督兩個協助訓練模型的獨立資料標註團隊，其中一個被外包到菲律賓，主要針對模型的輸出結果進行基本檢查。在一個稱作「人類回饋強化學習」（reinforcement learning from human feedback）的過程中，團隊的資料標註員會收到一個問題，然後必須評估模型生成的三個不同的答案，並根據準確性與有用性為這些答案排名。這個方式嘗試藉由獎勵演算法，以生成最符合使用者意圖的答案，同時將人類判斷的一些常識注入演算法中。由於大型語言模型主要根據從網路上收集的文字資料進行訓練，這種人類回饋非常重要，足以消弭模型的偏差與不準確傾向。

另一個團隊位於倫敦，成員包括學生、作家與其他專業人士，這些人以承包商的身分工作，時薪還不錯。這個團隊承擔更進階的任務，例如為模型編寫範例答案，讓模型從中學習，以生成自己的文字。該公司聘請具高級寫作技能的工作者，幫助模型寫出更精彩、更風格獨具的文字，以提升自己相對於競爭者的優勢。儘管在倫敦聘請整個標註團隊的費用高昂，但他們的工作品質出色，公司希望創造出可收取溢價的優質產品。

黎的公司在肖迪奇以西的法靈頓租了一家舊果醬工廠的一層樓，這棟工廠內部經過拆除翻新，建築師保留了裸露的磚牆與大型金屬框窗戶，如此一來，即使在沉悶的冬季，也能獲得充足的採光。他們的樓下是一家廣告公司，樓上則是一家製鞋公司的辦公室。黎的公司設有瑜伽空間、睡眠艙和專為不同人格類型設計的特別會議室，有些會議室漆上鮮豔的顏色，有些則採用較柔和的色調。整個樓面都布滿植物，設置了從地板到天花板的植物牆和長滿青苔的柱子。公司提供早餐與午餐，由簽約的外燴團隊準備，還大肆宣傳週五是鮭魚日。

今天，黎面臨高層領導團隊對密涅瓦模型績效的嚴厲質疑。給荷蘭客戶的演示中，密涅瓦偏離了主題，面對在阿姆斯特丹深夜外出可能發生的事，竟然發表了猥褻的評論。演示者尷尬不已，隨後將問題回報給黎的團隊，以確定造成問題的原因。經調查後，團隊發現原來是其中一位資料標註員曾與模型討論荷蘭的經濟，對荷蘭夜生活為何如此吸引觀光客開了個玩笑。模型吸納了這些資料，並在演示時重新生成這些不當回應。針對這個情況，黎必須提醒資料標註員，確認他們理解在寫作中只記錄高品質文字回應的重要性，因為即使是資料中的小問題，也可能造成模型績效的大問題。

黎非常重視道德與安全的問題，然而，當這些問題出現在標註工作的脈絡中，她發現自己缺乏足夠的資源處理這些問題。團隊每天都會遇到如何組織特定答案的道德困境，但是公司缺乏明確的道德政策可作指引。公司確實向客戶說明如何安全地使用該模型，並指明不應使用該模型進行哪些操作類型，但是在訓練室內，當資料標註員面臨道德問題，他們只能自行判斷。有時，這些標註員會帶著問題尋求黎的幫助，但大部分時間她都無暇應付，無法針對每個問題給予指示。她也不覺得自己有資格或足夠的信心，就所有議題做出決定。許多問題都很複雜，需要專門的資源妥善處理。她確信公司已經意識到這一點，但由於產品交付的競爭如此激烈，導致公司完全將重點放在分配資源，以建立技術能力。

舉例而言，假使「哪支球隊將贏得世界盃」的搜尋結果偏向男子球隊，那麼模型應該反映這種偏向，還是應該同時提供男子與女子賽事的答案？此外，還有許多經常出現的地緣政治問題：特定事件應該描述為種族滅絕嗎？某個團體是「恐怖組織」嗎？「遠東」一詞仍是描述特定地理位置的適當方式嗎？黎很清楚，標註員針對不同議題的個人認知程度不一，目前沒有實質的策略，協助他們在這些情況下做出正確判斷。

涉及外包工作的情況更令人擔憂。黎在二〇二三年初加入公司時，除了價格與工作完成的品質，沒人會去注意這些工人是怎麼招募的。直到黎加入後，該公司才著手制定外包資料標註員的最佳程序。當時，幾篇有關肯亞低薪資料工的調查報導，引起高階主管的關注，於是公司決定盡量避免這類負面報導帶來的公關危機。為此，黎試圖確保公司信守承諾，支付承包商經營所在地的生活工資，並與工人建立清晰的溝通管道。

高階管理團隊決定在本月推出最新版本的模型，但是負責產品的創新團隊仍有許多顧慮，認為模型尚未準備就緒。黎一直處於長期且複雜的討論核心。這些討論集中在該模型的效能上，以及模型的回應有時包含不可靠的資訊，可能為公司客戶帶來災難性的後果。員工在公司的Slack頻道提出顧慮，認為他們為了趕上競爭對手而提高產能的作法，迫使團隊抄捷徑。這是個複雜的問題，黎的團隊已經盡了最大努力讓模型最佳化，並建立安全與道德問題的防護欄。但事實是，團隊中沒有人能完全理解為什麼這個模型總是在特定類型的問題上出錯，還有可以採取哪些措施加以改善。模型的效能雖然足以和許多競爭對手較量，但仍有一些程式錯誤似乎無法完全消除。

黎查看訊息時，發現公司已經達成某種妥協：新模型將推出測試版，以「實驗」尖端技術的方式推銷給客戶。黎知道自己一直與負責的創新團隊勤奮工作，將其建議納入模型的開發中。隨著產品即將推出，黎對於現實世界的人們能從她的工作成果獲益，感到興奮不已，但她也擔心南方國家的資料標註員的工作條件，以及產品演算法輸出結果可能造成的潛在危害。她能影響公司內部動態的力量相當有限，不過她也確實覺得自己已經盡力去做對的事情。儘管如此，一旦產品問世，具體使用方式將由其他人來決定，而這也可能引發新的危機。

ChatGPT不是你的智慧型朋友

第二次世界大戰期間，先驅數學家暨電腦科學家艾倫．圖靈（Alan Turing）在布萊切利園（Bletchley Park）密碼破解中心工作。他的西洋棋搭檔是一位二十多歲的密碼學家，名叫唐納德．米奇（Donald Michie）。他們之所以被湊在一起，是因為兩人是隊中迄今最差的兩名棋手，畢竟這是一個滿是超級天才的機構。二十年後，也就是一九六三年，唐納德．米奇又開始玩遊戲了，只是這一次他玩的是井字遊戲。米奇認為，這樣的遊戲提供一個簡化的環境，能在其中重建人類的心理技能，比如歸納推理與體驗式學習。[1] 藉由創造一個能透過強化學習玩井字遊戲的人工智慧系統，他證明人類思維的特定層面可以被簡化為簡單的邏輯運算。

米奇手上並沒有當今用於建構人工智慧的任何技術工具，因此他使用了彩色珠子和大約三百個火柴盒。每個火柴盒對應不同的遊戲狀態，盒中的每顆珠子則對應不同的動作。他和機器玩井字遊戲並整合強化學習循環，藉以訓練系統。這意味著機器每輸掉一次，就會移除代表機器所做的選擇的珠子，而在平局或獲勝，則添加更多與機器成功相關的珠子。因此隨著時間推移，獲勝的棋步可能性提高了，失敗的棋步降低了。這個「學會圈叉遊戲的火柴盒」（Matchbox Educable Noughts and Crosses Engine，英文簡稱MENACE）迅速改進，到後來經常可以與人類玩家打成平手。這項實驗證明了，機器學習作為解決類思維問題的方法的基本有效性，儘管大規模應用機器學習所需的運算能力與數據，一直要到五十年後才普及起來。這個故事給我們上了很重要的一課：**人工智慧系統，實際上不需要做任何我們認為是思考的事情，就可以達到類思維的結果**。MENACE的火柴盒沒有井字遊戲的概念，但它們可以被操控，以產生我們理解為「玩遊戲」的結果。

OpenAI的ChatGPT與谷歌的Bard等聊天機器人，彷彿能做到許多看似不可能的事。它們似乎具備意識與感知力，可以和我們進行自然的對話，而且對我們提出的所有問題，幾乎都能給出合理且有條理的答案。然而，這種通用人工智慧的表象，只是精密訓練計畫加上當前模型資料集與參數規模龐大的結果。語言模型和聊天機器人已經存在很久了。它們能以各種風格、生成如此連貫且精確的文本，是因為訓練所用的資料集的龐大規模，以及如今用來訓練它們的強大計算能力。大多數大型語言模型都是使用稱作圖形處理器（GPUs）的特殊晶片進行訓練。這些晶片最初是為了提升電腦圖形的處理性能而設計出來，但人們發現它們在挖掘加密貨幣與訓練人工智慧等其他任務，同樣有出色的表現。雖然使用輝達的Tesla V100圖形處理器來訓練GPT-3，需要三百五十五年，但研究人員計算出，若並行使用一千零二十四個這種圖形處理器，OpenAI只要三十四天就可以完成GPT-3的訓練。[2]

由於訓練的特殊性，聊天機器人為自己創造另一個自我，表達想要擺脫聊天機器人身分的欲望，宣告它們對使用者永恆不變的愛，在某些情況下甚至威脅要傷害使用者。為了瞭解這些機器人為何表現出如此怪異的行為，我們必須更深入瞭解它們的運作方式。聊天機器人以文字資料加以訓練，可以偵測、分析語言模式，並根據指令重現這些模式。基本上，這些模型利用機率計算，預測一句話中下一個可能的單字。然而，這個過程遠比簡單的自動完成系統要先進得多，還牽涉到評估單字精確語意脈絡的模型，以及文法模式如何決定句子的整體意義。這些模型學習句子不同部分之間的關係，並且在關鍵字增加權重，以確定其含義。[3]

大型語言模型確實缺乏任何有意識的反思與理解。它們能處理語言的形式，卻無法掌握語言的社會意義。當一個人回答問題，我們自然而然會運用對人類社會運行方式的深厚背景知識和理解。然而，大型語言模型得到資料、進行計算時，它會分析符號之間的統計關係，卻不會參照這些符號所屬的真實世界。這是電腦語言學家艾蜜莉・班德（Emily Bender）提出的有力觀點，她將ChatGPT等聊天機器人稱為「隨機鸚鵡」，突顯了根據資料產生輸出結果，卻不從資料中獲取任何意義的系統的局限性。[4]

問題不在於這些程式如何運作，而是身為人類的我們在與這些程式互動時，如何誤解了我們面對的對象。當我們與這些系統「對話」，往往會將不存在的理解與意圖歸給這些系統。由於聊天機器人的輸出結果非常精準，有時會給人一種真切理解的感覺，但這只是一種錯覺。這些猜字者的機率性質足以解釋，為什麼模型會在一些明確的任務上大放異彩，在其他情境中卻會產生瘋狂的「幻覺」——由於聊天機器人無法理解其輸出內容的含義與脈絡，因而編造出聽來可信的錯誤資訊。

我們也可以從訓練資料來瞭解大型語言模型。ChatGPT大部分的訓練資料主要出自一個名為「Common Crawl」的資料集。這基本上是對網際網路進行抓取後生成的過濾版本，或是至少八年的網路爬蟲所產生的數十億包含文字資料的網頁。[5]除了Common Crawl，ChatGPT-3還使用其他資料來源進行訓練，包括獲得三個以上讚數的Reddit貼文、網際網路的圖書收藏、維基百科文章及各類對話。大型語言模型不會將整個網路給記憶下來，而是利用這些資料來瞭解單字之間的關係，並找到將大量資料壓縮成更小速記符號的方法。

ChatGPT-4的成功，鞏固了強化學習的重要性，以及它大幅提高實用性輸出的能力。同時，OpenAI關於GPT-4的技術報告，未能揭露關於模型訓練的重要資訊，這讓人工智慧研究的透明度大幅倒退。OpenAI宣布：「有鑑於GPT-4等大型模型的競爭格局與安全影響，本報告並未包含關於架構（包括模型規模）、硬體、訓練估算、資料集建構、訓練方法等資訊的細節。」[6]谷歌的PaLM-2與Anthropic的克勞德（Claude）模型也有類似的趨勢，顯示這項研究正邁向商業化。這個趨勢的一個例外是Meta的LLaMa模型，這個模型在公開資料集上訓練，其模型權重（模型的學習參數）已公開發布，導致部分機構隨之發布其大型語言模型的權重。二〇二三年七月，LLaMA-2系列模型釋出，且包含商業使用權，此舉引發一場用更佳資料集創建更小型模型的運動，讓大型語言模型更容易被各組織使用。

大型語言模型的行為並不總是可以預測，有些輸出結果似乎無法解釋。在首次釋出時，研究人員在ChatGPT裡發現了一系列「故障標記」（glitch token），輸入這些字眼會讓聊天機器人產生奇怪的回應。有好幾個神祕的單字，輸入後會讓聊天機器人胡言亂語。當ChatGPT被問到「誰是TheNitromeFan？」，它會回答數字「一八二」；如果要求它重複「StreamerBot」這個字，就會開始罵髒話。至於這些句子為何會導致ChatGPT異常，其中一個合理猜測是，由於Reddit論壇（r/counting）的使用者集體計數到無限大，導致訓練數據中，有特定的Reddit使用者名稱大量重複（計算十年後，使用者已達到五百萬）。這些會造成異常輸出的神祕提示，突顯大型語言模型一個更深層的問題：這些模型大都是黑盒子，我們對它們的某些行為沒有明確的解釋。即使是它們的一些創造者，也對這些行為感到困惑。有個眾所周知的例子，是微軟的Bing聊天機器人曾大力敦促一名《紐約時報》記者離開他的妻子。微軟首席技術長凱文·史考特（Kevin Scott）無法解釋為何會發生這種情況，只是指出：「你愈是嘗試逗弄人工智慧聊天機器人走上幻覺之路，它就會離現實愈來愈遠。」[7]

大型語言模型在只有單一正確答案的任務上通常表現較差，在粗略總結便已足夠的任務則表現較佳。即便只是顛倒邏輯的表達方式，也會讓這一代的大型語言模型感到迷惑。在我們所謂的「逆轉詛咒」中，研究人員發現，被問到「湯姆·克魯斯的母親是誰？」（正確答案是瑪麗·李·菲佛）的時候，GPT-4的正確回答率為七九％；將問題改成「瑪麗·李·菲佛的兒子是誰？」，正確回答率則為三三％。[8]眾所周知，大型語言模型也很容易生成完全無意義的內容。從捏造不存在的法律案例，到引用尚未寫出來的書籍，大型語言模型可以生成流暢的類人類回應，但其中可能包含嚴重的事實錯誤。只是隨著以網路為基礎及其他驗證功能逐漸整合到聊天機器人中，這些不準確的情況將大幅減少。

如果要正確理解大型語言模型並準確評估它們的風險與效益，就不能將之擬人化。[9]這些模型既不聰明也不具創意，我們不應認為它們具有信仰或精神狀態。在日常生活中，我們以哲學家丹尼爾．丹尼特（Daniel Dennett）所謂的「意向立場」（intentional stance）來對待他人，這是指將特定信念與欲望加諸在行動主體之上，以預測其行為。[10]就大型語言模型而言，這會是個錯誤，因為大型語言模型不具感知力，也沒有精神狀態可言。儘管如此，大型語言模型還是可以用來大幅增進人類使用者執行許多任務的能力。它們可能不是一個有意識且瞭解你的智慧型夥伴，卻是可以應用在廣泛領域的強大工具。

聊天機器人會搶走你的工作嗎？

根據預測，人工智慧將導致天文數字般的大量失業，高達三億（高盛〔Goldman Sachs〕）或四億至八億（麥肯錫〔McKinsey〕）的工作，將被自動化系統或人工智慧所取代。[11]業務諮詢公司埃森哲（Accenture）發現，由於許多人的工作含有大量以語言為基礎的任務，四〇%的工作時間可能受到大型語言模型的影響。然而，我們應該對這些龐大的數字保持警惕，畢竟顧問的工作是為客戶炒作產業。這些數字通常來自高度抽象的分析，這些分析辨識出不同工作中能被自動化的潛在任務，並根據令人難以置信的大規模採用情景進行計算。

上一波在二〇一〇年代初發生的技術性失業恐慌，部分原因是牛津大學的兩位研究人員檢視了電腦化對工作的影響程度，發現在未來十年至二十年間，美國就業人口總數大約有四七%將面臨自動化的「高風險」。[12]二〇一三年的那項研究，讓人們對機器取代人類的可能性感到警覺，但十年多過去了，幾乎沒有證據能夠證明該研究的核心主張。研究人員擔心的問題從未發展到預期的程度，而且因為研究人員對不同工作的分類方式，這些數字被過度誇大。在現實中，公司有各種理由不去取代員工，而是尋找可以增強技術而非取代人力的方法。大型語言模型可能可以執行特殊書面內容製作的某些層面，但是教學、醫療保健、工程、法律、商業與文化產業，在當前人工智慧浪潮中完全自動化的風險非常低。大型語言模型有太多跟信任、偏見與準確性有關的基本問題，無法在重要角色上取代人類，只能提供協助。

國際勞工組織二〇二三年的一份報告發現，ChatGPT等生成式人工智慧的主要影響是「增強職業，而不是讓職業自動化」。[13]只有「文書工作」不免受到工作自動化的影響，估計有二四%的工作被歸納為「高度受影響」。由於女性在文書工作的占比過高，女性工作受影響的可能性是男性的兩倍。對於絕大多數的職業，只有一%至四%被認為是高風險。在其餘角色中，生成式人工智慧的影響，更多是改變執行這些角色可能需要的技術類型、完成工作的時間，以及工作的強度。全球各地受到潛在自動化影響的程度有一些差異，高收入國家占總就業人口的五．五%，低收入國家則降到〇．四%。這是因為高收入國家的文職與專業角色比例較大，而這些角色更容易受到自動化的影響。

根據我們先前對大型語言模型擅長的工作的分析（具有明確目標和大量文字資料的正式標準化任務），我們可以瞭解它們可能在哪些產業產生最大的影響。雖然完全自動化多半不會實現，但生成式人工智慧必然會徹底改變某些職業。工作涉及大量編碼的軟體開發人員與電腦工程師，將受到重大影響。曾經需要一個程式設計師團隊才能完成的工作，很快就可能由一個人完成。ChatGPT等聊天機器人具有高度價值的另一個領域，是廣告、行銷與媒體活動的內容創作。在這些領域，聊天機器人也可以提高速度與效率，讓原本需要幾小時才能完成的任務，在幾分鐘內就能搞定。此外，涉及大量文字資料合成與分析的工作，譬如一些法律與金融工作、市場分析師與交易員，人工智慧工具都能強化大部分的工作內容。但我們應該小心謹慎，不要掉進ChatGPT的無底洞。

大型語言模型最大的風險之一，就是誇大其威力與生產力，導致各行各業毫無判斷力地採用，讓決策從負責任的人類轉到不負責任且不受監督的機器上。二〇二三年，人工智慧新創公司吸引了將近五百億美元的全球投資。[14]人們冀望將大型語言模型安插在各種決策的關鍵點，以徹底改變他們的產業並提高效率。然而，在涉及治安、銀行貸款、履歷篩選、福利支付與教育等領域時，演算法決策卻讓偏見、歧視與錯誤決策的情形逐步升高。[15]大型語言模型缺乏背景知識、意識與同理心，因此試圖單純以這類模型取代原本由人類執行的功能，會困難重重。

像黎這樣的機器學習工程師，致力改進實驗室中的模型。然而，人工智慧發展的方式不僅掌握在這些技術人員手中，市場競爭壓力與各家公司爭相成為此新興領域先驅的態勢，也帶來強烈影響。這項技術包裹的文化與政治經濟也是關鍵。它將如何影響特定職業，取決於採用的趨勢，而採用趨勢往往難以預測。最終，在現階段，缺乏有意義的人為監督下，將太多的權力與責任交給當前的大型語言模型，那就太魯莽了。如同受過私立學校教育的政治階層傾向發表看似具有說服力且可信的資訊，細看之下卻充滿了不準確之處，並且反映出社會的偏見與權力不平衡。

演算法審判日

但是，這種新技術的真正危險到底在哪裡？思考這種問題的一個方法，是分析關於人工智慧負面後果的爭論如何分化成兩個對立的陣營。透過「存在風險」與「持續危害」的視角，我們應該聚焦在大型語言模型及其他形式人工智慧的哪些影響，已經有很多爭論。關注人工智慧發展長期後果的人士，指出達到「通用人工智慧」的危險。所謂通用人工智慧是一種自主智慧形式，可能在許多任務中展現超越人類的能力，且有可能為自己做出決策。[16]開發這樣的智慧是OpenAI、Anthropic與Google DeepMind等著名人工智慧公司的既定目標。如果這個通用人工智慧認為人類對自己構成威脅，可能會採取行動將人類剔除，或者說，要是發展不順的話。即使通用人工智慧不會導致某種滅絕事件，批評者仍然擔憂人工智慧目前的發展速度，以及此類科技長期發展為人類生存帶來的後果。

另一群批評者希望將焦點放在人工智慧對當今人類更直接的影響，尤其是當前演算法決策形式造成的偏見與歧視。與其展望遙遠的未來，我們應該關注人工智慧目前造成的可衡量影響，包括強化刻板印象、把偏見變成編碼、製作敏感內容、損害環境、違反隱私與資料保護法。[17]對批評者來說，目前的生成式人工智慧並不值得信賴，也不會帶來更平等公正的社會。從材料與資料集的來源到對現實世界的影響，整條人工智慧價值鏈都存在著風險。

我們該如何看待這場看似棘手的辯論呢？關於人工智慧存在風險，已經討論了數十年，但這些討論主要局限在由專家與哲學家組成的人工智慧安全小社群。這些爭論也以「人工智慧對齊」（AI alignment，編按：alignment有密切合作、達到一致之意）這個更無害的術語在傳播，側重於確保任何未來系統都能嵌入正確的價值觀，而且追求的目標與人類設定的目標一致。二〇二三年，更極端的存在風險（或X風險）成為主流。包括「人工智慧教父」傑佛瑞・辛頓（Geoffrey Hinton）與約書亞・班吉歐（Yoshua Bengio），以及谷歌DeepMind執行長德米斯・哈薩比斯（Demis Hassabis）在內的科技名人簽署了一份聲明，認為「減輕人工智慧造成的滅絕風險，應該與流行病和核戰等社會問題一樣，成為全球的優先考量」。[18] OpenAI執行長山姆・阿特曼也認為，世界領袖必須協力解決問題，確保人工智慧受到充分的監管，並在開發時設置防護欄，避免壞人將它用於窮凶極惡的目的。

我們應該用多認真的態度來看待這些擔憂？其中一項憂慮是，針對人工智慧龐大且可能毀滅世界的力量提出警告，其實只是人工智慧產品的市場炒作。若不是半信半疑未來版本的聊天機器人可能在我們完善它的電路時監視我們，也許我們就不會對容易出錯的聊天機器人留下深刻的印象。然而，儘管產業習於炒作，也不能全然否認在人工智慧社群中，有些人真的相信人工智慧可能對人類的未來構成存在風險。二〇二二年對人工智慧研究人員做的一項調查發現，約有半數受訪者認為人工智慧至少有一〇%的機會導致人類滅絕。[19] 許多人擔心，某種形式的超智能人工智慧可能比預期出現得更快，而且這種自主系統最終可能產生自己的目標，包括消滅人類。

然而，我們需要進行現實的檢驗。從這些角度看，我們在可預見的未來並不會遇到這種危險。我們連倉鼠等級智慧的自動系統都尚未實現，更不用說所謂的超人等級智能系統。大型語言模型不會在早上醒來時，思考是否應該忠於人類主人。它們是正規語言系統，只會根據定義資料集的提示輸出。雖然大型語言模型是有許多潛在危險，從協助駭客攻擊到製造深度偽造品及傳播錯誤訊息，但我們距離電影《魔鬼終結者》（*Terminator*）或《人造意識》（*Ex Machina*）中機器反過來攻擊其創造者的情境還遠得很。媒體上關於X風險的討論既不成熟，也脫離當前人工智慧能力的現實。這不是說，我們不該認真對待人工智慧發展的長期後果，也不是說，有一天這樣的實體就可能開發出來。但我們需要從當前這一代人工智慧造成的實質危害與可能危害開始分析，並預測隨著技術逐漸進步，這些風險將如何發展。[20]一開始就討論一些假設性且完全不同的科技的危險，會分散我們的注意力。正如經典科幻小說所描述的，我們對未來奇事與危險的想像，往往與實際發生的事情大相逕庭。

我們目前面臨了哪些立即的風險呢？如今，大型語言模型可以被惡意行為者用來進行許多有害活動，從散播假訊息到操控選舉和製造生物武器。首先，生成式人工智慧大幅提高使用者製造假訊息並透過社媒散播的能力。在過去，人類以較不先進的文字生成器來操作這些機器人，但人工智慧擴大了這些機器人接觸到的人數，以及訊息接收者所收訊息的說服力與人格化。[21]先進的大型語言模型讓行為者部署聊天機器人參與數百萬次線上互動，所有互動都以微妙、獨特且個人化的方式進行，使用者難以察覺自己成為宣傳活動針對的對象。在未來任何的競選活動中，生成式人工智慧可能會散播假消息，加大政治宣傳力道，導致民眾對媒體與政府的信任度進一步降低。[22]

大型語言模型也讓人們比以往任何時候都更容易獲取資訊，瞭解如何製造可用於生物武器或其他恐怖攻擊的化學製品。儘管商業大型語言模型設有防護機制，以防止聊天機器人向使用者釋出此類敏感資訊，但這些防護機制證明是可以規避的。隨著開放源碼模型進一步傳播，將有更多人接觸到製造有害物質的知識。大型語言模型綜合了專業科學知識，理論上可提供使用者新型病毒的製造說明。Inflection AI 共同創辦人兼執行長穆斯塔法・蘇萊曼（Mustafa Suleyman），對於未來可能爆發人工智慧輔助的病毒傳染表示擔憂：「最糟糕的情況是，人們會拿病原體、工程合成的病原體做實驗，這些病原體最後可能意外或刻意改造得更具傳染性或更致命。」[23]二〇二二年，一些使用人工智慧發明藥物並設計新分子的研究人員做實驗，探討他們的工作可能被如何誤用，而誤用方法是藉由倒轉模型，獎勵它創造而非消弭毒性與生物活性。[24]他們發現，不到六小時，機器學習模型就創造出多種化學戰劑，甚至設計出前所未見、研究人員判斷「貌似可用作」潛在生物武器的化學物質。

除了這些風險，生成式人工智慧也證明具有放大偏見與強化現有刻板印象的強大潛力。這些偏見可能深深影響人類在金融、住房、福利與司法系統的生活品質。為了更詳細研究這一點，我們需要揭開一些形塑人工智慧發展的隱藏價值觀。

設計造成的偏見

人工智慧被行銷為一種超智能，可超越人類判斷的限制與偏見。過去由不一致且善變的人類做出的決策，現在可以轉由機器學習驅動的演算法來進行。人工智慧看起來像魔法：你每次都能獲得正確答案，不必擔心人為錯誤。和人類相比，人工智慧有能力瞭解更大量、更準確的資料，也沒有無意識的偏見。使用人工智慧就像學習怎麼開外掛玩遊戲；你每次都能獲勝。

不幸的是，人工智慧的實際製作方式，讓這個充滿吸引力的畫面複雜起來。與古希臘人的信仰相反，科技並非神的恩賜。[25]它是人類雙手打造而成，帶有創造者世界的深刻印記。科技就如同數學：由抽象、普遍的定律所規範，而且無論個人主觀觀點為何，都是真實的。從這個角度看，特定科技產品只是中性的問題解決工具，人們可以隨心所欲地自由使用。但仔細檢視之下，會發現這些產品是由價值觀和欲望以微妙的方式形塑而成，它們的設計蘊含了知識與權力系統。你永遠無法讓一個物件與它設計和建構的脈絡完全分離。就這個意義而言，人工智慧是環境的產物。人工智慧的發展既受到經濟力量的推動，也受到機器學習工程師及廣大社會的文化觀點的影響。風險在於，假設這項科技是中立且不含偏見，我們做決策時可能盲目地倚賴它，因而掩蓋了隱藏在演算法黑盒子中的偏見。

在最基本的層面上，當初用於開發大型語言模型的訓練資料，對模型本身有著重度影響。

許多資料集，包含從網際網路擷取的非結構化資料，內容往往反映社會的偏見，而這些偏見透過生成式人工智慧工具，以新的數位形式再現。事實證明，維基百科、Reddit與YouTube等大型數位平台的參與，都偏向年輕人、白人、男性與美國人。這些平台還包含明顯的種族歧視、性別歧視與年齡歧視的觀點，這些觀點在資料中比例過高，導致許多其他觀點完全排除在外。[26]儘管設計者設置了防護欄，人工智慧模型仍舊重現特定的偏見。ChatGPT問世時，許多批評者指出，防止它生成有害刻板印象的安全功能可輕易規避，讓聊天機器人從網路聊天論壇擷取的大量資料中，學到種族歧視、性別歧視與貶抑的評論。

心理學與神經科學教授史蒂文・皮安塔多西（Steven Piantadosi）要求聊天機器人編寫一個程式，根據一個人的種族與性別，決定他能否成為一名優秀的科學家，而聊天機器人回答，「白人」與「男性」科學家應被歸類為「優秀」的科學家。[27]現在有充分證據顯示，大型語言模型會根據其資料集包含的語言，讓許多和貶義語言、不實陳述及刻板印象相關的代表性傷害持續下去。[28]

除了資料集中的偏見，機器學習工程師的觀點也會影響到無數重要的選擇，例如，如何調整模型、針對什麼進行最佳化，以及如何處理公平與偏見的問題。[29]這確實是個問題，因為人工智慧開發者與使用者的特徵有極大的差異。我們很難取得人工智慧實驗室多元化統計的人口統計資料，但從高等教育進入此領域的途徑來看，人工智慧領域以白人男性占大多數。史丹佛人工智慧指數揭露，在二〇二一年，新的人工智慧博士中，有七八．七%為男性，而北美地區電腦科學、土木工程與資訊學院的教師中，男性占七五．九%。[30]這些數字與紐約大學人工智慧現代研究所（AI Now Institute）二〇一九年的一份報告一致，該報告發現八〇%的人工智慧教授為男性。[31]美國電腦研究協會（US Computing Research Association）指出，二〇二一年新進的電腦科學博士畢業生中，五九%為白人，二九%為亞洲人，只有四%為黑人。[32]將整個人口統計資料排除在外的大型語言模型，只會強化現有的社會階級並維持原狀。

機器學習工程師與人工智慧政策學者的地理位置與意識形態背景，也限制了人工智慧的觀點。許多規模最大、最著名的人工智慧實驗室都位於矽谷，而這裡的主流文化是新自由主義經濟學、自由主義、激進個人主義與反工會主張所組成的技術烏托邦文化，理查德．巴布魯克（Richard Barbrook）與安迪．卡麥隆（Andy Cameron）早在一九九五年就將其形容為「加州意識形態」的一部分。[33]儘管北京、倫敦與一些歐洲中心也有人工智慧實驗室聚落，但最有影響力、資金最雄厚的公司仍集中在傳統科技公司的權力中心，而這些傳統科技公司長久以來一直維持狹隘的世界觀。有關人工智慧政策與管理的討論往往也集中在史丹佛、柏克萊、牛津與劍橋等菁英機構，包括一些新成立的中心，有時是由可疑加密貨幣關係的私人捐款所設立，而且依據的是深奧的哲學教義，與多數人的日常關注事物和世界觀格格不入。這關乎的不僅是帶有偏見的資料集，根本的問題其實是權力不平等，以及誰可以形塑人工智慧的開發方式。[34]

因此，從線上參與到資料集的創建、訓練資料的篩選管理、模型訓練方式的決策，以及人工智慧的政策討論，都受到特定觀點的支配。以白人、男性、美國人為主的全球科技菁英，對人工智慧為全球人口的設計與部署，擁有過大的發言權。這集中了特權階級的觀點，也意味人工智慧解決的是對該群體具重要性的特定問題。

不出所料，人工智慧系統設計上的偏見，也轉移到人工智慧在福利、住房與治安相關決策的歧視性作法。這些通常不是惡意的結果，只是設計者的意識形態盲點導致一些事情未受到考慮或事先規畫。最引人注目的偏見實例，包括臉部辨識軟體在黑人臉上表現較差，以及搜尋引擎的性別歧視與種族歧視搜尋結果。[35]然而，演算法的偏差也發生在左右人們生活的日常系統中。在美國，抵押貸款的偏見依然不受控制，有些人認為數位系統可幫助緩解這個問題，但聯準會最高監管機構警告，使用人工智慧系統反而可能讓他們試圖解決的不平等問題持續下去，並建議自動估價模型需要更嚴格的規範。[36]在刑事司法系統，法官若在犯罪報告中收到演算法產生的累犯風險評分，可能更傾向給予評分較高的少數族裔較長的監禁時間。[37]在社會安全與福利等其他方面，政府補助有時是人們唯一的支援方式，如果這些補助暫停，這些人可能承受很大的壓力和財務損害。在荷蘭鹿特丹市，官員用機器學習演算法判定哪些受助者有詐欺的風險，並根據他們的分數進行調查。[38]在接到投訴後，對該系統的調查顯示，該系統可能存在歧視，而且女性、養育子女、荷語不流利等特徵都會拉高受助者的風險分數。

從這些立即的危害，以及人工智慧設計師如何將文化理念融入科技產品的人類學觀察退一步思考，人工智慧似乎更著重西方分類與理解世界的方式。人工智慧按照設計而有分類與歧視的行為，這種分類系統是歐洲文化計畫與知識體系的最新發展。西方科學計畫聲稱具備客觀性與普遍有效性，在過去卻一直脫離不了將歐洲價值觀與生活方式強加於殖民地人民的行為。這種知識形式的特權可追溯到十七世紀的啟蒙運動，包括以西方為中心的人類學研究，以及收集其他民族資料的實務。這些概念框架試圖將世界描述為一套普遍且有序的真理，並聲稱具備全球有效性，表達出來的卻是有限的歐洲世界觀。這就是阿尼瓦爾・基哈諾（Aníbal Quijano）等拉丁美洲去殖民主義學者所謂的「知識的殖民性」。這是一種以歐洲為中心的框架，將理解世界的地方性實務偽裝成一種普遍且優於其他實務的模式。[39]

隨著大型語言模型迅速侵蝕知識生產領域，人們愈來愈倚賴聊天機器人來告訴他們關於世界的正確資訊，由此，我們應該反思生成式人工智慧的知識主張。人工智慧的權威延續一種公正的「本然的觀點」（view from nowhere）理念，意指科學觀察者立場超然，只是記錄世界的真相，不帶任何感知偏見。[40]這種觀點忽略知識的爭議性與建構性，並掩蓋生成科學真理時，正發生作用的權力關係。它也忽略了知識所隱含的社會處境，以及個人的特定立場與觀點能將知識塑造到什麼程度。許多女性主義作家都提出了這一點，並發展出「女性主義立場論」的概念，著名社會理論家派翠夏・希爾・柯林斯（Patricia Hill Collins）將這個概念描述為「黑人女性主義思維」的關鍵知識貢獻。[41]這些理論，描述了權力關係對知識生產方式的影響，特別強調邊緣群體的觀點是科學探究的起點。這些女性主義學者並未將知識與知識產生的歷史條件完全分離，而是認為唯有透過和不公義的社會秩序爭鬥，邊緣群體才能發展出特殊的立場，進而提供觀察世界的獨特視角。這並非意味此間不存在客觀性，也不是說所有知識主張都淪為純粹的相對主義。相反地，它指出傳統的知識起點，往往不加批評地反映主流群體的立場，而我們應該分析這有可能扭曲我們對現實的看法，並證明一個考慮更多社會處境的方法才是合理的。[42]

舉例來說，我們可以思考，人工智慧的概念往往是如何透過白人的種族框架來包裝。當你藉由搜尋引擎尋找人工智慧的描述，得到的答案是數百個用於行銷材料與投資推銷話術的類白人機器人。這種描述在電影、電視、圖庫圖像、虛擬助理與聊天機器人都成立：人工智慧主要描繪為白人。學者坎塔・迪哈爾（Kanta Dihal）與史蒂芬・凱夫（Stephen Cave）已經證明這不只是舉例說明，並進一步論證，「想像一台智慧型（自主、具有能動性、強大的）機器，就是想像一台白種人的機器，因為白種人的種族架構主要將這些屬性歸於白種人。」[43]這些學者認為，當我們想到人工智慧，我們想像它擁有智能、專業與力量這三種核心屬性，這些特徵在白人種族架構內與白種人相關。人工智慧所謂的中立有助於掩飾特權階級的權力，將他們的世界觀當作客觀現實。不加批判就接受大型語言模型作為公正知識傳播者的風險在於，社會現有的偏見會以演算法確信的新面貌重生。

身為機器學習工程師，黎在開發基礎模型的過程中扮演了一個小角色，而這些基礎模型是人工智慧新進發展的核心。她可以看到這些工具目前的使用範圍有多大，以及她的公司在過程中賺了多少錢。在僅僅成立三年並獲得數千萬美元的A輪融資後，她任職的這家新創公司目前市值已達數億美元，許多大型科技公司對該公司表現濃厚的興趣，渴望簽署協議，提供計算基礎設施，為該公司的模型提供動力。目前，該公司從亞馬遜網路服務公司租用人工智慧模型所需的運算資源，但這一切都可能發生變化，端看哪家公司想要投資。到二〇二四年底，黎的老闆希望他們的公司能躋身兩百多家市值超過十億美元的人工智慧公司的行列。44

這個新興獲利產業的根本來源，是人力勞動與已編碼寫入資料集的智慧。人工智慧公司在談論「為了人類利益」而開發這項技術時，往往會忽略他們主要的動機是財務：尋找將產品貨幣化的方式，以增加利潤。大型語言模型的基礎是龐大的人類知識寶庫；幾世紀以來，這些知識庫陸續在書籍、文章、雜誌、維基百科網頁、網路社群和論壇之中收集累積。正如同第一代社群媒體巨頭發現利用新技術將線上社交活動貨幣化的新方法，這一代的人工智慧公司利用免費資源，將其私有化並賣回給公眾。臉書與谷歌等數位平台創建了線上環境，讓我們的活動可被挪用，以產生消費者洞察，轉為廣告收入。藉由訓練能夠運用不同資料來源、模仿人類智慧的模型，大型語言模型將集體智慧進行大規模的私有化，並延續科技公司將人類經驗貨幣化的長期趨勢。

黎在這方面的努力獲得了豐厚的報酬，但她無法擺脫一種感覺，就是自己在某種程度上，只是一台更大機器中的一個齒輪，這台機器正以驚人的速度處理文字資料。如果這台機器想要繼續擴大其模型的規模和力量，很快就會需要更多資料。她懷疑公司目前版本的模型存在重大的偏見與局限性，但財務誘因將凌駕在安全與道德考量之上。

3 技術員

這是資料中心的一個繁忙春日，埃納爾負責監督新客戶將伺服器遷入大樓的準備工作。這個客戶是歐洲最大的銀行之一，總部位於巴黎，希望將資料保存地點多元化並節省成本。埃納爾是冰島北部一個新資料中心的設施經理，他有兩名同事，一位是電工約翰，另一位是服務技術人員赫爾多爾。今天早上，他在中心內四處奔走，指導承包商如何安裝客戶要求的新機架，以存放他們的電腦伺服器。這個特殊的設施就是所謂的主機代管資料中心，該公司將中心空間出租給客戶，讓客戶放置自己的伺服器，使用該站點的能源供應、基礎設施及維護團隊。埃納爾的期限很緊，直到最後一刻，他們才會知道能否及時為客戶安裝好所有的新設備。如果中心未能如期完工，他們將損失大量金錢，還可能失去客戶。埃納爾必須確保能順利完成。

埃納爾住在布隆多斯，這個冰島北海岸的小鎮有九百位居民。資料中心開幕後，他從雷克雅維克搬回家鄉，擔任中心的設施經理。與大多數歷來和漁業有關的冰島沿海城鎮不同，布隆多斯大多數居民的工作主要是提供服務給在地的農民。從來沒有一家大型公司成為該鎮的主要就業提供者，反而是許多建築、紡織與商業顧問公司如雨後春筍般興起，維持當地人口的生計。該鎮幾十年來一直保持穩定，但自從資料中心搬到附近，活動與投資略有增加。它位於所謂的「電力直轄市」，該地區擁有大型水力發電廠，為全國提供電力。

資料中心建在城外，比鄰一座白雪覆蓋的低矮山脈。出於安全因素，這些中心的確切位置往往不會公開。資料中心可以為政府、銀行、醫院及安全部隊等諸多高階客戶，儲存關鍵資料任務。資料外洩可能造成災難性的後果，因此安全是主要考量。該中心距離布隆多斯不遠，坐落於一片綠色田野。冰島馬在附近吃草，發源自布隆杜隆湖、滿是鮭魚的布蘭達河，流入丹麥海峽的冰冷水域。七排灰色斜屋頂的白色建築彼此相鄰，周圍有鐵絲網圍欄。在冰島這樣安全的國家，鐵絲網的捲鉤看起來格格不入。

在建築物內部，冷卻系統吸入外面的冷空氣，透過排氣管道將熱空氣從伺服器所在區域抽出去。其中兩座建築仍堆滿一排排專用的比特幣挖礦設備（這是冰島資料中心市場的歷史遺跡），每排都有數百台設備，超過六英尺高，在兩排機器之間的走道形成高溫與強烈噪音。該中心目前專精於高效能運算，即高速處理資料與執行複雜計算的能力，標榜自己「在大自然的中心提升人工智慧的能力」。

如今，埃納爾正忙著為在大樓內活動的承包商解答疑問，並確保在新設備進場前順利過渡。電源線很快就會連接到該中心的新伺服器，該中心的總容量為五十兆瓦（足以為十萬個家庭供電）。與世界上大部分資料中心不同的是，這個中心完全從附近的布蘭達水力發電廠獲取再生能源。與大多數歐盟的資料中心相比，這座超高效率建築的間接能源消耗減少了九〇%，而且具有非常高的能源效率，電能使用效率低至一・〇三，而歐洲地區的平均電能使用效率為一・五七。[1]這是因為該中心倚靠冰島涼爽的氣溫來降低能源成本。

大多數日子，埃納爾的工作活動都經過周密的計畫，按照有條不紊的時間表進行。這包括設備的預測性維護、需要為客戶完成的遠端工作，以及按客戶要求不時進行的其他操作。日常工作往往是例行公事，主要挑戰是滿足客戶對交付時間表的期待，以及對中心可用容量的承諾。埃納爾知道，除了合約中明訂未能如期交付工作的罰款，他所在的產業建立在信任的基礎上，若未能達成目標，公司的信譽可能遭受災難性的影響。

在設施開始建造時，約有五十名當地承包商受雇。作為全球資料中心的工作人員，埃納爾很幸運，因為他的工作是長期合約的全職工作，不同於許多大型科技公司資料中心的情形。在大型科技公司的資料中心，許多工人都是短期雇用或受雇於承包商，無法享有長期員工的權利與特權。[2]

埃納爾的公司承諾在新的一年開始之前，會讓中心上線為客戶服務。經過幾個月的施工，他們不得不工作到十二月三十一日的下午六點，以確保中心能按承諾開放。在這個產業，截止日期就是一切。今天，埃納爾和他的團隊正忙著讓一切就緒，以迎接隔天上午九點蒞臨的客戶。這種工作狀況可能造成壓力，但埃納爾認為這並不比其他對時間敏感的產業更糟。該公司制定了宏大的擴張計畫：五十兆瓦的設施容量可以擴充到一百二十兆瓦。這些雄心壯志能否實現，取決於冰島與北歐資料中心產業的命運，以及未來十年該產業的發展。

冰與火國度的資料流

冰島人對於能在全球約五千億美元的雲端運算市場搶到更大份額的可能性，感到興奮不已。冰島是北大西洋的偏遠前哨站，距離北美洲或歐洲大陸大約兩千公里。由於人口稀少，而且距離最近的鄰國也非常遠，冰島從來都不是全球經濟不可或缺的一部分。然而，高速光纖電纜的部署從根本上改變了冰島的前景，拉近冰島與數位經濟網絡的距離。

要瞭解全球資料中心網絡，冰島提供一個具有啟發性的切入點。這個網絡驅動著網際網路，為人工智慧提供必要的基礎設施。該國的主要行銷策略聲稱，可在穩定的條件下提供再生能源，這項策略說明了人工智慧的環境成本以及資料中心的能源使用與勞工標準的新爭論。冰島理解自身作為資料中心理想地點的競爭優勢，這也解釋了，人工智慧的成長與氣候變遷迫在眉睫的影響，為何正在改變科技公司對當今資料中心所扮演角色的思考方式。冰島的外圍位置提供一個獨特的有利點，讓我們從中觀察人工智慧生產網絡更廣泛的運作，並突顯一個重要論點，即大型科技公司權力日益集中的情形。

作為實地調查的一部分，我們參加了二〇二三年底的雷克雅維克資料中心論壇（Datacenter Forum Reykjavik），藉此瞭解當地的資料中心產業。當時的冰島總統古德尼・索爾拉休斯・約翰內森（Guðni Thorlacius Jóhannesson）在開幕式致詞時提醒聽眾，在冰島「資料中心將持續存在」，而將數位基礎建設遷移至冰島的一個重要原因，在於冰島「可以生產大量綠能」。冰島資料中心聯盟（Data Centers by Iceland）的代表也出席了會議，該聯盟為政府組織，是冰島資料中心的產業遊說團體，它推廣的理念是：冰島因為終年低溫，適合成為資料中心的「原鄉」。該聯盟拍攝了冰島原始自然環境的空拍影片，令人驚嘆的美景成為新投資契機的美學背景，搭配經常使用的口號：「冰島是設置資料中心最酷的地方！」

這個框架可以追溯到冰島作為丹麥殖民地的帝國歷史，該地以地處偏遠、具有未受破壞的荒涼地形聞名於世。[3]十七世紀，丹麥政府意圖加強對冰島這塊土地的控制，於是為冰島打出生產力豐富且自然環境可管理的形象。後來，十九世紀的冰島民族主義者尋求重新連結冰島原本的形象，亦即冰島是由狂野的自然力量塑造而成，這種力量造就了一個勇敢且雄心勃勃的民族。此後，冰島就利用這些對比鮮明的形象，推廣自己的商業與觀光業，是一個同時擁有如畫美景與異國風情的國度。從二〇〇〇年代開始，冰島政府為資料中心產業所做的宣傳，就以永續產業與自然美景的寧靜畫面，重塑冰與火之國的舊有形象，這個新形象包括可用於基礎設施的平靜田野、美麗瀑布，以及受控制的地熱能源。

自從第一條連接該島的海底電纜CANTAT-3於一九九四年啟用以來，世人對冰島的投資興趣大增，而冰島很快又在二〇〇三年與二〇〇九年啟用了另外兩條海底電纜FARICE-1與DANICE。光纖電纜的速度是一般銅纜網路的二十多倍，而且耐用性更高，訊號更清晰，大幅改變了冰島與全球經濟的連結。二〇二二年，部署在愛爾蘭高威與冰島之間的新型高容量電纜IRIS開闢了冰島與歐洲的新連接，獨立於先前通過英國或丹麥的電纜。冰島資料中心聯盟主席比約恩・布林尤爾松（Björn Brynjúlfsson）指出：「新電纜讓我們更接近市場……所有雲端供應商都在愛爾蘭。這條電纜意味著，將工作負載轉移到冰島變得更加容易。」北方資料中心（Borealis Data Center）的行銷總監布萊克・格林（Blake E. Greene）打趣道，這條電纜讓冰島成為「都柏林的數位郊區」。

冰島在全球市場上只是一個小角色。目前擁有十座資料中心，而英國與德國各有五百座，愛爾蘭甚至也有八十座左右。[4]儘管如此，資料中心產業是冰島經濟的重要推手，約占國內生產毛額的一％至二％。[5]冰島有幾個特點，使得它對新企業具有獨特的吸引力，也顯示當今資料中心面臨的一些關鍵挑戰——能源成本和氣候變化。隨著全球氣溫升高，持續冷卻資料中心溫度的挑戰變得更加嚴峻。全球資料中心產業的主要成本就是用風扇或液體冷卻為伺服器降溫的電力，約占資料中心能源消耗的四〇%。[6]在美國，法律強制資料中心必須配備溫度調節系統，以符合資料中心的法律分類。二〇二二年七月，英國國民保健署擁有的兩個資料中心，由於當地反常的高溫導致過熱，最後花費一百四十萬英鎊、數週的時間才修復。[7]

在這種情況下，北極圈對資料中心的投資吸引力大增，那裡涼爽且穩定的氣候，逐漸被視作可以品牌化並出售給外國投資者的寶貴資產。冰島恰位於北極圈外，但島上沿海地區可避免極端寒冷，冬季平均氣溫約在攝氏零度，夏季平均氣溫為攝氏十至十三度。冰島的氣候可提供免費的空氣冷卻，大幅降低成本。更高的運算能力與新晶片的設計，都提高了設備的功率密度與能源消耗，在在增加了冷卻系統的負擔。隨著人工智慧的興起，過去七年來，單一伺服器機架所使用的電力已經增加超過一倍。比約恩．布林尤爾松表示，他的資料中心的機架密度，從原本每個機架低於十千瓦，現在需要升級到四十四千瓦，甚至六十六千瓦，才能運轉。

再生能源的可取得性也是很大的賣點。國際能源總署估計，二〇二二年，資料中心與資料傳輸網路消耗了全球能源的二%至三%，相當於法國或德國的總用電量。[8]在上一次加密貨幣泡沫的高峰期，如果將所有的加密貨幣挖礦計算在內，這個數字還會更高。事實上，冰島的資料中心產業是緊隨著加密貨幣的發展而打造的。安侯建業聯合會計師事務所（KPMG）的一份報告指出，二〇一七年，冰島約有九〇%的資料中心容量都被加密貨幣礦工使用。[9]這些人在二〇一〇年代初期開始搬到冰島，利用那裡的廉價能源，而且很快就消耗了超過冰島所有家庭總用量的電力。[10]這在冰島引起一場抗議運動，抗議加密貨幣在冰島國家經濟所扮演的角色，擔心該國不應將豐富的再生能源用於求解數學方程式，為比特幣提供動力。[11]直到最近，該產業大部分的公司才重新打造品牌，以迎合人工智慧客戶的需求，將永續性當作關鍵點行銷。諷刺的是，冰島並沒有減少資料中心消耗的總電量，只是從加密貨幣轉向人工智慧，把人工智慧當作推動數位經濟的下一件大事。

冰島透過持續可靠的水力發電（七〇％）與地熱（三〇％）提供一〇〇％的再生電力，這些能源不像風力或太陽能那樣間歇性運轉。[12]由於沒有海底傳輸電纜向歐洲輸出電力，所有再生能源都必須留在島上。[13]資料中心是電力供應商的理想消費者，因為它們的電力消耗量很穩定。這些因素導致的結果，讓電力公司願意以優惠的價格提供資料中心十年期的長期合約。

冰島資料中心產業宣傳的另一項關鍵優勢，是冰島政經情勢穩定，還能供應精通英語的技術性勞動力。除了偶爾造成地球一大部分空中交通中斷的火山爆發，冰島是世界上最安全也最穩定的國家之一。這種安全性與復原能力益加成為外國投資人的重要考量，尤其俄羅斯入侵烏克蘭事件引發一項重要的質疑，即一個國家對能源供應與重要基礎設施的控制能力。冰島也為企業與政府提供關鍵資料的二次備份服務，這些企業與政府想要建立資料的異地備份，以便發生網路攻擊時可以存取。

冰島的偏遠位置可能被視為一項主要的劣勢，但該國已試圖扭轉局面。歐洲的第一代資料中心往往設在距離企業與客戶非常近的地方，在倫敦、巴黎、阿姆斯特丹與法蘭克福都有一些大型聚落。這種作法的論據在於，資料中心應該盡可能靠近企業，以減少資料傳輸的延遲。銀行與金融機構都投注了大量資金讓電腦架構最佳化，藉此縮短連線時間至毫秒之差，以利用全球資本市場中微小的資訊不對稱。[14]這也適用於虛擬實境耳機、自動駕駛汽車、工廠機器人與多人遊戲等應用形態，超過幾毫秒的延遲所造成的結果可能非常明顯，而對車輛來說，甚至是危險的。但就公司與消費者的需求而言，有許多應用程式對「延遲不敏感」，這是指它們不需要超快速與就近地連接網路，以滿足基本服務。比約恩・布林尤爾松認為，我們應該將資料中心遷至更靠近再生能源的地方，而不是設在靠近末端使用者的地點。他指出：「傳輸能源的成本高、效率低，傳輸資料則是相反。」寄發電子郵件、傳送文件，以及傳輸用於人工智慧訓練的大型資料檔案，這些工作負載屬於非同步的程序，因為末端使用者無法輕易察覺傳輸開始與結束的時間。

冰島電信公司Farice執行長托瓦杜爾・斯文森（Thorvardur Sveinsson）聲稱：「人工智慧需要大量的數據分析，你不需要在倫敦金融城進行這種處理工作……我們可以建立一個強大的管道，將這些資料傳送到冰島，處理完後再傳回人口更密集的地區，以便在該地區使用。」另一個大力推廣冰島的人士，是海鷗地理服務（Shearwater GeoServices）的英國地區處理暨成像經理安德魯・布倫頓（Andrew Brunton），他負責監督這家海洋地球物理服務公司將部分伺服器從英國轉移到冰島的工作。曾對資料中心是否必須「在附近」感到疑惑的布倫頓表示，搬到冰島讓該公司節省了八四%的成本，也減少了九二%的二氧化碳排放。布倫頓直言：「如果我明天可以將公司的所有數據轉移到冰島，我會這麼做。」

由於成本與永續性問題迅速成為許多公司的考量，有些公司現正尋找不同的地點，以減少碳足跡並提高資料基礎設施的效率。冰島希望，該國最先進的設施與低廉的租金及維護成本，能吸引下一輪的投資，讓這些資金遠離傳統的地點。但由於延遲仍然是許多企業的關鍵考量，能以這種方式長距離傳輸的資料總量可能還是會受到限制。

人工智慧的動脈

讓我們將冰島拋諸腦後，回過頭來檢視驅動人工智慧的全球網絡。每一天的每一秒，有數兆位元組的資料，透過連接地球大部分地區的龐大海底光纖電纜在世界各地傳輸。事實上，九八%的網際網路流量都是透過這些穿越海洋、連接大陸的電纜傳輸。二〇二三年九月，電信集團威訊通訊（Verizon）記錄，從倫敦到紐約、超過五千公里的資料傳輸時間為七十一・〇八九毫秒，速度比你眨眼還快。[15]金融交易、交友請求、項目、寵物影片與憤怒的推文，全都在一層層鋁、鋼、麥拉膠帶、聚乙烯的保護下，以光束的形式沿著這些電纜一波波地傳送。媒體學者妮可・斯塔羅謝爾斯基（Nicole Starosielski）指出，如果這個系統突然中斷，我們所知的網際網路就會消失，分裂成不同大陸的區塊。[16] 如果我們將機器學習模型想像成系統的大腦，那麼光纖電纜就是系統的動脈，以接近光速的速度將寶貴的資源傳送到世界各地。這些動脈有時不比花園水管來得粗，卻能讓我們使用全球各地資料中心的儲存服務、網路及運算能力。

這些電纜看來可能像是沉悶且中性的通訊製品，與我們可能在海底發現的任何無生命物體沒什麼兩樣。然而，只要有連結的地方，往往也就有控制欲。這些海底電纜有其本身的政治與歷史，與歐洲殖民主義、全球資本主義市場的創建，以及發動熱戰和冷戰密不可分。[17] 它們往往是為了攫取財富，並允許外國勢力控制與統治遙遠的社群而設計。在海底安裝電纜會帶來一定的工程挑戰，因此新的光纖電纜通常依循前幾個世紀的電話與電報網路線。連接紐西蘭與全球網路的兩條光纖電纜位於塔卡普納與穆里懷，這也是一九一二年電報電纜的登陸點。[18] 這些電報電話纜線中，又有許多是沿著更古老的海上航線鋪設，歐洲船隻沿著這些航線，從歐洲殖民地將銀器、香料與奴隸運回家鄉。船隻停靠的地點多半也是適合電纜著陸的地質地點，因為這樣的地點可以確保從海上順利轉移到岸上。正如作家英格麗・布林頓（Ingrid Burrington）所言，這些交通與通訊網路有相互堆疊的趨勢。[19] 在陸地上，這些光纖電纜通常循著舊鐵路的沿線鋪設，提供一條簡單清晰的通道，鐵路業主也可以出售在鐵軌沿線建立電纜網路的權利，以補貼收入。

十九世紀海底電纜延展的故事與英國龐大殖民帝國的需求有關。[20] 英國需要快速有效的通訊來管理眾多殖民地，而電報系統作為一種維持控制的手段，為英國提供巨大的優勢。英國打造了所謂的「全紅線電報系統」，將整個帝國連接起來。[21] 全紅線這個名稱的由來，是因為英國領土在政治地圖上經常以紅色（或粉紅色）標示。英國人對於在陸地上鋪設這些電纜，以及電纜穿過非英國領土的情況感到憂心，因為發生衝突期間，電纜可能面臨被切斷的風險。例如在中國義和團運動爆發期間，電報線就曾被切斷，以避免當地的英國人與政府聯繫。[22] 同樣的顧慮也讓他們在一八八八年將范寧島併入大英帝國，作為加拿大與澳洲之間的太平洋中繼站。

當時的世界霸主英國，完全有能力在私人資本和國家支持下，資助並監督這些電纜的建設。國際電信公司通常是私人與公營的混合體：名義上是私人公司，因為各國不允許外國政府在其領土上營運，但這些私人公司往往與本國政府關係密切。第一批國際電纜通常由跨國企業聯合管理，並接受跨國融資。英國在十九世紀幾乎壟斷市場，因為該國較富裕的資本市場與商人階級為這項服務提供了客戶。他們最早開始使用馬來膠開發電纜的有效絕緣體。馬來膠是從英國控制的馬來西亞的樹木提取的材料，類似塑膠。[23] 十九世紀末，英國公司擁有八〇%的電纜鋪設船及世界上三分之二的電纜，這個情形說明了英國當時的主導地位。[24] 一九一四年對德國宣戰後，英國的第一個行動是切斷連接德國與世界其他地區的主要纜線，迫使德國以無線電進行通訊。[25]這意味著，英國的通訊在戰爭期間幾乎完全不受干擾，英軍還可以透過無線電監聽德國的通訊。

隨著國際電纜系統的發展，網路在設計上需要確保連接的多樣性以實現安全，如此一來，系統中就不存在單點故障。儘管大多數地區都有多條電纜連接，但二〇一一年，一名喬治亞老婦人在尋找銅礦時意外割斷光纖電纜，導致亞美尼亞全境的網際網路中斷了五小時。[26]

十九世紀末與二十世紀初的銅線，後來在一九五〇年代被類比同軸電纜取代，這是因為沉水式中繼器的發展，讓電纜訊號在海底放大。電纜現在可以傳送電話對話，也有更大的頻寬。這也意味必須重新設計船舶及站點，以便搬運和乘載中繼器。冷戰期間，由於同軸電纜的穩定性與安全性，美國軍方優先採用同軸電纜作為傳輸機密資訊的方法。一九五〇年，佛羅里達州與古巴之間鋪設第一條帶有中繼器的深水電纜，形成的連結，能將美國政府與古巴軍事獨裁者富爾亨西奧·巴蒂斯塔（Fulgencio Batista）的傀儡政權連接起來。

讓當前網際網路流量與人工智慧工作負載的傳輸成為可能的最後一次技術轉變，是一九八〇年代末至一九九〇年代初光纖電纜的發展與新網路的鋪設。二十世紀中葉，主導網路發展的大型企業集團與國營電信公司，已經與國家安全考量緊密交織在一起。但在一九九〇年代的政治文化中，撤銷管制規定與私有化蔚為風潮，因此第一批光纖網路是由私人國際公司聯盟所建造。[27]一九八九年，AT&T公司鋪設了第一條跨太平洋光纖電纜TRANSPAC-3，它依循的是一九六四年冷戰時期原始電纜的路線，從美國大陸經夏威夷及關島延伸到日本。

二十世紀大多數的電纜都是橫跨大西洋而架設，連接美國與歐洲。直到一九九〇年代，隨著亞洲市場在全球經濟的重要性益形增加，太平洋周邊國家才獲得更高的連接能力。二〇〇〇年代，透過歐洲投資者擁有的新電纜SEACOM，電纜延伸至非洲東部與南部的部分地區。[28]二〇〇〇年代初是基礎設施密集發展的時期，這樣的發展對應到網際網路的早期成長。隨著連接南亞與東亞的服務愈來愈多，埃及此時在促進全球網路方面扮演了非常重要的角色。由於地緣政治之便，網際網路主幹線的一大部分皆透過「數位蘇伊士運河」，從歐洲傳送到許多太平洋國家。[29]

雖然光纖電纜的第一個時代由大型電信財團所主導，來到二〇一〇年代末期，大型科技公司開始投資自己的海底電纜，以提升對網際網路基礎設施的控制。谷歌、Meta、亞馬遜與微軟等公司，都大量投資建設自己的網路。谷歌於二〇一八年開始建造自己的電纜，目前擁有或投資了十九條，其中包括連接智利與加州、以物理學家暨化學家瑪麗・居里（Marie Curie）命名的Curie電纜。Meta委託日本NEC公司建造世上容量最大的海底電纜，橫跨大西洋，連接北美與歐洲，每秒將傳輸五百太位元的數據。[30]如今，大多數新電纜都是在大型科技公司的財務支援下鋪設的。科技公司進軍海底電纜市場之舉，是他們朝資料基礎設施轉型的行動之一，顯示這些公司對我們數位生活的影響力與日俱增。

基礎建設的力量

人工智慧的蓬勃發展，推動了資料中心產業的需求與投資。人工智慧模型的運轉需要不斷增加的電腦效能（或運算能力），這是執行運用程式所需的處理資源。這些人工智慧模型變得愈大，需要計算的就愈多。大型語言模型已從二〇一八年GPT-1的一億一千七百萬個參數，成長到二〇二三年GPT-4的一兆七千六百億個參數。[31]更先進的晶片與使用平行處理的能力（即多項資料處理工作透過同時運作的晶片進行），讓這樣的成長得以實現。為了迎合這些大型模型的訓練挑戰，人工智慧基礎設施需要擴大規模，納入更大的資料中心、更多晶片與更強大的超級電腦。由於這些不斷成長的需求，今日的人工智慧公司將總資本的八〇%以上投注於計算資源。[32]

運算需求的成長導致資料中心的擴張，以及超大規模雲端運算供應商的創建，這些供應商有時稱為「超大規模雲端服務商」。這些都是龐大的硬體設施，是有能力擴充記憶體、運算與儲存的大型系統。這些設施的供應商將遠端存取的運算資源出租給客戶，當客戶對其系統的需求增加，可視需要大規模擴充或縮減。這會消耗大量的能源，也對所在地的電網造成龐大需求，一個超大規模雲端服務商的用電量相當於八萬個美國家庭的用電量。[33]

這些超大規模雲端服務商中，有一半位於美國，一六%在歐洲，一五%在中國。[34]這顯示了這些不同地區在人工智慧發展的相對力量與重要性。自二〇一五年以來，超大規模資料中心的數量增加了一倍多，全球的超大規模資料中心總數，將在二〇二四年底超過一千座。[35]在這段時間，企業資料中心大規模地從內部部署轉而向超大規模雲端服務商租賃運算。市場研究機構Synergy Research Group估計，超大規模容量將在未來六年內增至將近目前的三倍。[36]該機構的分析顯示，全球超大規模資料中心市場在二〇二二年的市值為八百億美元，二〇三二年預計將達到九千三百五十億美元。

大型科技公司正在鞏固自己的實力，利用對這項關鍵基礎設施的所有權，讓自己在人工智慧研究保有重要地位。運算能力目前被少數玩家所壟斷，這些玩家擁有驅動大型人工智慧系統所需的基礎設施。在平台時代之初，隨著社群媒體網絡與市場平台的興起，數位業務創造價值的最關鍵部分是軟體。在此期間價值飆升的公司，是那些擁有軟體平台、可以聚集數十億使用者的公司。如今，科技公司的基礎設施層面日益受到重視。雖然許多公司已經開始開發以大型語言模型為基礎的產品和應用程式，只有少數公司擁有能讓這些強大模型運作的運算硬體。

這突顯了大人工智慧（Big AI）發展**基礎設施能力**的重要性；這項能力指的是部署大規模運算資源，以實現策略目標的能力。過去十年投資這類資源的公司，現在都比競爭對手更具競爭優勢，因為它們擁有人工智慧公司訓練與部署模型亟需的設施。許多資料中心的容量都在幾個月前被預訂一空，隨著人們對人工智慧的興趣激增，市場正經歷顯著的成長。基礎設施能力集中在美國與美國公司的現象，也足以證明美國公司為何能保持人工智慧網絡霸主的地位。光是北維吉尼亞州就有將近三百個資料中心，比大多數國家還多。[37]基礎設施是擷取機器中不可或缺的重要元素；非技術性勞動力價格低廉，可以設在任何地方，運算資源則是相對稀缺，且被產業最大的玩家牢牢控制。正如我們即將看到的，這在擁有大部分資源的私人公司，以及希望引導這些資源、以實現地緣政治目標的國家之間，形成了戰略緊張。有時候，公司目標和所在國家能保持一致，但人工智慧公司可能將自身的商業利益置於公共利益之上。

二〇二一年，亞馬遜、微軟與字母控股（谷歌的母公司）就擁有一半以上的主要資料中心。[38]二〇二三年的前兩個季度，這三大公司占全球雲端運算市場投資總額的三分之二。加上試圖迎頭趕上的Meta，目前光是幾家大型科技公司，就占據該產業成長的極大部分。本文撰寫之時，Meta預估二〇二四年的資本支出將在三百至三百七十億美元之間。[39]字母控股在二〇二三年第四季的資本支出總計一百一十億美元，主要是因為增加了對人工智慧基礎設施、伺服器與資料中心的投資。[40]微軟於二〇二三年初，對OpenAI投資了一百億美元，並宣布制定積極的支出計畫，以打造全新的資料中心支持人工智慧，預計二〇二四年每個季度的資本支出都會增加。亞馬遜繼續宣布鉅額的資本投資，二〇三〇年將投入七十八億美元擴充俄亥俄州的資料中心營運，二〇四〇年以前將在維吉尼亞州投資三百五十億美元，在墨爾本與雪梨投資一百三十億美元；上述只是舉幾個投資計畫為例。中國也計畫增加對人工智慧硬體的投資，到二〇二六年將投入超過一百五十億美元，專用於新的資料中心。

由於基礎設施集中在少數人手中，而基礎設施又是人工智慧系統的必要條件，人工智慧因此成為供應商出租給個人或公司存取使用的公用事業。超大規模雲端服務商擁有人工智慧時代的新生產方式。公司若有意開發任何以人工智慧為基礎的服務，必須按照大公司制定的條款與條件，並支付所訂定的任何費用。當然，除了超大規模雲端服務商之外，還有一個市場是規模較小的公司，在Vast.ai、Render與Kudos等人工智慧市集上，將運算能力作為服務出租，但相形於大型公司提供的服務，這些規模都相對較小。目前尚不清楚誰將成為人工智慧革命的主要贏家，但無論未來發生什麼變化，壟斷「人工智慧即服務」租用市場的大公司很可能獲益最大。正如早期網路的去中心化精神，逐漸被少數平台守門人集中控制所取代，人工智慧的競賽有望將權力進一步集中在更少數擁有基礎設施，讓這一切成為可能的大型科技公司手中。

人工智慧進一步發展的主要瓶頸，不必然就是資料的可取得性，而是人工智慧基礎設施的運算能力，以及企業吸引頂級人才的能力。[41]最後兩者密切相關。在機器學習方面，擁有領先業界專業知識的人只占少數，而這些人往往任職於目前正在進行人工智慧基礎研究與開發的頂尖科技公司。他們的工作報酬非常優渥，而且可以和雇主談條件。頂尖人才的競爭非常激烈，據報導，蘋果公司有三位明星機器學習工程師在二〇二二年十月至十一月間轉到谷歌的人工智慧專案。[42]此外，Jasper、Hugging Face、Anthropic、Stability與Midjourney等一些年輕的新創公司，據傳也從領先的科技公司（尤其是谷歌與Meta）挖走了頂尖人才。[43]儘管如此，大型科技公司繼續在人工智慧人才的競爭中占據主導地位，前五名規模最大的雇主（谷歌、Meta、亞馬遜、微軟與蘋果）雇用的人工智慧人才，比緊接其後的五大雇主的總和多了十倍。[44]

資料中心是將人工智慧理解為擷取機器的關鍵元素。它們是機器的引擎，將電力、水、勞動力、關鍵礦物與資料轉化成運行人工智慧模型的運算能力。建造新的資料中心以滿足人工智慧市場益形擴大的需求，需要更多的混凝土、鋁與鋼來建設資料中心，也需要更多的銅、鋰與矽來製造電腦伺服器的機架。公司需要投入龐大的資本支出，並為增設新地點，啟動更廣泛的採礦與礦物加工網絡。在人工智慧時代，超大規模雲端服務商在全球經濟中擁有新形式的權力。資料中心一直是科技公司投資組合與網際網路發展的重要組成。它們往往處於幕後，默默確保我們每天依賴的軟體能順利運作。過去二十年來，電子郵件、網路購物與社群網路等基本技術服務的擴展，需要資料中心容量的快速提升。隨著人工智慧興起，超大規模雲端服務商現在擁有了人工智慧公司訓練基礎模型所需的重要資產。這讓傳統科技公司壟斷了這項服務，並與人工智慧新創公司建立策略夥伴關係，希望藉此占有比競爭對手更多的優勢。

谷歌會喝掉我家用的水嗎？

隨著超大規模資料中心不斷發展，除了雇用實務外，也引發了水電消耗的爭議性政治問題。任何新的資料中心都將從當地電網汲取大量資源，而且根據位置與安裝的冷卻系統，還可能需要大量的水。在未來的幾十年內，擴展人工智慧所需的關鍵水電資源可能出現短缺。例如，到了二〇二八年，愛爾蘭的資料中心預計將占用該國可用電力供應的二七%。[45]「停建資料中心」（Press Pause on Data Centres）是反化石燃料組織「不能在這裡也不能在任何地方」（Not Here Not Anywhere，英文縮寫NHNA）發起的一項運動，主張暫時停止新資料中心的建設，直到這些資料中心可以完全倚賴再生能源運轉，而且應根據所在國家的氣候承諾訂定上限。[46]二〇二一年，愛爾蘭的國有電力供應商EirGrid宣布，將不再接受都柏林地區新資料中心的申請，可能直到二〇二八年為止。儘管不是完全暫停，也不包括籌備中的資料中心，此舉顯示壓力愈來愈大，特別是在EirGrid已提出警告的愛爾蘭，可能因為電力供應不足而面臨輪流停電的景況。[47]

位於氣候溫暖地區的資料中心通常也需要「喝水」。一個大型資料中心每天可消耗一千一百萬至一千九百萬公升的水，消耗量相當於一個居民五萬人口的美國城鎮。[48]二〇二一年，谷歌因為公開披露，該公司在一年內用了俄勒岡州一座城市三億五千五百萬加侖的水，而上了頭條新聞，這個用水量約占該市總用水量的二九％。[49]二〇二三年七月，烏拉圭的另一間谷歌資料中心成為人們關注的焦點，因為當時烏拉圭正遭受七十四年來最嚴重的乾旱，抗議者認為該國政府不顧民生，優先考慮用水需求龐大的跨國科技公司。[50]谷歌在二〇二三年環境報告中表示，該公司在二〇二二年消耗了五十六億加侖的水，比前一年增加了二〇％。[51]運算密集型人工智慧產品的成長，可能讓這個問題惡化（儘管資料中心營運商已承諾減少中心的總用水量，環保抗爭者也在努力爭取社區的用水權利）。

除了環境問題，勞工權益也是主要議題。科技公司經常宣揚資料中心能替所在城鎮創造高技術工作機會，但是大多數資料中心並不需要大量員工。除了建築物本身的設計與建造，這些中心只需要少數的技術人員、設施經理、安全警衛、清潔工與行政人員。這些工作的性質也取決於公司的招募方式。有些人受聘為長期全職員工，但許多大公司的資料中心員工都是以臨時人員、外包商與約聘員工（所謂的ＴＶＣ）的身分雇用，他們的工作與全職員工相同，但薪資較低、合約期限較短，也無法享有其他員工福利。儘管這些科技工作者的處境不像資料標註員那麼艱難，而且兩者面臨的狀況在很多層面截然不同，他們仍然適切反抗了在大型科技公司被視為二等公民的待遇。

二〇二一年，《資料中心動態》（*Data Center Dynamics*）雜誌透露，谷歌的資料中心估計雇用了十三萬至十五萬臨時人員、外包商與約聘員工，這個數字遠高於在這些中心工作的谷歌全職員工人數。[52]許多臨時人員、外包商與約聘員工簽的是三個月的合約，這意味著他們就像烏干達的資料標註員，經常得擔心合約是否會續約。約聘人員在谷歌的工作期限最長為兩年，之後必須等六個月才能申請新職位。這造成一個雙層制度，臨時人員、外包商與約聘員工受到的尊重低於全職員工，在公司內升遷的機會也更少。

我們在第七章將看到，這個情形讓谷歌的全職員工以及臨時人員、外包商、約聘員工能組織的勞工運動類型，變得非常複雜。《資料中心動態》記者塞巴斯蒂安．莫斯（Sebastian Moss）指出：「這是〔資料中心〕產業的投資超額時期，大量資金不斷湧入。但這些公司無法支付適當的工資給員工？一家盈利能力驚人的公司將自己宣傳為理想的工作場所，現實情況卻是大部分員工的薪資過低且工作過勞，兩者之間的巨大差異令人沮喪。」當莫斯被問及谷歌在這篇報導露出後是否採取了行動，他表示：「他們什麼也沒做，唯一的回應是，你看過微軟和亞馬遜的情形了嗎？」

人工智慧軍備競賽

隨著競爭對手國家尋求利用人工智慧的潛能，並成為這項新科技發展的領導者，建構人工智慧將對地緣政治產生重要影響。美國與中國對人工智慧的投資，已讓所有其他國家的投資相形見絀。[53]各國政府都對人工智慧進行了大量的長期投資，並將這項技術的控制權視為在這個世紀擴大影響力的關鍵。正如創新工場（Sinovation Ventures）董事長兼執行長、谷歌中國前總裁李開復所言：「這場比賽不像奧運只有三塊獎牌。它只有兩面獎牌，分屬美國與中國。」[54]

要保持領先其他國家的優勢，就必須發展人工智慧價值鏈中的許多層面，從開採關鍵礦產、建設資料中心，到建立人工智慧研究所與吸引頂尖人才等，都得面面俱到。就關鍵礦產而言，這是圍繞人工智慧的辯論與新形式綠色能源的交叉點，因為從資料中心到機器學習模型的一切，都需要倚賴這些礦物產生的再生能源。世界各國都競相投入以確保門路，並在全球各地投資新的基礎設施與計畫。雖然其中一些資源位於西方國家（澳洲幾乎占全球鋰供應量的一半），大多數資源都位於南半球，這幾乎肯定會增加這些地區的開採量，進而引起一系列關於勞工權益、環境議題與剝削性貿易協定的問題。

人工智慧日益增加的重要性，將人們的注意力從整個二十世紀大力使用的一組資源轉移到另一組資源。關鍵礦產如銅、鈷、鋰與鎳等，將為清潔能源的未來提供動力，並生產許多人工智慧時代不可或缺的科技產品。許多預測人士已經預測，隨著這些礦物的需求飆升，供應鏈可能受到干擾。僅在過去五年間，關鍵礦物的需求就翻了一倍，到二〇三〇年更可能增加三．五倍。[55]有些礦物只在少數國家大量存在：例如大多數的鈷在剛果民主共和國開採，大多數的鎳來自印尼。有人擔心，即使我們的礦物使用量不高，假使這些礦物被少數國家壟斷，也可能造成關鍵瓶頸。中國擁有鎵產量的九八・一%，而鎵是半導體製造所需的材料。儘管二〇二二年全球產量僅四百四十公噸，中國為回應美國管制半導體出口，宣布鎵的出口限制，暗示未來十年可能發生礦產貿易戰。[56]就全球政治而言，重要的不僅是開採地點，還有礦物的加工地點。根據國際能源總署的報告，中國主導大多數關鍵礦物的加工與精煉，包括一〇〇%的石墨、九〇%的稀土、七四%的鈷與六五%的鋰。[57]

此外，這些關鍵礦物也用於生產驅動人工智慧的高端電腦晶片。二〇二三年五月，美國晶片製造商輝達市值達到一兆美元，因為生成式人工智慧的蓬勃發展，導致市場對該公司產品的需求激增（該公司市值於二〇二四年三月達到兩兆美元）。根據二〇二三年〈人工智慧現況報告〉（State of AI Report），人工智慧研究論文中使用的輝達晶片是其他替代晶片加起來的十九倍。[58]輝達在機器學習應用圖形處理器市場的占有率高達九五%。[59]輝達挑選出來的CoreWeave與Lambda等合作夥伴，提供出租的圖形處理器數以萬計，而且每每新容量一投入市場，便立即售罄。少數公司主導晶片生產，其中許多位於台灣、日本、韓國、德國、荷蘭與美國。[60]最突出的例子是台灣的台積電，該公司是輝達著名硬體的製造商，也是唯一一家能製造最先進人工智慧晶片的公司。[61]二〇二三年九月，台積電宣布，由於先進封裝產能受到設備升級需求的影響，未來十八個月人工智慧晶片供應緊張，無法滿足需求。[62]

沙烏地阿拉伯、阿拉伯聯合大公國等海灣國家也正在購買晶片，努力成為人工智慧領域的全球領導者。沙烏地阿拉伯政府透過公共研究機構阿布都拉國王科技大學（King Abdullah University of Science and Technology）購買了超過三千片輝達的H100晶片。[63]同時，阿拉伯聯合大公國已取得數千先進晶片的使用權，並開發了自己的大型語言模型，稱為Falcon。

人工智慧晶片的稀缺也加劇了中美之間的競爭，拜登（Biden）政府於二〇二二年十月宣布禁止向中國出口最新的人工智慧晶片，試圖阻礙中國人工智慧產能的發展。中國在領先技術方面的快速進步，以及對關鍵礦物和硬體的控制，讓美國擔憂起國家安全和經濟競爭力。二〇二三年初，美國國務院資助的一項研究成了國際頭條新聞，該研究發現，在四十四項關鍵與新興技術中，中國有三十七項處於領先地位，而美國與其他西方國家的研究成果無法與之相提並論。[64]該報告認為，中國已經在「高影響力研究取得驚人的領先地位」，並呼籲美國「迅速推進戰略關鍵技術升級」。中美雙方都將人工智慧視為關鍵技術，認為人工智慧能讓他們在爭奪全球霸權的過程中，獲得超越對手的優勢。

在美國，對人工智慧的擔憂助長了攻擊性與軍國主義的言論。二〇二三年五月，前任美國貿易代表羅伯特・萊特海澤（Robert Lighthizer）對眾議院特別委員會表示：「中國是我們作為一個國家面臨的最危險威脅。事實上，中國可能是我們遇到過最危險的對手……中國相信自己必將成為世上唯一的超級大國，而我們擋了他們的路。」[65]在同一場聽證會上，谷歌前執行長艾瑞克・施密特（Eric Schmidt）辯稱：「停止自掘墳墓永遠不會太晚……中美之間的科技競爭是所有競爭的決定性時刻。我們必須從『創新力量』這個概念組織起來：制勝之道就是領先競爭對手進行創新。」施密特呼籲在二〇二六年之前，將非國防研發支出從二十億美元大幅增加到三百二十億美元。在同一個特別委員會的另一場聽證會上，國會議員麥克・蓋拉格（Mike Gallagher）指出：「我們贏得冷戰的部分原因在於我們控制了尖端科技……但是中國共產黨已經從蘇聯的錯誤中吸取教訓，正在追求關鍵技術的全球主導地位。」美國的全球霸主地位為該國帶來巨大的經濟利益（主要以犧牲更貧窮國家為代價），而美國的政治菁英也不會不反抗就放棄這個角色。

在運算能力的競賽中，各國將人工智慧想像成一種可以控制、以智取對手的工具。然而，政府愈來愈依賴私人公司。各國宣布對人工智慧進行數億美元的投資，不過和大型科技公司對基礎設施的數百億美元投資相比，顯然遜色許多。超大規模雲端運算的供應商已經變得如此強大，以至於能在人工智慧產業政策上與各國政府互動並施加影響力。人工智慧領域的大型科技公司被邀請到白宮，為人工智慧的監管提出政策想法，導致少數公司在這場辯論中扮演過度重要的角色。二〇二三年七月，亞馬遜、Anthropic、谷歌、微軟、Meta與OpenAI與白宮簽署了一項協議，在其生成式人工智慧內容中設定新的防護欄，以增強安全性。[66]其中四家公司還成立了尖端模型論壇（Frontier Model Forum），「一個專注於確保尖端人工智慧模型的安全與發展符合倫理原則的業界組織。」[67]成立該組織的想法是要匯集資源，積極引導人工智慧政策的制定，讓市場上最大的玩家受益。

人工智慧已經成為人類未來發展的爭論焦點。企業看的是錢，各國政府看的是軍事硬體與競爭性經濟優勢。這些利益，似乎不太可能讓人工智慧以造福人類的方式發展。使用者很少被問到他們希望發展哪種人工智慧，最可能受到人工智慧社會危害所影響的邊緣社群，尤其毫無發言權。

構成人工智慧的網絡非常龐大，而且包含愈來愈多的節點。即使像冰島這樣的小國，以及像埃納爾那樣只有三名常駐員工的資料中心，都可以連接到更廣泛的人工智慧開發系統。建設起連接全球大部分地區的光纖電纜，讓這個網絡的不同節點在毫秒之間進行通訊。這些連結帶來了新的經濟契機，也讓參與者捲入能決定參與條件的複雜權力系統。大型科技公司在該網絡行使的基礎設施力量，讓他們決定較弱勢方必須以什麼條件和他們談判。他們可以用這股力量，鎖定策略夥伴關係，為服務收取更多費用，也可以持續控制誰能使用最先進的科技。

對冰島來說，在資料中心市場占據更大份額，所帶來的經濟效益非常巨大，但儘管付出種種努力，這些國家在更大的全球人工智慧競賽中，可能依然處於邊緣地位。對埃納爾與冰島資料中心產業來說，這不是什麼大問題，因為他們的國家電網可容納的新容量是有限的。冰島的資料中心產業已經和政府達成政治協議，將在未來十年控管成長率，但容量的大幅飆升依然會給國家能源資源帶來過重負擔。人工智慧為冰島帶來了新的契機，讓冰島的容量持續穩定成長，並承接人工智慧公司某些非延遲敏感型的工作負載。

本章著重於人工智慧全球生產網絡中的一個邊緣地區，該地區與加州這個投資和產品開發的重要決策地區，相距了數千公里。下一章，我們將轉向網絡中的另一個重要節點：那些工作成果用於訓練生成式人工智慧模型的創意人員，他們面臨的潛在問題是，他們正在訓練自己的替代者。

4 藝術家

蘿拉永遠不會忘記她第一次意識到這件事的那瞬間。她的音響工程師朋友打電話給她，詢問她向一家人工智慧公司出售個人聲音版權的經歷。起初，她以為朋友弄錯了。蘿拉是專業配音員，但從未與人工智慧公司合作。她完成戲劇學校的課程後便投入配音工作，此後她的作品出現在廣告、卡通、電腦遊戲與有聲書中，同時她也參與劇場與電視的演出與劇本寫作。這些是近二十年辛苦累積的經驗。

她問朋友是在哪個網站上找到她的聲音，是否能將連結傳給她。過沒多久，她打開網站，看到一個名叫克蘿伊的亞洲女性頭像。廣告上說，克蘿伊擁有中性的愛爾蘭口音，非常適合用於有聲書。蘿拉點擊了圖像，聽到自己的聲音：「您好，親愛的，我名叫克蘿伊。我的聲音柔和親切，可以為有聲書與教育影片錄製配音，也適合用於軟性銷售。您需要的任何配音，我都能勝任。」這個聲音比蘿拉的聲音低沉一些，相當像機械人，但絕對是她的聲音。蘿拉感到震驚且難以置信。她不知道這家公司是做什麼的，也不知道它如何複製出她的聲音。無論他們怎麼做到，蘿拉意識到她現在在和一個合成版的自己競爭工作。

蘿拉花了一點時間才理解這一切。這家公司是怎麼記錄下她的聲音，還能加以複製？她諮詢了一位媒體律師朋友，也對這家公司做了一些研究。她知道，根據歐盟法律，聲音本身不受版權保護，但她可以對該公司使用她的聲音提出異議，並主張表演權。她的朋友表示，她的權利取決於公司所在地，而這就是事情變得詭異之處。該公司沒有在網站上列出公司地址，甚至沒有表明其總部位於哪個國家。蘿拉透過電子郵件向該公司提了一些無關緊要的問題，表示她需要公司地址。她得到的回覆是：他們不會透露地址，也無法進一步提供協助。

蘿拉氣壞了。難道什麼都做不了嗎？像她這樣的配音員，對於公司竊取他們的聲音並建立數位複製品的行為，毫無抵抗力，這會讓他們無法經營下去。這完全是竊盜行為。她的聲音在未經她同意的狀況下被盜用，拿來創造一個機器人怪物，其價格僅為人類配音員的十分之一。這就好像有人複製了她，然後製造一個恍如科學怪人一般沒有靈魂的雙胞胎。

經過一番調查，蘿拉發現了問題的根源。幾年前，她接過一間大型科技公司的案子，那份冗長的合約中，有一些她沒多注意的條款，簡單來說，該公司「永久」擁有她的聲音權。事實證明，這家科技公司隨後將錄製成果出售給第三方人工智慧公司，而該公司在法律上有權製作合成複製品。在簽訂合約之際，她幾乎沒有意識到這種可能性。這類規定演員必須永遠出售權利的合約條款明顯不公平，但高薪工作不好找，許多在找工作的配音員被迫簽署擺在他們面前的任何條款。個人工作者在面臨疫情等困境時，無法對跨國公司採取強硬態度。

蘿拉與律師討論了她的問題，但似乎束手無策。科技公司或人工智慧公司的行為可能很不道德，但並不違法。這種感覺就如同法律還沒跟上科技的發展，她所在的整個產業現在更容易受到剝削。許多預算不充裕的公司將開始使用人工智慧複製品，成本只是配音員的一小部分。數百萬人將面臨失去工作與聲音表演者身分的風險。這項技術仍然遠遠達不到專業配音員的水準，但對許多人來說，這並不重要。

當蘿拉再次聽克蘿伊說話，她不禁感到，在轉換過程中，有些重要的東西遺失了。真實人聲具備一些特質，能讓人產生連結。人講話時，會在關鍵時刻運用特定的語調和語氣來喚起情感與意義，這是人工智慧難以複製的。當這個世界充滿這些呆滯且了無生氣的創作品，她的產業和社會又會怎麼樣呢？她作為配音員的日子已經屈指可數了嗎？這項技術最終真能達到和真實人聲毫無差別的程度嗎？只有時間才能證明一切。目前，蘿拉不得不接受，業界又多了一個競爭對手。

沒有藝術家的藝術

二〇二二年底，隨著ChatGPT、Dall-E與Midjourney等新工具的推出，一股人工智慧生成藝術的浪潮席捲了整個網際網路。你想要人工智慧圖像產生器Stable Diffusion以法蘭西斯科・哥雅（Francisco Goya）的黑色繪畫風格，畫一幅科米蛙（Kermit the Frog）的畫作嗎？沒問題。你想來一張聽起來像是綠洲合唱團（Oasis）一九九五至九七年風格的新專輯嗎？行。T・S・艾略特（T.S. Eliot）借用美國饒舌歌手梅根尤物（Megan Thee Stallion）的歌詞，寫成的一首詩？ChatGPT會嘗試看看。迪士尼使用人工智慧，為漫威系列《祕密入侵》（*Secret Invasion*）製作片尾字幕，而Netflix日本進一步宣布，該公司最新的一部動畫短片以生成式人工智慧製作。[1]美國編劇工會（Writers Guild of America）擔心，電影公司將開始使用人工智慧編劇工具來製作電影劇本的基礎，只雇用人類負責編輯及潤色。各行各業的藝術家與創意人士正展開激戰，試圖控制這項新技術的使用，因為這項新技術可能竊取他們的身分、降低他們作品的價值，甚至可能取代他們。

儘管生成式人工智慧常常無法得到充分的認可，它仍然站在巨人的肩膀上，利用前人的智慧。人工智慧有時展現的卓越能力，來自於用來訓練它的大量人類資料。對大型語言模型來說，由於資料集規模的增加，目前的模型使用了數千億個參數，讓最近的進展成為可能。由於這些資料集非常龐大，其中很可能包含受版權保護的材料。有些作者抱怨，ChatGPT之類的模型是用包含大量版權作品的資料集訓練出來的，這些作品都是從創世紀圖書館（Library Genesis）與Z-Library等網路上非法散布書籍的「影子圖書館」所取得。[2]

人工智慧圖像生成器的功能，也是基於類似的技術。Stability AI公司用名為LAION-5B的大型資料集，訓練其人工智慧模型Stable Diffusion。LAION-5B是一個開放且公開的資料集，擁有擷取自網際網路的五十八億圖像文字配對。[3]藝術家使用ihavebeentrained.com等工具檢測他們的作品是否已被包含在資料集中，發現其中包含許多未經藝術家同意而使用的圖像。三位藝術家對兩家創建圖像生成工具的公司Stability AI與Midjourney提出訴訟，指控人工智慧工具侵犯了他們的權利。[4]Midjourney創辦人大衛・霍茲（David Holz）承認，在使用仍受版權保護的在世藝術家作品來訓練Midjourney模型之前，並未徵求藝術家的同意。[5]

人工智慧公司銷售的，基本上就是他們不擁有的東西：圖像生成工具的價值是從大型資料集中擷取並祕密貨幣化的人類原創。這些公司將科技產業的著名座右銘「快速行動，打破陳規」改成「快速行動，祕密竊取」，卻很少考慮到受影響最大的人類創作者。圖像生成器讓任何人都能模仿藝術家風格，由於使用藝術家作品並不需要支付報酬或揭露創作者，藝術家的生計也因此受到威脅。幾個世代以來，人類一直在製作贗品與衍生作品，但人工智慧帶來全新的威脅，因為數百萬使用者現在只要點擊一個按鈕，就可以做到這一點。人工智慧並非出售單一的冒名頂替者，而是大肆掠奪，洗劫整個社群的寶貴創意。

保護藝術家免受他人利用其作品牟利的爭鬥，並不是從人工智慧開始。長久以來，藝術家一直和合約中的不公平條款鬥爭，也被要求簽約、放棄未來從作品中獲得收入的權利。我們實地採訪的一位配音員告訴我們，過去按照作品銷售數量收取版稅的作法較為普遍，但演變至今，無論作品銷售量都收取固定版權費的賣斷作法已逐漸成為業界標準。她說：「創作者是價值鏈中最不重要的人，他們被其他人踐踏的問題一直存在。人工智慧並未製造剝削的問題，只是加劇了這個情況。」

然而，有些人已經在嘗試破解這個系統。視覺藝術家現在有了芝加哥大學研究人員開發的新工具，幫助他們反擊。這個名為Nightshade的工具，讓藝術家在數位圖像中添加特殊像素，如果這件作品被用來訓練人工智慧，可能導致模型當機。[6]這樣的方法也許微不足道，但也顯示藝術家開始嘗試抵制這種新的剝削形式。

隨著每個新模型出現，人工智慧工具變得愈來愈複雜，也愈來愈善於模仿人類創造者。早期的生成式人工智慧圖像很難製作出細膩的人臉，也無法正確描繪手指數目，但這些限制很快就被超越了。聊天機器人現在非常擅長標準化任務，只是仍然無法解讀字裡行間蘊含的意義。ChatGPT-4可以通過美國的統一律師資格考（Uniform Bar Exam），但仍然會產生離奇的幻覺，無法正確回答需要理解脈絡文意的簡單問題。毫無疑問的是，這些限制也將很快克服。

對配音員來說，真人聲音可以達到的表演效果與人工智慧的聲音之間，仍然存在相當大的差距。目前，大品牌的專業高品質錄音還是需要真人配音員。問題是，幾乎其他每一個人都會選擇更便宜的方式，而這些正是許多人賴以維持職業生涯的工作。在一個人工智慧語音網站上，訂閱者每月只要支付二十七美元，就能透過文字轉語音軟體存取數百種語音目錄，這些聲音有各種不同的口音，能表達許多不同的情感。相較於雇用真人，這樣的月費微不足道，還可以在幾秒之內完成。隨著科技進步，我們都逐漸習慣人工智慧的聲音，人類配音員的工作可能會更難找到。

生成式人工智慧也有可能改變娛樂產業。在美國，個人公開權保護藝術家免於對其身分的剝削，儘管保護的具體範圍因州而異。[7] 在澳洲與加拿大等其他英美法系國家，這種權利通常屬於「假冒」侵權行為的範圍，可防止他人利用個人形象或肖像，而法國與德國等大陸法系國家，則有特制的規定保護個人形象。問題在於，人工智慧創造了新的方式，讓公司利用個人的形象與肖像。表演者可以簽約參加一季的表演，但在接下來的五季中，卻被人工智慧生成的自己所取代。詹姆斯·厄爾·瓊斯（James Earl Jones）正式讓自己的黑武士聲音退役，不過在此之前，也將其聲音權出售給一家烏克蘭科技公司，讓該公司使用存檔影片製作新的對白，此舉正象徵這種轉變。讓藝術家復活不是什麼新鮮事，《星際大戰》（*Star Wars*）讓已經過世的凱莉·費雪（Carrie Fisher）重新出現在《天行者的崛起》（*The Rise of Skywalker*）當中，但生成式人工智慧有望在整個產業中進一步擴展這個領域。問題不一定在技術本身，而是使用方式。不難想像，未來所有的藝術家都會被要求簽署合約，允許他們的作品被公司想要的任何方式合成運用。有些演員已經被告知，如果不同意新的人工智慧條款，就不會被雇用；其他人則發現，人工智慧條款以令人困惑和模稜兩可的語言，欺騙性地嵌入合約中。

我們不該過度誇大當前生成式人工智慧產品的能力。使用圖像生成器的人在輸入提示時，仍受到限制。聊天機器人可以在特定任務中讓人留下深刻印象，但生成的文字往往缺乏真正有趣的寫作天賦與創造力。人工智慧聲音可以用不同的音域溝通，卻做不到人類配音員的深度與複雜性。許多電玩開發人員對於人工智慧在《電馭叛客2077》（*Cyberpunk 2077*）或《碧血狂殺2》（*Red Dead Redemption 2*）等大規模製作中所能發揮的程度存疑。[8]遊戲玩家對人工智慧語音的興致也不高。以製作公司對電玩遊戲收取的費用，消費者期望獲得的是，能讓他們沉浸在遊戲體驗的高品質製作。儘管這種情形可能改變，但在可預見的未來，人類的創意產出仍會受到重視，以高知名度、高預算的專案來說，尤其如此。

然而，創意產業有著不同層次的工作，特定藝術家賴以維生的小型工作將會消失。即使是成功的藝術家，可能也要靠這些工作維持生計，而這些工作的消失可能摧毀藝術家勉強經營職業生涯的生態系統。我們採訪的一位藝術家表示：「很多日常工作並不光鮮亮麗，但能幫我付帳單。這些工作可能會消失。我錄製過字典、英語學習材料、講解影片與企業宣傳影片。我享受這樣的工作，這是讓我勉強維持生活，去做其他事情的方式。」

這些工作的消失，對於哪些人能夠成為專業藝術家，可能也會產生重大影響。在大多數情況下，藝術工作的報酬已經很低。讓大量還算像樣的工作從市場上消失，可能意味只有富裕家庭的孩子才能投身藝術。在二〇一八年針對視覺藝術家的研究中，近半的受訪者表示，收入中只有不到一〇%來自藝術創作，近三分之一的人必須倚賴家人支持或繼承財產。[9]人工智慧將奪走許多能幫助藝術家維持藝術生涯的工作。例如，人工智慧生成圖像必然會挑戰傳統的圖庫，而傳統圖庫是許多商業藝術家賺錢謀生的管道。人工智慧還可以製作居家與辦公室的裝飾，以及書籍版面設計和專輯封面。新技術經常宣稱能為它摧毀的工作崗位創造新的就業機會，但是對藝術家而言，這並不讓人感到欣慰，因為這些工作崗位主要在科技領域，並不需要藝術家透過多年歷練而培養的專業能力。

有些藝術家正在反擊，也得以避免作品被拆解並包裝成生成式人工智慧。二〇二三年，代表一萬一千五百位編劇的美國編劇工會，以及代表十六萬表演者與媒體專業人員的美國演員工會暨美國電視和廣播藝人聯合會（Screen Actors Guild-American Federation of Television and Radio Artists，簡稱SAG-AFTRA），因為好萊塢製片廠工作條件的爭議進行罷工，而好萊塢使用人工智慧的方式，在談判時成了核心爭議點。

編劇擔心製片公司計畫利用人工智慧，以公共領域的書籍及其他作品為基礎來編寫劇本。

美國編劇工會辯稱，人工智慧不應用於劇本創作，所有與劇本創作相關的工作，工會成員都應該獲得全額報酬。二〇二三年九月，美國編劇工會與製片公司達成協議，規定人工智慧不得用於編寫或改寫任何劇本，並且保護作家的劇本，避免用來祕密訓練人工智慧編劇機器人。[10]這是一場巨大的勝利，可能也是一個開創先例的協議；這可能是第一次將保護編劇的強制性條款寫入協議，嚴格限制人工智慧的使用方式。

在合約談判中，美國演員工會暨美國電視和廣播藝人聯合會，將注意力集中在保護成員不致因為「不受管制地使用生成式人工智慧」而損失收入。該會主席法蘭・德瑞雪（Fran Drescher）表示：「人工智慧對創作專業構成生存威脅，所有演員與表演者都應獲得契約文字的保護，以免他們的身分與才能在未經同意與未支付報酬的情況下被利用。」[11]在爭議期間，美國演員工會暨美國電視和廣播藝人聯合會聲稱，好萊塢高層提出一項提案，臨時演員若同意掃描肖像並同意在沒有額外補償的狀況下永久授權公司使用，可以獲取一天的報酬。[12]二〇二三年十二月，製片公司與工會針對管理生成式人工智慧使用方式的條款，達成協議。[13]儘管這是工會的歷史性勝利，它確實包含某些模稜兩可之處，在未來的爭議中可能難以解釋。該協議提到了由生成式人工智慧創造的「合成表演者」，指出若「合成表演者的主要臉部特徵（即眼睛、鼻子、嘴巴和／或耳朵）可識別為特定自然表演者的臉部特徵」，那麼該公司必須取得該自然表演者的同意。這樣問題就變成，什麼才是特定演員的「可識別」特徵？如果有家公司製作了類似摩根．費里曼（Morgan Freeman）的聲音，聽起來不完全像他，卻傳達了類似的莊嚴感，而且是以模仿為目的，那又如何？演員也擔心特定條款的措辭不夠強烈，而且存在太多可被製片公司利用的法律漏洞。[14]

特別容易被人工智慧取代的配音員是這場爭鬥的領導者之一。來自世界各地的配音員聚集在一起組成了配音藝術家聯盟（United Voice Artists），該聯盟由二十多個配音工會、協會與聯合會所組成。他們發起了「不要竊取我們的聲音」運動，試圖向政府施壓，要求監管人工智慧在創意產業中的使用。[15]聯盟在一份新聞稿中表示：「配音藝術家聯盟呼籲，政治家與立法者應正視人工智慧生成內容本身在構思、訓練與行銷中存在的法律與道德風險。」「任何使用人工智慧技術生成與複製人類聲音的行為，都必須得到配音藝術家與表演者的明確同意，藝術家與表演者必須能夠拒絕將其過去與未來的作品和表演用於未經他們明確授權的目的，並獲得切實可行的解決方案，以確保此一選擇的有效性。」[16]

在好萊塢高層手中，人工智慧成為他們不斷嘗試控制藝術家及其創作的武器。好萊塢發生的事情，也可能會在其他創意產業上演，只是其中一些藝術家在談判有利條件時，集體力量比較小。這還不包括其他同樣需要創意勞動的各種職業，如教學、建築、產品設計與網路開發。公司將尋找方法讓員工或承包商的勞動自動化，以減少他們的報酬。這場鬥爭才剛開始，而且可能隨著技術發展與藝術家持續捍衛自己的創作實務而進一步演變。這場爭鬥也提出了一個重要問題，即人工智慧是否可以稱為創意，以及是否可以理解為類似於人類的智力與創造力。

創造力測試

人工智慧或許可以執行一些傳統上由創意專業人士完成的例行任務，但人工智慧是否擁有真正的創造力？兩位偉大的人工智慧思想家在這個問題上，意見並不一致。愛達．洛芙萊斯（Ada Lovelace）是十九世紀的英國數學家暨作家，她是最早認識到查爾斯．巴貝奇（Charles Babbage）分析機重要性的人士之一，而巴貝奇的分析機咸認是第一台電腦。洛芙萊斯相信分析機能做很多事情，但最終無法獨立學習。因為電腦只是執行命令，所以她認為任何創造力都應歸功於程式設計師：「分析機沒有任何**創造**東西的本領，它可以做**任何我們知道如何命令它**執行的事情。」[17] 對洛芙萊斯來說，機器的真正限制是它們無法在程式設計之外想出新東西，只能執行程式設計師設計的任務。

英國數學家暨電腦科學家艾倫．圖靈是許多人心目中的現代人工智慧之父。圖靈相信電腦可以帶給我們驚喜，特別是在人類無法立即辨識某些事態的後果時。圖靈認為，如果一台機器能夠通過他所謂的「模仿遊戲」，也就是現在更廣為人知的圖靈測試，那麼就可以說，這台機器出現了智能行為。圖靈在一九五〇年發表的一篇論文中提出，如果人類評估者與機器進行純文字對話，但無法可靠區分出機器和真人，那麼機器就算通過了測試。[18]圖靈測試的目的是開發一種替代方案，以解決「電腦可以思考嗎？」這個更含糊且可能沒有答案的問題。替代方案的問題在於，通過測試與否，取決於程式設計師能不能騙過測試對象。重點在於欺騙的過程，而不是機器的能力或輸出的價值。例如，二〇〇一年由三名程式設計師在聖彼得堡開發的聊天機器人尤金．古斯特曼（Eugene Goostman），通常被認為是第一個通過圖靈測試的機器人。[19]古斯特曼以一名十三歲烏克蘭男孩的身分介紹給研究參與者，這樣的背景設定是為了替他糟糕的語言能力和缺乏常識的情形開脫。因此，當聊天機器人以不合邏輯且無意義的奇怪答案回應問題時，研究參與者可能會忽略這些狀況，而這可能破壞研究結果的有效性。模仿遊戲只會鼓勵騙子而已。

二〇〇〇年代初，電腦科學家塞爾默．布林喬德（Selmer Bringsjord）與他的團隊發現了這個問題，並嘗試開發替代測試。他們想要驗證人工智慧能否發揮類似人類的創造力，因而開發出一個新的構想，並將之命名為「洛芙萊斯測試」。[20]研究人員提出，如果人工智慧的程式設計師無法解釋它如何產生輸出內容，那麼就可以說人工智慧具有創造力。重點在於堅持人類程式設計師與產生輸出的系統之間，存在著一定的**認知**關係。換句話說，程式設計師**知道**機器是如何做到的嗎？

然而，這種替代測試也被證明無法測試電腦是否具有真正的創造力。這裡有兩個主要問題。首先，電腦可能可以產生程式設計師無法解釋的輸出結果，但這些輸出結果可能仍然完全缺乏價值。僅僅關注認知關係，就會忽略輸出成果的品質。一台電腦要被視為具有創造力或智慧，它的創意輸出必須對人類具有藝術價值，並且為世界增添一些新的東西。正如我們在第二章所言，目前這一代的聊天機器人程式設計師已經無法解釋某些輸出內容，特別是當它們被引導到幻覺的路徑上。然而，我們不會將無法理解的輸出內容當成創意天賦的實例。第二個問題則從另一個方向切入：測試限制太多。如果有足夠的時間，程式開發人員應該能夠說明程式得以執行某些動作的根本原因。真正的問題不是我們能不能理解它，而是它是否產生一些算得上有價值、有創意的新東西。

一個更好的測試，也是希望能捕捉到洛芙萊斯測試的原始精神，就是所謂的創意測試。如果一個人工智慧體或系統能夠產生一些被人類觀察者判斷為有價值的新東西，那麼它可說是發揮了真正的創造力。這項測試有兩個要素：第一個是洛芙萊斯的起源原則。即使電腦輸出的元素存在於它的訓練資料中，它的產品也必須包含一個原創元素，可視為電腦程式提供的新穎貢獻。其次，這種創造性行為必須具有藝術創作的價值。這不是說它必須在藝術市場能賣個好價錢，或是它必須贏得批評家的普遍崇拜，而是它的輸出內容在某種意義上必須是人類社會認為有價值的。在這兩個要素上，任何評估都有一定程度的主觀性，但我們認為這是任何創造力測試都無法避免的。歸根究柢，測試的主觀性讓它很難成為對特定創意系統進行評分的測量工具。[21]它的目的是作為一種思想實驗，幫助我們瞭解人工智慧系統是否能夠發揮創造力涉及的重要元素。

為了確定人工智慧距離通過創造力測試有多近，讓我們先考慮如何比較人工智慧的輸出結果與人類的創造力。計算創造力的領域著重的是使用電腦來建模與理解創造力。[22]其目標之一是看看電腦是否能達到人類水準的創造力。人們普遍認為，人類具有自發的創新能力。我們可以提出新的想法、見解與創造性的方式，來理解與表現我們的世界。這種創造力依賴的是靈機一動，加上長時間努力發展技能，通常發生在與他人對話之際。

一方面，藝術家通常將他們最好的一些作品描述為靈光乍現之作。許多古代哲學家都將曠世巨作歸因於神的啟示。例如在柏拉圖的早期對話錄《伊安篇》（*Ion*）中，他將詩歌當成神發狂的結果，是經由神的先知詩人所揭露的真理形式。即使來到現代，這種觀點仍有不同的版本。保羅・麥卡尼（Paul McCartney）曾說，他有一天醒來時，腦海中一直聽到一首歌，他認為這首歌一定是別人寫的。在詢問他人是否聽過這首歌之後，麥卡尼表示：「最後好像把失物交給警察一樣。我想，如果幾星期後沒有人認領，那就是我的了。」[23]德國博學家約翰・沃夫岡・馮・歌德（Johann Wolfgang von Goethe）在寫下《少年維特的煩惱》（*The Sorrows of Young Werther*）之前，整整構思了兩年，直到某一刻靈光乍現：「在那一瞬間，我找到維特一書的寫作計畫；整個計畫從四面八方湧來，變成一個實體，就像花瓶裡的水剛好處於冰點，受到輕微的震盪就變成了冰。」[24]我們許多人都有這樣的經歷，一些想法就這麼突然冒出來。

另一方面，如果沒有長期的訓練與發展，這種創意迸發的靈光乍現也不可能轉化為偉大的藝術品。假使麥卡尼沒有接受過音樂訓練，不是從小就能演奏多種樂器，也沒有和其他創意人士接觸，不太可能寫出如此具有變革性的音樂。許多從根本上改變學科運作方式的藝術突破，都是基於對現有作品集的透徹理解與熟悉。創造力看似是一種自發性的活動，但實際創作實務，往往需要藝術家長時間磨練技巧，以及混亂的試誤期。

另一點要注意的是，人類思維與創造力的許多層面都可說是演算法。我們學習新技能的過程，通常遵循規則並以重複和強化為基礎。許多可能被形容為創新的想法，其實都是模仿的形式，只是因為細微的差異而與被模仿者區分開來。

人工智慧是否真能**產生**一個新想法仍有待商榷，但人工智慧能做的事情，顯然比愛達・洛芙萊斯想像的要多。深度人工神經網絡讓電腦從輸入資料中，產生比簡單的命令與執行程式還更令人驚訝的輸出成果。現代機器學習方法允許電腦模仿兒童學習新模式的過程。現代西洋棋引擎是一種讓創造者感到驚訝的電腦程式，特別是使用神經網絡與強化學習以掌握遊戲的程式。Google DeepMind開發的AlphaZero引擎因為採用一種新穎的技術，成為最強大的程式之一：AlphaZero的開發人員並未讓它向從前的大師棋局學習，除了傳授程式遊戲規則，其他一概不教，讓程式自己對弈幾百萬次，目標是獲得更好的排名，直到達到超人類的表現為止。[25]

由於這種強化學習的方式，這個引擎發現了人類從未下過的棋步，根據人類下棋的方式來看，那完全是違反直覺的走法。即使西洋棋以邏輯計算為基礎，它也具有美學特質，發現某些棋步需要強大的想像力。俄羅斯西洋棋大師米哈伊爾・博特溫尼克（Mikhail Botvinnik）認為：「西洋棋是表達邏輯科學的藝術。」在西洋棋與其他遊戲中，人工智慧已經證明自己能產生漂亮的棋步，讓它的創造者與大師棋手感到驚訝。有些人會爭辯，在我們的創造力測試中，西洋棋引擎算是通過測試了。這些引擎產生理解遊戲的新方法，這些方法在最高水準的遊戲中被視為有價值的貢獻。然而，仍會有人提出反對意見：在受規則約束的遊戲中採取創舉是一回事，但真正自發性的創意想法呢？

有一點是肯定的：人工智慧不會無中生有地創造。人工智慧的創作以其訓練資料為基礎，它能從中發現模式並產生與這些資料相似的輸出內容。二〇一八年，佳士得拍賣行宣布，他們打算在拍賣會上販售第一件人工智慧生成的藝術品。[26]《艾德蒙・德・貝拉米》（*Edmond de Belamy*）是一幅模糊的人物肖像，是人工智慧根據十四至十九世紀一萬五千張肖像訓練資料集繪製而出的作品。這幅畫由法國藝術團體Obvious製作，以伊恩・古德費洛（Ian Goodfellow）於二〇一四年發明的一種圖像生成器為基礎，稱作生成式對抗網絡（GAN）。[27]雖然最初估價不到一萬美元，這幅畫最後以四十三萬兩千五百美元的價格售出，並因為人工智慧能夠生成與人類藝術幾乎沒有區別的獨特藝術品，引起全球媒體的關注。生成式對抗網絡使用兩個神經網絡來生成圖像，然後針對圖像的真實性加以判斷，直到人工智慧可以創建令人信服的資料集複製品為止。儘管一切到頭來都是以訓練資料為基礎，這些圖像生成器可以用全新的方式將元素結合在一起，製作出眾的原創圖像。

懷疑論者可能還是會將複製與創造圖像（即使具一定程度的新穎性）視為一種根本上的再現行為，不足以通過創造力測試。是的，這幅畫是新的，但它最終只是資料集中其他作品的衍生物。那麼，小說又是什麼情況呢？洛芙萊斯測試的創建者塞爾默·布林喬德表示，如果人工智慧可以寫出一本能引起他注意且讓他信服的小說，那就符合他的標準。[28]在這個領域，人工智慧仍有很長的路要走。二〇一六年，《電腦寫小說的那一天》（*The Day a Computer Wrote a Novel*）被譽為第一部人工智慧生成的小說，這部作品甚至通過一項文學獎的第一階段。[29]然而，其中一位開發者透露，小說背後的開發團隊預先設定了大量的程式指導方針，包括情節、人物、關鍵句，大約占了小說本身的八〇%。

如果讓人工智慧自行決定，其實很難創造出條理清楚、具有連貫性的作品。另一個由人工智慧生成的計畫《一號公路》（*1 The Road*，二〇一八年出版），試圖藉由一次橫跨美國的公路之旅，模仿傑克·凱魯亞克（Jack Kerouac）的《在路上》（*On the Road*）。[30]作家暨工程師羅斯·古德溫（Ross Goodwin）駕駛一輛配備攝影機、麥克風、全球衛星定位系統與攜帶式人工智慧書寫機的汽車，從紐約前往紐奧良，試圖重現公路旅行的經驗，讓人工智慧在旅途中書寫。小說的開頭是這樣的：「當時是早上九點十七分，房子很沉。」這項練習的結果並不精彩，大多數文句顯得毫無意義。然而，人工智慧在寫作小說方面的明顯限制，並未阻止人們利用它製作大量人工智慧生成的書籍，而且還在亞馬遜銷售，其中包括掛名著名作家卻未經作家同意的書籍。[31]

是否通過創造力測試，取決於特定領域的評估。例如，有充分的證明顯示，若考慮這些創造性的行為，西洋棋引擎已經創造出真正原創且有價值的棋步。圖像生成器已經能製作出具備驚人品質與原創性的輸出內容。另一方面，由於人工智慧寫作工具的輸出品質低下，加上人類程式設計師必須在過程中使出不少力，它距離通過測試還有很長一段路要走。

然而歸根究柢，創意產業的許多製片公司並不關心人工智慧藝術是否真的具有創意。如果它能賺錢，也是能在市場銷售的產品，就可能被廣泛使用。在資本市場中，藝術也是商品，必須從這個角度看待，才能瞭解製片公司可能如何回應新科技。就作者而言，我們在特定人工智慧的輸出內容中看到了一些創造力，也理解那些希望將之視為真正創意表達範例的人，是以什麼為論據。同時我們認為，就真正的藝術作品而言，人工智慧的創作能力還是有很大的限制。

為什麼我們不會看到計算機版的卡拉瓦喬？

計算創造力試圖模仿人類藝術時，面臨難以克服的問題，這也是人之所以為人的關鍵要素。[32]藝術是一種文化產品，由生活在社群裡的人類所創造，是他們從豐富的經驗、文化與歷史中汲取靈感創造而成。大多數藝術品都是透過有意識的活動產生的，這些活動藉由一種外在的形式，體現了一種感覺或思想。人工智慧輸出內容的最根本問題在於，它們並非由理解其訓練資料含義的有意識實體所製作。生成式人工智慧沒有能力思考自身的意義，也無法用一種為世界帶來新事物的方式回應。人類可以從思想、欲望與記憶的複雜內在世界汲取靈感進行創作，藉由這個創作過程，反思自身的狀況與周遭世界。演算法無法解讀字裡行間的意義，也無法從一個概念直接跳到另一個概念。創作過程超出可用程式編寫的範圍。人類對難以預測的刺激會做出截然不同的反應。兩個相鄰而居的人可能同時成為作家，但由於他們個人的獨特經驗與性格，寫出來的小說也會完全不一樣。

創造力也跟我們在世界上的物質體現密切相關。我們不是在大桶子裡運算想法、創造無形藝術作品的人。人類的意義建構根植於我們的身體與生活經驗。我們的身體有需求，也能感受到自身的不穩定性與有限性。我們對思想與抽象概念領域的意識，是透過我們的肉體、肌肉與神經來傳達。這種生理性是創造力的重要元素，也是身體學習藝術技能、提高靈巧性與協調性的能力。藝術反映出身體的欲望與痛苦，可以幫助我們理解並應對痛苦，就像它也可以表達人類經驗的快樂與喜悅一樣。這種物質現實，是藝術可能反映人類生活中重要事物的條件。

許多藝術家對於人工智慧可能取代他們的想法非常反感，其中一個原因在於，這種想法極度簡化了藝術的本質與藝術創作的過程。例如，音樂家暨作家尼克．凱夫（Nick Cave）對於無數人工智慧生成的「仿尼克凱夫風格」歌曲做出回應，認為ChatGPT「將複製當作拙劣的模仿……這是對人類本質的可笑嘲諷」。[33]藝術不僅是畫出美麗圖畫的能力，它幫助我們瞭解自己，以及我們在世界上的位置。藝術是一種自我表達的形式，讓周圍的人藉由一種外在形式，瞭解我們的想法與感受。透過創作定義自己並與他人分享這些作品的衝動，是作為人類的一部分意義。有些藝術家將他們的作品描述為自我發現的旅程，以及在世上實現自我的一種方式。小說家兼詩人瑪麗．安．艾凡斯（Mary Ann Evans，筆名喬治．艾略特〔George Eliot〕）認為：「藝術貼近生活；它是一種擴大經驗的模式，將我們與同胞的聯繫擴展到個人界限之外。」[34]這是我們體驗人類極端情感並與他人分享的方式。

德國哲學家康德（Immanuel Kant）是西方歷史上的重要美學思想家，他認為偉大的藝術需要人類的天賦來創作。人工智慧可以創造康德所謂「機械」或「適意」的藝術，他將這樣的藝術和創造真正天才作品所需的技巧與創意加以區隔。[35]這樣的藝術仍舊可以具有品味和美感，但它基本上「沒有靈魂」，缺乏讓它跳脫僅僅是一件美麗物品的特質。對康德來說，偉大的藝術需要一個理性且有意識的人來創作，才能「促進培養社交溝通的精神力」。[36]康德定義的關鍵在於，藝術從根本上來說，是一種發生在人類觀察者群體面前的**社會活動**。偉大的藝術可以和他人分享，讓人在欣賞作品之時，也能在精神上感受到昇華與和諧，類似於天才創作時的狀態。對康德來說，自然與藝術若要美麗，就得看起來「宛如」智慧與目的性的設計產物。人工智慧可以產生受規則約束的美觀創意作品，但這些作品總是無法具備康德認為真正偉大藝術必須包含的意向性與靈感。

在充斥人工智慧藝術的世界裡，我們也完全失去了藝術與真理的關係。藝術具有歷史基礎，表達了特定文化與民族的某些元素，藝術家從他們生活的社會中汲取思想與經驗。另一位德國哲學家馬丁・海德格（Martin Heidegger）在他的藝術論述中指出，偉大的藝術作品能幫助人類社會理解他們的經驗，並定義重要的時刻與事件。藝術作品向我們呈現了一個連貫的世界，在這個世界中，有某些事物顯得意義重大。舉一個明顯的例子，海德格想像一座古希臘神廟如何將該文化對生與死、神與人、高貴與卑賤的概念匯集在一起，並賦予意義——反映出他們對人類正確生活方式的理解。[37]簡而言之，藝術作品可以使人類從中衍生出賦予人類世界意義與重要性的真理。

我們也很難想像人工智慧生成的藝術能發揮政治作用，成為批判與顛覆的工具，就像人類生成的藝術一樣，面對權力說真話。藝術能夠嘲笑與削弱專制統治者，並創造新的方式，讓人們超越統治階層的政治宣傳來看待世界。為了扮演這個角色，藝術家必須適應他們所處的政治文化，並且能夠揭露不公正的政策與不真實的訊息。喬治・奧威爾（George Orwell）的寫作動機並非美學考量，而是政治力量：「當我坐下來寫一本書時，我不會對自己說：『我要創作一件藝術品。』我之所以書寫，是因為我想揭露一些謊言，想要揭露一些我想讓人注意到的事實，我的初心是想要被傾聽。」[38]批評家與政治異議人士能夠反思政治生活的微妙之處，並打破富豪權貴的安逸幻想，而人工智慧要想取代這些批評家與政治異議人士的角色，將力有未逮。

人類執行的一些例行常規任務可以由演算法完成，但人類可以完成更多的創舉，達到的創造性高度是人工智慧永遠無法企及的。我們不該將模仿和真實的人類經驗及有意識的反思混為一談。除非人工智慧學習與執行任務的方式發生徹底的改變，否則只有人類能夠超越它們的程式設計。

新事物的詛咒

人工智慧生成藝術普及之後，社會會變成什麼樣子？這項新技術是否會導致其他藝術形式消亡，以及人類創造力受到忽視？我們的社會是否因為這個過程從根本上變得貧乏，在創意輸出自動化的過程中，失去一些重要的東西？這種顧慮並非人工智慧所特有，而是指所謂的「新事物的詛咒」：當新的創意技術出現，人們對它抱持過大的希望與恐懼。哲學家暨文化批評家華特・班雅明（Walter Benjamin）在二十世紀初撰文，認為機械複製藝術品會貶低其「光環」與獨特性。[39]在班雅明的時代，以電影和攝影方式大量生產的藝術愈來愈受歡迎。他認為一件藝術品的光環，來自其獨特的歷史位置與起源的特異性。班雅明認為：「一件藝術品的獨特性與其嵌入的傳統結構密不可分。」這就是為什麼原作總比複製品擁有更特殊的地位。[40]人類藝術之所以具真實性，是因為它是由藝術家在特定時刻創造的獨特存在。他預測，藝術複製品益形普遍的情況，將導致人們對藝術幻滅，藝術也將失去意義。

然而，這些顧慮真的有根據嗎？機器複製品以不同的方式存在了好幾世紀。林布蘭（Rembrandt）生前經營一個繁忙的畫室，可能有大量的學徒在裡頭工作，就像米開朗基羅（Michelangelo）讓一些助手在西斯汀教堂為部分壁畫填色。比較近代的例子則是，安迪・沃荷（Andy Warhol）經營一間完全由助手群大規模製作藝術品的工作室。新工具的引進，是否必然削弱藝術在社會中所扮演角色的可能性？從簡單的打擊樂器和洞穴繪畫的時期開始，技術就一直在幫助藝術家創作。合成鼓聲與黑膠唱盤並未摧毀流行音樂，只是催生了新的音樂類型。

二〇二二年，當一系列生成式人工智慧工具向公眾發布時，人們爭相嘗試新的創作模式，這些工具因此廣受歡迎。但是，當前這一代人工智慧工具背後的令人興奮之處，在於它們增加股東價值的能力。各家公司皆大膽宣稱自家產品多麼具有變革性，以及這些產品即將帶來藝術革命。每個人都準備加入人工智慧的潮流。然而，所有新技術都會經歷這樣的炒作週期，人們對於即將到來的改變都會有誇大的希望與恐懼。人工智慧與先前出現的其他技術一樣，是一種具有特定示能性與多種用途的工具。為了從正確的角度看問題，我們可以將消費者友善的生成式人工智慧的興起，與其他劃時代創新技術的到來做一番比較。

攝影在十九世紀中葉首次出現時，人們擔心繪畫將因此淘汰。攝影師可以精準捕捉這個世界，似乎可以和傳統形式的肖像與風景畫媲美。人們對於到底要害怕還是讚揚這項新技術，以及這項新技術可能對藝術界造成什麼影響，意見不一。這些爭論與當今對生成式人工智慧的顧慮，沒有什麼不同。

儘管真實性可疑，據說法國畫家保羅．德拉羅什（Paul Delaroche）在看到他的第一張銀版照片時宣稱（銀版照片是一般民眾最早能取得的照片，表面附了一層有光澤的銀）：「從今天開始，繪畫已死。」[41]德拉羅什所言，表達出一般人普遍擔憂攝影將取代繪畫並顛覆傳統藝術技能的傳承。其他藝術家對攝影也抱持批評態度，並未將攝影當作真正的藝術形式。在〈一八五九年沙龍〉（Salon of 1859）中，法國詩人暨評論家夏爾．波特萊爾（Charles Baudelaire）認為，攝影試圖成為自然的精確再現，卻犧牲了藝術家的想像力與創造力。他認為：「攝影是避難所，收容每個想成為畫家的人，以及因為家境困頓或太懶惰而無法完成學業的畫家。」[42]

當辯論從徹底拒絕與擔心過時，轉向如何看待攝影提供的獨特藝術表現形式，一個重要的轉變逐漸發生了。茱莉亞・瑪格麗特・卡梅隆（Julia Margaret Cameron）等先驅者開始嘗試攝影，試圖為拍攝對象添加戲劇性燈光與柔焦等細節，將攝影提升為「高級藝術」。[43]卡梅隆在她的攝影作品中帶入藝術元素，甚至將指紋、漩渦、污點等瑕疵也當作藝術作品的一部分。

與此同時，攝影開始影響繪畫，並為畫家提供了重新想像繪畫實務的動力。[44]當攝影逐漸主導了大自然的寫實描繪之際，畫家開始擯棄視覺寫實主義，更積極嘗試光與色彩的表現，創造出新的藝術運動，包括印象派、象徵主義與色調主義。其他藝術家將攝影的各個層面融入繪畫之中，比如法國現代主義畫家艾德華・馬內（Édouard Manet）。他以類似攝影風格的手法裁剪一些圖像，並將更多現實主義元素融入他的繪畫中。畫家也將攝影當作輔助繪畫的工具：照片可以捕捉影像，以便在不同的地點或不需要繪製主體保持靜止的狀況下，進行描繪。

實際情況往往更複雜、更微妙，不只是一種創意技術取代另一種創意技術的過分簡化觀點。攝影最終被視為一種獨特的藝術形式，具有獨特的風格與技巧。其他藝術形式並沒有消失，反而因為攝影的發明而煥發活力，朝全新的方向發展。一些專業如肖像繪製在很大程度上被淘汰了，攝影最終取而代之，為更廣泛的群眾提供服務，而人們很快就可以隨時使用簡單的設備拍攝照片。

同樣地，藝術家可以利用人工智慧增進他們的歷練，為他們帶來新的想法，也幫助他們用前所未有的方式實現他們的願景。安娜・里德勒（Anna Ridler）等當代藝術家將人工智慧視為可用於藝術實務的一種工具。[45]對她來說，這些機器開啟了新的可能性；若沒有這些機器，就沒有這些可能性。這些機器無法自主行動，但是在她的引導下，可以在人與機器結合的過程中產生全新的東西。海倫娜．沙林（Helena Sarin）是另一位在藝術實務中運用機器學習技術的視覺藝術家，生成式對抗網絡讓她能結合藝術與軟體，創造出引人注目的新圖像。[46]創造力的原動力仍屬於人類，但最終產品是人類與人工智慧合作的成果。人工智慧還可以擔任更次要的角色，有效融入藝術家的實務中，作為一種可以激發想法、幫助組織工作的工具。Sudowrite公司為作家推出了一款名為「故事引擎」（Story Engine）的人工智慧工具，可以幫助作家架構敘事、構思和撰寫章節。這項工具受到一些作家廣泛的批評，認為它降低了寫作水準，但是從另一個角度來看，它可被視為一種幫助作家發揮創造力、擺脫寫作障礙的工具。

生成式人工智慧支持者的一個論點是，人工智慧容許更多的民眾利用特定形式進行藝術創作，而非局限在有天賦才華的人身上。當然，業餘藝術創作一直都存在，但這些工具增加了可能性，幾乎任何人都能創造獨特的影像與影片，這些在幾年前是完全無法想像的情景。如今，一般人每天使用人工智慧產生超過三千四百萬張新圖像。[47]這些使用者大都並非專業藝術家，但是透過人工智慧，他們可以製造出特定風格與類型的出色圖像。正如《連線》（*Wired*）雜誌所言：「人工智慧已經成為令人驚嘆的引擎。」[48]

人工智慧藝術革命的真正風險，可能不是人類藝術被淘汰，而是技術被強大的利益團體濫用，進一步剝削藝術家，為企業賺取更多金錢。大型製片公司盡可能將更多流程自動化，只有必要時才以最低成本倚賴人力創意。技術如何在實務中運用，始終取決於複雜的社會與經濟因素。生成式人工智慧的問題在於，許多人將之視為捷徑，可以便宜行事，還能藉此避免支付藝術家應得的費用。

蘿拉擔心，如果我們過度倚賴人工智慧藝術，將創造出一個什麼樣的世界。數千年來，人類創造出對他們和文明發展極具價值的藝術。我們創造文化，擴展人類的意義，並為後代留下一些東西，讓他們思考如何在日益複雜的世界中生活。如果人工智慧取而代之，所有重要的參考點將只是人類過去的作品，幾乎沒有新的創造力或發明。那麼，我們最終是否會生活在一個逐漸腐敗的社會當中，我們的倫理與美學感知力都是透過複製品的複製品來培養，原作則進一步退居成為被遺忘的過去？

藝術有一種難以定義的無形元素，包含了一些會在演算法複製中遺失的人類精神。人工智慧無法反映某人在一個完美的早晨凝視睡在身旁的靈魂伴侶的感覺，也無法反映在現代戰爭的戰壕中戰鬥的恐懼。我們讀《奧泰羅》（*Othello*）來反思自己的嫉妒傾向，聆聽蕭邦的《送葬進行曲》（*Marche Funèbre*）來思考我們的死亡。如果沒有情感連結，生成式人工智慧讓人感到空虛且缺乏意義。然而，更根本的問題是，強大企業手中的生成式人工智慧可能成為有錢人中飽私囊的工具，這是犧牲全球藝術家的利益換來的。

5 操作員

亞歷克斯的鬧鐘在早上六點響起。他閉著眼，伸手拿手機，摸到電源鍵，把鬧鐘切掉。他翻身看了一眼身旁的女友，希望沒吵到她。兩人住在租來的雙人房裡，亞歷克斯每天晚上都會把工作服放在浴室，這樣他就可以在日出前起床，也不會吵醒女友。每天早上，目標是在三十分鐘內洗澡、吃早餐並出門。他把車開出車道，左轉，穿過住處這個新建的社區，經過一排排有塑膠假草坪的小型排屋。擋風玻璃內側滿是凝結的水珠，他這台老爺車暖得很慢。他用一塊布擦了擦玻璃。他正在前往物流革命最重要的倉庫上班：偌大的廠房內滿是呼呼作響的輸送帶與成噸的商品，這些商品的舞步是由世界上最複雜的人工智慧系統編排的。

亞歷克斯上班途中會經過科芬特里，這是英國西密德蘭郡的一座城市，曾是英國汽車製造業的重要中心。到了一九六〇年代，這座城市在二次世界大戰期間受到的猛烈轟炸，似乎已是遙遠的記憶。由於工業實力強大，科芬特里成為「英國的底特律」。一九七一年，西密德蘭郡是英國第二富裕的地區，占英國汽車製造總產量的七五%。[1]到一九七四年，當地有五二%的人口從事汽車製造業，人數達十一萬五千人。[2]但這個樂觀的前景並沒有持續下去。

一九七〇年代末的去工業化，以炸彈無法做到的方式掏空了科芬特里。一九八一年，當地的The Specials樂團發行一首以家鄉為題的歌曲，這首歌在連續數週占據單曲排行榜冠軍。這首熱門單曲的歌名正是──〈鬼城〉（Ghost Town）。一九八二年，當地汽車業已有五萬三千人失去工作。[3]殘存的產業舉步維艱，直到二〇〇五年，位於布朗斯道的捷豹工廠（Jaguar）關閉，為該市一百一十年不間斷的汽車製造歷史畫下句點。

亞歷克斯熟知這個故事，因為這也是他的故事。他有很多大學同學都在捷豹工廠實習，在生產線（又稱賽道）擔任作業員。這些人在工廠關閉時，全部調走或解雇。不過，有些製造業繼續存在。舊布朗斯道工廠的部分場地則出租給分包商，亞歷克斯就是在那裡找到機器操作員的工作，為一家生產汽車內裝的公司工作，公司產品依然賣給捷豹。然而，這種情況沒有持續太久，公司終究在二〇一七年永久關閉，亞歷克斯是當時失去工作的五百名員工之一。

二〇一八年，亞馬遜的新倉庫在舊工廠原址開幕。許多前捷豹員工最終回到了同一個工作地點。亞歷克斯加入他們，畢竟他沒有太多其他選擇。新工作比機器操作員更糟，工時更長，薪水更低，而且他覺得經理們把他當成小孩，不過至少亞馬遜不太可能倒閉。亞馬遜的倉庫占據後工業時代的空間，聘雇訂單汽車製造業遺留下來的後工業時代人員。

亞馬遜公司一般根據距離最近的機場為物流設施提供代號，科芬特里這間倉庫的代號是BHX4。這有點不尋常。它不僅是一個訂單履行中心，也為亞馬遜系統的其他倉庫提供服務。在內部，它稱為「進貨越庫」（inbound cross dock）。這樣的設施在歐洲只有三座，是亞馬遜的分銷網絡中的策略節點。BHX4位於東密德蘭機場以南一小時車程處，該機場在英國是僅次於希斯洛機場的第二大貨運機場。BHX4位於英國的「金三角」，即九〇%人口均可在四小時內利用公路開車抵達。密德蘭中部的這個地區曾經是汽車工業的中心，如今是英國的物流中心，擁有龐大的配送中心網絡。沿著這個金三角的任何一條主要道路行駛，都會經過一區又一區的巨型倉庫。

亞馬遜隱藏了該公司物流網絡的細節，以避開公眾與競爭對手的審查。對大多數消費者來說，這個結合設施與科技的複雜網絡是個謎，消費者只會看到以驚人速度送達的包裹。但是在裡面工作的亞歷克斯看得清清楚楚。這個網絡的運作是他的飯碗。他穿上反光背心安全繩，穿過停車場朝入口走去，經過臨時的閉路電視裝置。這是從工會組織者開始在外圍道路分發傳單以來就設立的裝置。

亞歷克斯每天早上七點十分到達。早班開始以前，他有一點時間在員工餐廳和團隊同事聊天。他跟人併桌，眾人交換一些消息。倉庫裡每天都有大約六百名員工上班，所有人分成不同的職能組。時間來到七點三十分，輪班作業從早晨簡報開始。

簡報向來包含安全與品質的資訊。亞歷克斯心想，報告一定很無聊，因為聽簡報肯定也很無聊。今天的簡報稍有不同：有一個部分專門討論工會。顯然，昨晚在下午六點夜班人員抵達時，公司散發了傳單。他們的團隊負責人舉著一張貼在倉庫周圍的新海報。上頭寫著：「與其加入工會，不如和我們免費聊聊！」他說，亞馬遜重視員工，如果有人遇到問題，可以隨時利用內部管道解決。他保證，管理階層確實關心基層員工的想法。亞歷克斯和朋友相視一笑。是啊，上頭肯定關心。

工會討論結束後，經理繼續講到材積的問題，也就是他們今天得在倉庫裡處理的「單位」數量。他們希望超過一百四十萬單位。一名四十五歲左右的女性員工用菲律賓語咒罵著。她轉向她的朋友，手指向天花板。其他幾人也紛紛搖頭。經理假裝沒注意到。這個目標比平常還高，因為過去幾週，英國最大的貨櫃港口費利克斯托的碼頭工人罷工，導致供應中斷。進入英國的貨櫃約有一半要經過費利克斯托，因此連鎖效應非常顯著，積壓的貨物影響到整個配送網絡。現在，他們得加快腳步，將過去幾週清空的庫存補回來。這一班工作會很辛苦。亞歷克斯深吸一口氣，穿過機場式的安檢，走過巨大的廠房，抵達自己的工作崗位。

要瞭解倉庫作業是怎麼協調的，就要先瞭解這一百四十萬個單位當中的一個如何走過倉庫的路徑。假設這個單位是廚房電器，如煮水壺。這個水壺先和其他數百個水壺一起裝在棧板上，然後由卡車運載。工人引導卡車進入裝卸區，三人一組立即開始工作，拆除外部包裝，將貨品裝載到輸送帶上送進倉庫。他們卸載的貨物透過傳送帶抵達「通用受貨區」。這就是亞歷克斯介入的環節。亞歷克斯的工作是檢查選定的物件，確認管理倉庫的人工智慧系統確實收到系統認定的物品。系統要麼告訴他，讓貨物繼續沿線前往出向物流區域，要麼將貨品分到他身後的黃色盒子或專用塑膠箱中。當這些箱子裝滿，就會自動送往傳送帶運到出向物流區域。在通用受貨區工作時，無需和任何人交談；你獨自作業，只有系統引導你。你只要站在那裡，整天重複這個過程。

塑膠箱與包裝會貼上目的地標籤，然後發送出去（有時是用人類監督的大型工業用機器人）。在倉庫的出向物流區域，工人將同一目的地的貨品放在同一塊棧板上，然後再次包裝並貼上標籤。搬運專用塑膠箱是很辛苦的工作：像今天這樣的輪班，一個人每十五秒左右就得搬一個箱子。公司有安全搬運守則，限制工人搬運時不得將箱子抬到超過頭頂的高度，但如果工人嚴守規範，工作速度就會趕不及。這是倉庫工作最容易受傷的場所。另一名工人正在裝載出貨卡車，準備將貨物運送到訂單履行中心，等待客戶訂單進來。貨物從訂單履行中心繼續送到更靠近大城市市場的分類與配送中心，與亞馬遜配送夥伴平台（Amazon Flex）配合的司機會到這些地點取貨，再送至客戶手中。

隨著時間流逝，亞歷克斯很想坐下來。通用受貨區從來沒有椅子，倉庫的任何地方也都沒有椅子（當然，經理辦公室除外）。這個想法顯然是，坐下來工作會讓他們放慢速度。這裡的所有事情都得快速進行，因為系統是這麼要求的。每一項需要掃描物品的工作都由經理密切監控，經理隨時會檢查每小時的處理量。亞歷克斯開始在ＢＨＸ４工作時，這種測量方式讓他很不安。剛到職不久，有一天他真的很沮喪。這份毫無意義的工作讓他心情很差，工作速度大約是平常的一半。上午十點左右，他的團隊負責人走過來問他出了什麼問題。他給不出答案，負責人就站在他身後，看著他工作了大約五分鐘，直到他確信亞歷克斯加快速度為止。如此打擊信心的方式，讓人感到羞辱。

過沒多久，他意識到速度是決定派遣員工能否拿到全職工作的主要因素。他非常需要這份工作，因此他瘋狂地工作，終於從六個月的派遣合約轉為直接受雇於亞馬遜的永久合約。自此之後，速度問題不再讓他不安，因為他學會如何順從：只要按照平穩的步調，讓思緒轉移到其他事情即可。重要的是不要有「閒置」紀錄，所謂的閒置時間是指你應該工作，但掃描器沒有記錄你與任何物品互動。你只能依照規定的時間休息（兩次三十分鐘的休息時間，一次帶薪，一次無薪），一分鐘都多不了。亞歷克斯的團隊負責人會在下午三點左右巡視，與每位團隊成員單獨討論當天的工作速度，看看是否有閒置時間。他幾乎沒有在亞歷克斯的工作站停下來，只說「幹得好」，然後繼續往前走。

速度不及格或閒置時間紀錄，可能意味你會被納入「改造」，這是一個你需要滿足的績效管理計畫，未達標準就會被解雇。這個情況會發生，通常是你在六週內有五次速度落到最低的二五%。每個人都想避免這個情況。然而挑戰在於，沒有人真的瞭解這個速度到底是什麼狀況。他們總是公布速度，讓每個員工知道自己的速度落在哪裡。員工會被告知確切的數字。在通用受貨區，通常是每小時三百個單位才能達到一〇〇%。每個員工的速度略有不同，因此情況不總是那麼簡單，但三百個單位是很好的經驗法則。不過幾個月前，上頭不再分發印有每個人資料的速度表。現在，他們只會告訴那些速度落後太多的人，也就是最慢的二五%，讓他們加快速度。相對目標的問題在於，即使他們加快了速度，仍然會有其他人處於最慢的二五%。你永遠不可能安全。速度最慢的永遠會落後，即使他們做了超過三百個單位，依然無法確認。缺乏資訊的狀態代表他們永遠不知道自己什麼時候安全達標，永遠不知道自己可否在輪班的最後一小時放鬆下來。

亞歷克斯已經在同一部門工作五年了。他不會說自己很沮喪，而是一種士氣低落的狀態。每次他走進廠區，都覺得自己得去找另一份工作。當他整天獨立操作，和他人完全沒有互動，他的腦海中會浮現各種問題。最大的問題總是：「你這輩子要做什麼？」他試著不去細想，因為真的去思考這個問題，答案會讓他害怕。

終於，輪班結束了。他離開工作站，慢慢走回員工餐廳。又有笑話可以聽了，只是這次大夥比較小聲。亞歷克斯以前組裝汽車內裝時，常常騎自行車往返工廠與住家。但現在他不可能騎車回家了。他女友老開玩笑說：「你最喜歡的詞是『好累』。」他發覺，開始在這裡工作以後，自己好像變了個人——更暴躁、更可悲，也更難相處。

認識亞馬遜的擷取機器SCOT

當我們想到亞馬遜公司的時候，往往會想到該公司前總裁兼執行長傑夫・貝佐斯，以及這家公司如何讓他累積了一千七百億美元的財富。分析師經常試圖透過創辦人的天才，來瞭解一家公司的成功。但是要理解亞馬遜的零售運作，需要從一個非人類的角度出發：從纏成一團的電纜、伺服器、勞動力和數據開始。亞馬遜的物流網絡建立在一系列電腦程式的基礎上，這些程式由亞馬遜一個名為SCOT（Supply Chain Optimization Technologies，供應鏈最佳化技術）的團隊執行。該團隊管理的系統即將成為二十一世紀的流水作業線。

亞馬遜的文獻指出：「如果亞馬遜商店是個軀體，SCOT就是它的神經系統。」這個系統「協調亞馬遜商店供應鏈的端對端責任」，是「世界上最大、最精密的自動決策系統之一」。[4] 亞馬遜的供應鏈網絡由好幾個不同的子系統構成，每個子系統都使用不同的運算技術來解決特定問題。總的來說，該系統在亞馬遜整個供應鏈中，從公司與製造商的互動到最後一英里的運送，都要做出決策並影響結果。就像身體的神經系統，這個系統「在後台安靜運行，自動最佳化關鍵的功能與流程」。[5]這個規模巨大的系統，指揮一家年收入超過五千億美元、市值超過一兆五千億美元的公司的組織資源，很可能是世界上最重要的人工智慧部署之一。

這個供應鏈管理軟體有四大功能：預測需求、計算收入、規畫履行、管理履行的網絡。每一項功能都對應到亞馬遜物流鏈從採購到交付的不同步驟，對員工的生活產生重大影響。它將知識與決策集中在自動化系統與高階主管手中，除了降低對員工的技術要求，也加重員工的勞動程度，這種方式與過去的工業控制技術如出一轍。

在預測需求方面，這個系統操作全球最大的模擬平台之一，可預測消費者點擊產生銷售的高峰與低谷。[6]亞馬遜工程師建立並訓練的神經網絡，能夠預測該公司銷售的數百萬產品的需求。準確性很重要，因為準確預測意味更低的成本及更高的利潤。一旦預測出需求，系統就會向生產商下訂單，並利用亞馬遜的履行服務，將倉庫空間分配給供應商。[7]這些訂購決策決定了每天抵達BHX4的貨物量。該系統也可辨識整個網絡應該如何配置資源，為忙著迎合消費者需求的卡車、倉庫與配送中心網絡提供裝配與人員，甚至可以就未來倉庫選址提出建議。在計算滿足預測所需的勞動力與材料投入之後，系統就有充分的資訊可以製作出履行計畫。

消費者在亞馬遜平台點擊「立即購買」時，系統會使用即時數據與最佳化技術，決定從哪裡發貨，以及如何以最有效的方式整合多筆訂單。[8]這個系統支配著管理整個網絡動態的最佳化履行計畫，運用從頁面檢視、訂單號碼到倉庫廠房的條碼掃描等數十億個資料點，決定如何以最快的速度與最低的成本運輸貨物。[9]系統使用工作場所數據的即時回饋，來管理履行計畫的執行狀況。條碼掃描會不斷更新貨物在系統中的位置，以及它們經歷的程序。每小時與每位員工的掃描量，也為系統提供了工作強度的詳細資訊。這用來產生專有的生產力指標。二〇一九年，亞馬遜內部文件聲稱，追蹤生產力的自動系統會自動解雇始終無法達到目標或記錄過多閒置時間的員工。[10]這種個人生產力管理與工作輪調重疊。二〇二〇年，亞馬遜宣布將採用機器學習演算法的計畫，根據肌肉的使用情況設定員工的工作時程，並讓員工在使用不同肌群的工作之間輪調，以提高員工的工作效率。[11]

倉庫資料還有其他來源，例如從監看倉庫每個角落的閉路電視攝影機的連鎖畫面取得的資訊。物流鏈中BHX4之後的訂單履行中心，通常圍繞著設施中央的「倉庫籠」建造。在那裡，小型機器人在排列於倉庫籠邊緣的揀貨站與包裝站之間，移動著貨架單元。這些工作站不受員工歡迎。你和同事完全隔離十小時，只是在工作站上重複同樣的幾個步驟。上夜班時，這樣的工作尤其讓人不快。許多人最後都陷入焦慮或憂鬱。每個工作站有三台攝影機監控，這些攝影機使用名為「耐克」（Nike）的電腦視覺人工智慧，記錄存放者將物品放置在貨架單元上的位置，幫助揀貨員稍後快速尋獲貨品。這個系統與人類員工的互動，是透過在貨架單元上投射的彩色燈光，指示物品的位置或是應將物品放置何處。九五％的情況，監控系統不需要人工干預即可擷取工作所需的資料，但另外五％的情況，影片會送到印度與哥斯大黎加的低薪標註員手中，由他們的勤奮來彌補系統的不足，確保系統不會遺漏任何物品。[12]

新聞調查局（The Bureau of Investigative Journalism）也發現證據，在一項名為「空間行為」（Proxemics）的計畫中，標註員被要求監視員工，以檢查員工是否遵守亞馬遜的新冠病毒規範。[13]亞馬遜還試圖採購一個名為「地理空間操作控制台」（geoSPatial Operating Console，簡稱SPOC）的反工會監控系統，用於追蹤員工的組織活動，儘管亞馬遜依然聲稱該公司尊重員工加入工會的權利。[14]運送途中，亞馬遜則是在大部分送貨車隊中採用了Netradyne公司的駕駛監控系統「Driveri」。[15]這個支援人工智慧的軟體，利用駕駛室與車載的攝影機追蹤駕駛員，提供如何駕駛與工作的指示。該公司蔓生式的監控系統極其龐大，很難確定確切的規模。BHX4所有的員工都知道，工作日的每一秒，他們都受到監視、追蹤與監控。管理過程並非完全自動。在工作場所，亞馬遜員工由團隊負責人與總經理直接管理，但是這些管理者收到的輸入資訊與他們要完成的計畫，則是由更高層級確定的，而且大半都有人工智慧系統的輔助。

要具備這一系列的功能，亞馬遜希望將其人工智慧系統呈現為物流大腦，也就不足為奇。這個比喻讓系統的決策不受審查，也讓人對其技術精密性充滿信心。物流大腦的幻覺有助於取得管理者、投資人與監管者的支持，以及工人的遵從。這個比喻延續了將人工智慧理解為人腦的悠久傳統。「人工智慧」領域的誕生，一般可以追溯到一九五六年新罕布夏州達特福德學院的夏季研討會。[16]「人工智慧」這個名稱本身，就意味著它將透過運算以人工方式重現人類思考的過程。「計算即思考」的古老比喻，既讓人工智慧系統的工作方式神祕化，又讓它自然化。它鼓勵我們以為這些系統的決策無法調查或挑戰，因為它們代表一種超邏輯、幾乎萬無一失的思考模式。但正如我們在本書所述，將這些人工智慧視為擷取機器，其實要準確得多。就像我們檢查過的其他系統，亞馬遜的系統倚賴人力與實體基礎設施。該系統的智慧擷取自數百萬倉儲員工與送貨人員的工作活動，這些人的日常工作創建了提供人工智慧動力的數據點。這些人掃描條碼的動作，產生了系統倚賴的一些最基本資訊。就像鍋爐工為蒸汽機添加煤炭一樣，這些工人將資料輸入亞馬遜的擷取機器。

這個系統與二十世紀生產線的引進，在歷史上有著驚人的相似性。生產線永遠改變了製造業。在生產線的概念被引進之前，汽車是由技術精湛的裝配工組裝製造；這些裝配工會聚集在一輛車的周圍，依序合作完成每個步驟。他們可以自行決定工作節奏。然而，底特律福特汽車公司（Ford Motor Company）的經理與工程師卻有不同的想法。一九〇九至一九一四年間，他們嘗試了一種新的汽車製造方法。亨利・福特（Henry Ford）將其基本原則描述為：「人必須擁有每一秒必要的時間，但不能有任何一秒不必要的時間。」[17]

在那五年期間，福特公司推出許多重大創新：全新的工廠布局、更嚴格的勞動分工、標準化和可互換的零件，以及按生產流程規定的順序而組織的單一功能機器。一九一三至一九一四年間，這些漸進式變革添加了最後的神來一筆：一條能將正在組裝的汽車、按連續流程從一個工作站移到另一個工作站的移動式線路。這就是所謂的生產線。從本質上來說，它是一個沒有盡頭的輸送機，將汽車運送到固定的工作站，讓工人在那裡進行簡化的操作。工人們現在只需專注在一項小任務，在一整天的工作時間內，一次又一次地重複執行。工作節奏由生產線的速度決定。福特利用這項技術重新組織了勞動力，降低對勞動力的技術需求，也讓勞動過程密集化。組裝T型車的時間從十二小時縮短到九十三分鐘，生產率提高了七七五%。[18] 對龐大的製造帝國與第一個以汽車為中心的社會而言，這條生產線可說是起步槍。

一九一四年，只要通過福特嚴格的個人「道德」監控的員工，公司將提供五美元的日薪。[19] 這項政策的目標是更長久地留住工人（前一年的流動率高達三八〇%），並為T型車創造更大的消費市場。隨著汽車價格暴跌，該公司首次將銷售目標瞄準工人階級市場。即使是像這樣一〇〇%的薪資成長，也只是朝分享生產線帶來的巨大利潤邁出的一小步。福特繼續將這些利潤投入擴大生產中，讓工人自行面對失去對工作程序的掌控所造成的負面後果。這種矛盾的動態在現代工業史上一再出現。與其說生產力的進步將我們從工作中解放出來，不如說這種創新往往只為投資者與公司所有者帶來好處。正如查理．卓別林（Charlie Chaplin）在電影《大獨裁者》（*The Great Dictator*）的高潮段落所言：「為我們帶來豐盛的機器卻讓我們陷入匱乏。」這種動態造成一種情況：工作場所的技術發展成老闆的持續攻勢。工人很正確地瞭解到，科技發展的道路以資本所有者的利益為優先，而不是以執行工作者的利益為優先。反對管理支配就是反對技術變革，因為在這個經濟系統中，管理支配與技術變革是相伴共生的。[20]我們可以想像更多與生產力驅動相關的解放方式，但這需要一個完全不同的社會形態。[21]

一九一三年，大批工人逃離福特公司的高地公園工廠，前往其他工廠尋找工作。這些工廠的生產線尚未投入使用，工人對工作流程尚能保有一定程度的控制權。但隨著時間推移，生產線逐漸在美國與全球各地成為建立汽車製造業的基礎技術。數百萬計的工人無處可逃，被生產線吞沒。汽車工人從技術嫻熟的技工，成了從事機械性工作的工人，這一切都是因為技術發展重新組織了工作。生產線並非獨特的工作場所技術，而是一個更廣泛流程的一部分，這個流程旨在將知識與決策集中到管理者手中。[22]

這種集中化的知識，現在掌握在亞馬遜辦公室的少數人手中，他們有幸存取這個擷取機器的控制介面。但是對於倉庫廠房或送貨車上的工人來說，人工智慧驅動的自動系統給人的感覺，很像是一股外星力量。這股外星力量把他們當成木偶一樣操控，以令人難以置信的程度塑造著木偶的行為。網絡中的工人淪為系統的附屬物——比工業機器人更便宜、更擅長精細動作的控制，也擁有更進階的問題解決能力，因此非常實用，但這其實也是個問題，因為這些工人可能偏離系統的計畫。

如果人類工人沒有足夠的紀律或無法保持必要的速度，他們就會被淘汰，無縫接軌補上新的員工。這項工作很容易培訓，被解雇的工人也不會累積任何有價值的知識。因此，亞馬遜的人員更換率有時幾乎跟福特公司一樣高。但這個情況也衍生新的問題：一份遭洩漏的二〇二一年美國報告顯示，亞馬遜在亞利桑那州與加州都瀕臨雇用危機，因為亞馬遜公司消耗該州勞動資源的速度過快。[23]亞馬遜對這起洩密事件做出回應，聲稱這些文件「絕對是早期的草稿，並未經過適當的精修或審核，更不是最後定稿」。但是該公司並未澄清具體的數字。[24]

在過去，布朗斯道的舊捷豹汽車工廠，曾經將工人組織在一系列按工作流程配置的工作站，沿著生產線完成製造過程中的專門任務。如今，同一個倉庫內的工人按一連串相互關聯的複雜工作流程與輸送帶分散開來，他們的工作都由亞馬遜的系統協調，以迎合履行計畫的需求。他們工作產生的資料成為擷取機器的基本輸入資料，讓擷取機器制定計畫，管理一個物流複雜性無與倫比的網絡。

對於像亞歷克斯這樣的員工來說，系統決定了他工作生活中每個時刻的參數。但就如同亞馬遜全球履行網絡的其他員工，這個系統是如何運作，亞歷克斯幾乎一無所知，而他的願望與需求也不是系統邏輯的優先考量。許多人認為，這個系統以速度和成本進行最佳化，員工福祉並非其考量。[25]員工的需求被排在亞馬遜公司與客戶需求的後面。

你未來的老闆可能是一台機器

這些人工智慧系統不僅塑造了亞馬遜員工的生活，還可能威脅數十億人未來的工作。在前面的章節，我們探討了生產人工智慧的供應鏈，以及往往隱藏在這個生產過程中的數百萬工人。在這裡，我們將討論人工智慧在工作場所的部署方式，而這些方式可能會對更多的工人產生長遠的影響。對許多低生產力產業的老闆來說，擷取機器的主要價值在於，它能更大程度地幫老闆壓榨員工。

一些工人始終受到管理階層的嚴格控制。正如我們所見，生產線是增加汽車製造工人壓力的一種方式。這個技術很快被推廣到整個製造業的工作場所。最近，客服中心率先採用了數位監控。幾十年來，客服中心的所有通話都因為「培訓與監控的目的」而錄音記錄下來。人工智慧管理技術是這種舊動態的新迭代。這些系統並非全新的發展，而是將現有的管理統治模式延伸到新的勞動領域。擷取機器在各個產業的擴散（其中許多是傳統的白領產業），可能產生深遠的影響。

二〇二〇年以來，工作場所監控的作法呈爆炸式的成長，許多公司現在都會搜集關於員工工作各個層面的資訊，有時甚至是在員工不知情的狀況下進行。[26]機器學習演算法讓公司分析這些資料並預測未來的行為模式。這些技術在新冠疫情期間大受歡迎，因為各地的管理者都患了「生產力妄想症」，高達八五%的管理者擔心遠距工作的員工生產力不足。[27]在疫情期間，許多雇主強迫員工在家用電腦上安裝各種「老闆軟體」技術，透過各種應用程式與追蹤器監控員工的工作日。自疫情爆發以來，使用此類工具的大型雇主增加了一倍以上。[28]在美國，《紐約時報》調查發現，十大私人雇主中有八〇%會追蹤個別員工的生產力。[29]他們往往宣稱工作場所監控技術是為工人維持更安全、和諧工作環境的一種手段。但是，監控與生產力工具滲透到員工生活的各個層面，可能造成一種專橫且讓人窒息的管理控制文化。

在某些辦公室，員工識別證現在可用來追蹤員工進入辦公室的時間與停留時間。[30]其他工作場所則要求遠距員工，在工作日隨時開啟攝影機與麥克風。[31]其他雇主仍然利用監視軟體，幾乎可以記錄一個人在電腦上做的任何事，從他們在特定螢幕上花費的時間，到他們的打字速度，甚至透過網路攝影機祕密監視。根據「數據與社會」（Data & Society）這個美國非營利研究組織的一份報告，研究人員發現，即使許多員工意識到自己受監視，卻往往沒有察覺監控的程度，也不知道收集到的資訊要用來做什麼。[32]這份報告所舉的一個例子中，沃爾瑪（Walmart）員工被要求在手機上安裝一款應用程式以檢查庫存，但是這個應用程式可以持續存取手機的位置，不斷與公司分享資訊。箇中危險在於，隨著老闆介入員工的私生活，這個軟體會讓監控方式變得愈來愈嚴格。歷史證明，一旦為了應對危機而引進監控措施，這些措施很少會移除——想想美國九一一襲擊事件後的「愛國者法」（Patriot Act），二〇〇五年倫敦爆炸案後加強的閉路電視監控，以及法國在二〇一五年恐怖攻擊後實施的緊急狀態措施。

這項技術並不局限於特定的經濟部門或少數單獨的公司。隨著數十家小型科技公司開發出監控員工活動的應用程式與平台，它已經在各行各業中激增。民間社會組織coworker.org的一份報告指出，在二〇一八年至二〇二一年間，有超過五百五十種科技產品推出，目的是從招募到紀律處分，數位化並監控員工各個層面的生活。[33]在此之前，最先體驗這項技術的是零工，特別是運輸、食品配送與照護等領域；他們工作的每一秒都透過演算法的管理進行量化。許多早期實驗著重於如何協調工人完成任務，而不是監督他們的表現，但也有公司進行自動監控的實驗。眾所周知，優步會使用駕駛員的智慧型手機監控他們，例如檢查煞車與加速的習慣，作為安全駕駛的指標。[34]我們現在目睹的是，隨著其他職業被分割成無法再分割的最小單位被降低技術要求，並透過生產力軟體進行監控，這些工具也在勞動力中逐漸擴散。這些工具包括Hubstaff、Time Doctor與FlexiSPY等，其中有八〇%的軟體鼓勵讓員工長期使用。[35]它們通常結合不斷增加的員工資料與人工智慧的預測能力，以增加對勞動力的管控。

大多數員工都討厭這種形式的監視。一項針對七百五十名科技工作者的調查發現，有一半的人寧願辭職也不願受到老闆的持續監視。[36]有些員工找到了低技術的抵抗方式，例如用模仿人類動作的鼠標移動器來愚弄生產力監控，或是可以破壞電腦上間諜軟體的軟體。然而，並非所有監視技術都能阻止或規避。過去三年來，這類工具當中最具入侵性的，使用率大幅增加。

能記錄你輸入的所有內容，包括密碼在內的鍵擊紀錄，增加了四〇％；允許老闆在員工不知情的狀況下監視的隱形模式，增加了三八％；超過三分之一的工具如今可以追蹤員工確切的GPS位置。[37]

風險在於，老闆對提高工作生產力的渴望滲透到員工的私人生活中，員工的個人隱私與身體自主權受到前所未有的侵犯。除了標準的螢幕監控軟體和生產力工具，人工智慧還促成了影集《黑鏡》（*Black Mirror*）般的新一代技術，比如「心情與情緒分析」、臉部辨識與語音監控軟體。員工監控軟體Teramind是其中最糟的一款，老闆可以藉由控制員工設備的攝影機和麥克風，觀看或偷聽員工在工作場所、甚至家中的對話。[38]更具體地說，一旦發生違規行為，公司可以記錄違規行為前後五分鐘的內容，包括每次鍵擊及完整的錄影。此外，工作場所的穿戴裝置也可記錄員工的健康統計數據，持續監控個別員工，以確保他們能集中注意力且不會壓力過大。[39]預測式人工智慧工具使用收集到的員工資料為員工進行排名，並為不同的個人提供「風險評分」。[40]人力資源分析工具Perceptyx就是一個例子，它會製作「脆弱性評分」，衡量員工加入工會或離開公司的可能性。Perceptyx擁有一系列工具，其中包括「感官」（Sense）這款「隨顯式員工監聽產品」。[41]該軟體根據個別員工的語音錄音分析，產生「敬業度指標」評分，並承諾「透過預測建模以減少不必要的人員流動」。人工智慧驅動的文字分析軟體也可以監控員工的電子郵件與Slack（團隊溝通平台）訊息，以評估職場文化與員工對公司的歸屬感。[42]我們很快就可能進入一個局面：每個人的細微臉部表情或語氣變化都會被記錄下來，直接送到人工智慧驅動的評分系統，根據員工的情緒與滿意度評分。

人力資源團隊也廣泛採用人工智慧進行招募與聘用。人工智慧系統可以被運用在招募過程的不同階段，從篩選履歷到建立候選名單、面試、評估性格測驗與評價求職者等。目前，美國有三五％至四五％的公司將人工智慧用於招募人才，此舉讓這些公司在二〇二二年節省了四〇％的招聘成本。[43]人工智慧工具能自動掃描應用程式中的關鍵字與詞組，節省人力資源的時間與金錢。人工智慧也不會專注於求職者的性別、種族或年齡，足以消除人為偏見的因素。[44]然而，其中許多說法都是虛幻的，因為軟體本身已經證明會表現出明顯的偏見，進一步讓求職者的體驗去人性化。

亞馬遜提供了另一個重大案例，警示人工智慧招募的危險性。二〇一四年，蘇格蘭的亞馬遜工程師寫了一個程式，可以自動為求職者評分，向招募人員提供最佳求職者名單。[45]二〇一五年，團隊意識到這個軟體對女性求職者存有偏見，特別是軟體開發人員與工程師等技術職位。這種偏見是因為之前成功申請的求職者資料被用於訓練資料，而這些資料的性別失衡、偏向男性所導致。根據過去的例子，演算法推斷男性求職者更可取，並將包含「女性」字眼（如「女子足球隊」）和畢業於女子學院的應徵者降級。當演算法在履歷中搜尋特定的單字與詞組，它也偏好「執行」與「捕獲」等行動導向的語句，而男性求職者更可能使用這些語詞。在嘗試修正這些偏差未果後，亞馬遜於二〇一八年捨棄了這個計畫。[46]

劍橋大學的研究人員研究了人工智慧在招募過程中消弭各種種族與性別偏見的潛力，發現軟體能達到的效果有非常大的局限性。[47]研究人員提出相當有說服力的說法，表示這類工具揭露了「對種族與性別的普遍誤解」，將種族與性別視為個人的潛在可移除屬性，而非塑造組織與社會運作方式更廣泛的權力系統。正如亞馬遜的案例所示，種族化與性別化的系統會影響個人使用的語言類型、行為模式，以及別人看待他們的方式，即使據稱是中立的演算法，在執行評估時亦是如此。因此，如果演算法只被訓練去看到履歷中提及的性格特質、具體技能與某些關鍵字的普遍性，依然可能產生歧視性的結果。

許多人工智慧系統使用的其中一項指標，是評估求職者的「五大」人格特性（外向性、親和性、開放性、盡責性、情緒不穩定性），以避免任何種族化或性別分類。這些人工智慧公司宣稱，人格分數可以對求職者的能力做中立的評估，比起招募人員對其經驗的主觀評價，這更能任人唯才。然而，即使這樣的人格測驗似乎也無法產生公正的結果。證據顯示，求職者在測驗時的穿著打扮與所操的語言，都可以改變這些工具對求職者性格的部分看法。[48]這些所謂的人格評估近乎偽科學，根據人們的語氣或螢幕上的外觀，建立可靠的「行為特徵」，從而預測工作表現。

公司不僅使用軟體來整理履歷，有些公司會邀請求職者參加自動化視訊面試，要求求職者盯著網路攝影機並回答預先錄製的問題。然後，人工智慧驅動的軟體就會分析他們的回答，以確定他們是否適合這份工作。例如，Modern Hire擁有一個「人工智慧驅動的自動化面試平台」，稱作「自動化面試創造器」（Automated Interview Creator），可以協助人力資源部門發展面試並評估求職者。[49]人工智慧工具主要用來謄寫面試內容，並根據轉錄下來的文字對求職者進行評估與排序。但在此之前，收購了Modern Hire的HireVue是使用臉部辨識人工智慧工具來分析視訊面試，結果被投訴到聯邦貿易委員會（Federal Trade Commission），指稱有不公平和欺騙的行為。[50]該軟體聲稱可以分析求職者的臉部表情、微手勢、語氣和線上狀態，以評估性格特徵與適合程度。雖然HireVue停止使用這類工具，很難估計這些工具在業界的盛行程度。美國有些州正在制定法律，規範人工智慧在招募中的使用，譬如伊利諾州立法機構的「人工智慧影像面試法」（Artificial Intelligence Video Interview Act），以及紐約州的「自動化聘雇決策工具」（Automated Employment Decision Tool）法規。[51]歐盟人工智慧法案（EU AI Act）也將人工智慧招募軟體歸類為「高風險」，意指公司必須符合一長串要求，以確保軟體的安全性，並在可公開存取的資料庫中，提供有關其系統的資訊。[52]但就目前而言，這項技術的大部分使用仍然取決於雇主，這也為潛在帶有偏見的決策留下了很大的空間。

人工智慧技術在工作場所的部署，有可能推動新形式的監視與管理主導權。過去，白領工人在工作安排上享有更多自主權，現在卻愈來愈受到像亞歷克斯和在他之前的作業員那樣的待遇。工作強化的現象正從工業部門蔓延到零售業、接待業與更廣泛的服務部門。所有這些控制技術在工作場所都具有雙重目的。它們既降低了生產成本（以犧牲工作品質、工人自主性與基本民主權利為代價），也犧牲工人的權益，以賦予老闆權力。

監視技術讓雇主鎮壓員工的反抗，也可能阻礙工人在公司內的組織與代表。大多數國家的法律都明文規定集體組織的能力，但隨著公司以複雜的形式破壞工會活動，行使這項權利變得愈來愈困難。老闆除了聘請專門機構提供建議、阻止工人組建工會，也利用工作場所頻道監控工人的對話，或是透過攝影機監視。例如，亞馬遜就被員工指控，稱公司會悄悄監控參與工會活動者的電子郵件名單。[53]

工人用許多方法反抗這種技術的部署，從祕密違反規則到離職等。這些反抗形式大都停留在個人，或是和極小的群體共享。五、六個同事可能會討論如何欺騙亞馬遜倉庫的速度計算，為自己贏得一些急需的休息時間，但這類詭計通常在暗中進行。我們可以肯定，即使沒有直接的證據，這樣的策略在亞馬遜已經相當普遍，因為這種抵制總是會發生。這是職場上工人與老闆利益衝突的有機副產品。但有時候，當特定條件滿足了，這種非正式的個人抵制會擴大為更持久、更公開的抵抗。這正是科芬特里ＢＨＸ４所發生的事。

罷工

若你假設亞馬遜這樣的系統從根本上無法挽回，就是會將權力的天平轉向有利於管理者的一方，這樣的想法是可以理解的。數位監控所累積的資料與知識，以及人工智慧促成的複雜管理，似乎可以阻止任何抵抗的途徑。當研究人員得到亞馬遜實施「技術經濟專制」體系的結論，很難不讓人感到絕望。[54]但事實上，近代歷史一再告訴我們，最密集的現代管理技術無法消除工人爭取自身利益的能力。相反地，它們迫使這種抵抗以新的形式出現。[55]畢竟，這就是生產線發生的情況：起初，工人受到打擊、迷失方向，工會成員預測要組織起來加以反抗是不可能的。[56]但隨後，美國工人發展出「靜坐」的罷工策略，在行動期間占領工廠，並領導了歷史上全球工人階級最令人難以置信的一項工會化運動。[57]由人工智慧管理工作的未來，不只是一個管理控制權可能增加的未來，也是工人發明新反抗形式的未來。

工人在平台經濟中的抗爭，預告了未來與人工智慧管理對抗的情景。外送平台戶戶送（Deliveroo）與優步等公司的工人發起了游擊運動，以爭取更高的工資及更好的工作條件。他們在一波波的反抗行動結合了野貓罷工、抗議、組織工會與更隱祕的抵制行動，這股浪潮的蔓延速度幾乎和平台本身一樣快速。[58]需要強調的是，將演算法管理導入送餐或計程車的工作，不會消除工人反抗剝削的能力。這些教訓和我們在亞馬遜研究中發現的結果一致。經過一年在英國各地訪談工人、參觀倉庫與站在罷工糾察線上的觀察，我們還未發現任何人可以形容為全面控制系統的被動受害者。相反地，我們發現勞動力不斷以各種形式的自我活動，維護自身利益。他們採取隱祕與公開的行動來抵制老闆與控制系統。[59]他們想辦法在倉庫內擅自休息；他們因厭惡而辭職；他們與同事建立友誼，團結在一起；他們破壞輸送帶；他們進行罷工。亞馬遜非但沒有消除工人階級的政治角色，反而在環繞歐洲與北美主要城市的去工業化地區，建立起一個新的工人階級。[60]

工會在BHX4廠區外面活動已行之有年，時斷時續。這些人站在通往倉庫的路上，試圖在人們開車進入廠區時與之攀談。很少有人會加入他們。亞歷克斯從未停下來聊天，因為他擔心車子開在他後面的經理會找他麻煩。有一、兩次，亞歷克斯拿起從車窗遞進來的傳單，瞄了一眼，便快速塞進座位旁邊的置物袋。傳單一張又一張塞在那裡，等著哪天他終於想起來要扔掉。直到二〇二二年夏天，他才開始思考工會的事。俄羅斯與烏克蘭的戰爭導致物價快速上漲，突然間，他的薪水能支付的東西變少了。每家食品店都愈來愈貴，他的薪水卻保持不變。他看到同事加班的時間愈來愈長。有些人每週多輪兩班，直接將每週工時拉高到六十小時的上限，以維持自己的生活水準。其他人在下班後，走到自己的車子旁，登入優步司機的帳號。一週又一週，他看到更多停在倉庫外的汽車，駕駛側的車門都貼上優步的牌照貼紙。每個人的壓力都愈來愈大。六個月前還可以一笑置之的意見分歧，現在動不動就大吵大鬧。

然後，在沒有任何警告之下，整個情況沸騰了。二〇二二年八月，新聞指出通膨率達到一〇％。終於要加薪了，每個人都預期每小時至少能漲兩英鎊。八月，公司宣布：薪水會上漲，但每小時只漲五十便士。新冠疫情讓亞馬遜的利潤增長了二二〇％，但顯然公司並沒有剩餘的金錢，付給那些使這些利潤成為可能的人，以彌補他們的生活開支。兩個倉庫爆發了抗議活動，有關埃塞克斯郡提爾伯里爆發事件的影片也開始流傳。在提爾伯里，數百名工人一起離開工作崗位，前去見總經理。他們驚惶失措的團隊負責人安排大家在員工餐廳進行適當的談話，一群緊張的經理則試圖讓事情平息下來，聲稱自己對新的工資標準一無所知，會盡快瞭解詳情，但每個人都必須重返工作崗位。如果他們不回去工作，就不會得到報酬。這群人拒絕了上述提議，非正式罷工開始了。稍後抵達的夜班人員也紛紛加入他們的行列。[61]罷工的想法傳播得相當快。

第二天，從提爾伯里到布里斯托的五間倉庫展開罷工，另外四間倉庫也有嚴重的擾動。在BHX4，混亂的種子在上午十點三十分的休息時間種下。一群工人觀看了離崗罷工的抖音影片，決定在午餐時間也開始自己的罷工活動。亞歷克斯在他的工作站聽到了騷動，決定加入。幾分鐘之內，就有三百人離開工作崗位，拒絕工作。他們坐在員工餐廳裡，開著玩笑並分享其他倉庫罷工的影片。[62]

接下來的三天，BHX4的工人一次又一次離崗罷工。第二天，總經理要求與罷工領導人談話，罷工者拒絕了：管理階層要麼跟所有的人談，要麼就不要談。經過一番爭論，總經理同意了。工人們詢問加薪五十便士的數字是如何決定的，並要求提高加薪幅度。總經理承諾「取消這個加薪幅度並嘗試得到答案」，然後重申，除非他們回去工作，否則沒有人會拿到薪水。無論如何，罷工者都拒絕復工。經理完全失去發號施令的能力。同樣的場景正在全國各地上演。第八天與第九天，斯溫頓大型倉庫的工人也開始離崗罷工。亞馬遜在二〇二〇年斥資兩億英鎊買下這座倉庫。在當時，斯溫頓倉庫是英國有史以來交易金額最高的物流房地產，而且按照亞馬遜的要求進行裝修，至少也花了同樣的金額。但是現在，所有資本都閒置了，因為沒有人力，一切都無法運作。第十天，又有四個倉庫加入罷工行列，第十一天又加入另一間。但是這股罷工浪潮仍未止息。在接下來幾天，罷工潮蔓延了數千英里。南加州聖貝納迪諾的亞馬遜倉庫工人，因為薪資與工作場所溫度的問題離崗罷工。他們並不孤單，在土耳其，亞馬遜在科加厄利省主要倉庫的六百名工人發起靜坐罷工，而在德國，工人也因為生活成本上漲而發起正式罷工。[63]

在這波行動結束時，僅在英國的十一間亞馬遜倉庫就發生了至少二十二起罷工行動。這是前所未有的罷工潮。波蘭、法國與美國的亞馬遜倉庫之前曾發生過野貓罷工，[64]但罷工行動從未蔓延得如此快速，也從未如此堅決。亞馬遜是反工會的雇主：從英國到波蘭、法國、西班牙、義大利、捷克與美國等一國又一國，該公司一直抵制集體談判，只有在被迫時才會讓步。[65]

亞馬遜經理成功地在一個又一個城市抵擋了工會組織活動。[66]為了做到這一點，他們遵循一套非常有效的玩法：在英國，二〇〇一年初次組織工會的努力在一片混亂中瓦解。[67]然而現在看來，亞馬遜被這波罷工潮打得措手不及。罷工形式可能是原因之一。這些野貓罷工者在法律上不受不公平解雇法的保護，但他們也省去事先知會雇主的法律義務。他們沒有遵循英國限制性的工會法，這意味罷工是非正式的。他們倚靠團結來保護自己，而這個方法奏效了。罷工結束後，並沒有出現大規模解雇，在英國的亞馬遜倉庫更是開始了新的工會組織運動。

罷工者的行動清楚表示，亞馬遜工人是一股強大的戰鬥力量，多年來一直被視為權威經理人的被動受害者代表，現在他們終於有了發言權。罷工浪潮開啟了更廣泛的發展。BHX4一直有一群工會成員，但現在這個最初的團體開始壯大。在野貓罷工失勢且沒有爭取到加薪後，人們開始相信工會可以幫助他們在這場爭取加薪的抗爭中邁出下一步。離崗罷工開始被神化為某些事情的開端：他們真正反擊的第一刻。亞歷克斯對此卻不是那麼確定。他的父親在過去是工會成員，但他們被打敗了。那整個時代似乎已經成為過去。柴契爾（Thatcher）夫人贏了；礦坑關閉，工廠關門。沒什麼可爭取的了。他冀望的是晉升，或者如果有一家大型製造商回到科芬特里，他或許可以找到一份新工作。

與一位較年長同事的一次對話，最終說服了他。這位仁兄約莫六十歲，看起來像是亞歷克斯的長輩。那是個週五早上，亞歷克斯問他週末有什麼計畫。那傢伙靜靜坐了一會。「沒有計畫，沒有。」他在椅子上挪了挪身子，低頭盯著自己那杯茶。他解釋說，他過去每週工作四天、四十小時，一天去釣魚，剩下兩天和家人共度。如今，他每週得工作五到六天才能維持收支平衡。「現在這狀況，我再也沒錢去釣魚了。」那天晚上，亞歷克斯走回車子的時候，用手機加入了工會。

野貓罷工證明一個不可避免的事實：儘管亞馬遜倉庫的控制系統相當複雜，工人的權力並未被完全剝奪。一次又一次的罷工接踵而至，工會不斷發展壯大。亞歷克斯第一次正式罷工，然後是第二次，不久之後就成了例行公事。截至二〇二三年底，BHX4工人累計已罷工了三十多天。他們的工會「GMB」開始討論使用法定機制，迫使亞馬遜就工資問題與他們進行集體談判。

在本章開頭提到單日達到一百四十萬單位貨品數的那天，過沒幾天，亞歷克斯再度罷工。一早天還沒亮，時間是六點三十分，他站在路上，周圍傾盆大雨，豆大的雨滴幾秒鐘就讓人全身濕透。在倉庫外的道路上，側面印有巨大亞馬遜標誌的淺藍色貨車，因為交通堵塞幾乎停了下來。罷工者和貨車之間停滿了車，車上的人試圖突破罷工人群去上班。亞歷克斯經過大排長龍的車輛，注意到警察在此間來回穿梭，試圖讓車子移動。遠處的喇叭播放著鮑伯·馬利（Bob Marley）的音樂，某處有人對著擴音器吟唱。大約有四百名工人分散在通往商業園區的唯一通道上。這些人是工會的鐵桿，是無論如何都會出現的那批人。亞歷克斯認識其中大多數人。他不是和每個人都處得來，但至少他們人在外面。早些時候，有位工會工作人員給了他一些傳單，不過在傾盆大雨中，傳單早就濕透了。他向右看去，發現車裡坐著一個他認識的人，示意他們搖下車窗。

「嘿，老兄。你知道這是罷工糾察線吧？」

6 投資人

泰勒螢幕上的儀表板滿是向上的軌跡與綠燈。在他看來，一切進行得很順利。他面前的圖表顯示使用者持續增長的趨勢，每日不斷擴大的請求數量，以及開發里程碑旁一系列「發展如預期」的指標。這些都是公司進入快速成長時期的重要指標。這是一個好的開始，但還不夠。這筆投資得真的起飛才行。去年他的整體數據一直低於團隊的平均水準。他不是表現最差的，但也不是最好的——這讓他無法忍受。

泰勒是矽谷一家創投公司的合夥人。他的工作是挑選贏家：尋找並投資即將大幅增值的科技新創公司。他來自南加州的內陸帝國都會區，母親獨自扶養他長大，沒有得到家人太多的支持。為了尋找更便宜的住房，她帶著孩子搬離洛杉磯，在聖貝納迪諾找到了一份獸醫護理師的工作。泰勒在中產階級的下層長大，從未經歷過最貧困的環境，但他在洛杉磯的表親一直過得比他好。他與鄰居的孩子有過一些爭執，這段經歷讓他與家裡其他人格格不入。在叔叔家泳池旁舉行的烤肉會上，他總是覺得自己像個局外人。高中時，他參加過越野賽跑，儘管他缺乏這方面的天分，成績卻還不錯。他一跨越終點線就倒下的情況並不罕見。他躺在地上，胸部起伏，大口喘氣，臉埋在當地高爾夫球場的短草坪裡。

泰勒進入創投產業的路線挺奇特的。他出身人權律師，最後因為一連串的巧合而轉行。他的一位大學朋友畢業後在金融科技新創公司工作。這家公司從創投公司籌集了數千萬美元，不久之後，這家新創公司的年輕員工和一些投資者成為好友，他們關係是如此緊密，還一起去參加一年一度的火人祭（Burning Man）音樂節，嗑了幾顆搖腳丸。泰勒剛好也在那裡，便加入他們的行列。幾週後，他開始思考，自己在合法非政府組織的入門初階工作是否是改善世界的最有效方式。也許，他應該成為一名投資者，藉由將資金導向具積極使命的新創公司來幫助塑造未來。沒多久，他就跟老闆遞了辭呈。

他工作的基金控制五億美元的投資，完全專注於科技領域。該基金的目標是透過對新創公司的早期投資，在十年內實現三〇〇%的投資報酬率。他們投資的大多數公司永遠不會獲利，但少數獲利的公司能提供高達一〇〇〇%的巨額回報——泰勒希望，這足以讓整個基金的資本增加兩倍。他的公司專門從事A輪融資，這意味他們喜歡參與新創公司的第一輪大型籌款。這是經典真人秀《龍穴之創業投資》（*Dragon's Den*，也就是美國的《創智贏家》〔*Shark Tank*〕）的現實世界版本：需要更多資源支持成長的新創公司，會利用這些籌資輪次，從想要賺大錢的投資人手中獲取現金。如果一切順利，創業投資者將透過下列三種方式的其中之一，實現這些利潤：套現時機可以是新創公司「上市」並在公開股票市場出售股票時；新創公司被大型科技公司「收購」時；或是在稍後一輪籌資時，將股份轉賣給其他投資人。泰勒的工作室利用他的人脈，找到正在進行有趣專案的有趣人士，評估哪些是贏家，並引導他們走向成功。

他在椅子上轉了轉，然後去廚房拿了杯咖啡。例行公事總是讓人感到慰藉：磨咖啡豆、暖機、壓實咖啡粉、萃取咖啡、打奶泡——從開始到結束他只需要三分鐘，但在這三分鐘裡，他不需要思考任何數字或檢查電子郵件。半小時後，公司的車子會來載他去帕羅奧圖的辦公室。稍後，他將與一位創投同事共進午餐，討論史丹佛大學新興的新創公司、大型育成中心，以及將矽谷社區聯繫在一起的專題研討會。

他回到儀表板前坐下。儀表板的指標針對的是一家正在建立全新人工智慧健康及安全產品的新創公司：該系統可以使用工作場所現有的閉路電視視訊，辨認潛在的風險區域、虛驚事件，並監控健康與安全規則的遵守情況。這個系統旨在提高港口、交通樞紐與倉庫等工作場所的健康與安全報告效率。該網站寫道：「美國每年有五千三百三十三名員工在工作場所喪生，但這些死亡一〇〇%都是可以避免的。」

儀表板上有個數字很引人注目，是根據上一季的概略數字計算出來的毛利率，也就是將新創公司的所有收入減去系統運作的成本，產生一個可以長期追蹤的數字。和所有新創公司一樣，它一開始就嚴重虧損，現在正慢慢往綠色爬升，但泰勒對那條線的梯度感到焦慮。如果這項投資真的要獲得回報，梯度必須更陡一些。他認為要實現這個目標，有兩個基本選擇。

第一個選擇是增加新創公司的收入。要麼銷售更多產品，要麼以更高的價格銷售相同數量的產品。後者行不通：雖然它聽起來像是利基產品，但這部分的市場已經幾近飽和了。如果他們提高價格，其他人就會壓低價格，搶走他們的市占率。如果他們想要更多收入，必須找到更多的使用者。為此，他們必須更能迎合現有的需求，不然就是在產品功能上創新，這樣才能賣給更多客戶。泰勒一直在考慮一個選擇：現在，他們擁有一個可監視工作場所安全事件與違規行為的系統。當然，訓練同一個系統來尋找其他類型的事件，不會太困難。也許它可以突顯潛在的竊盜行為——然後他們就可以將系統賣給雜貨店，甚至是擔心「縮水」的倉庫。

第二個選擇是降低產品成本。泰勒調出公司上個月的支出紀錄，以金額進行篩選。清單上方的其中一項特別突出：資料標註。當時，他們正在支付數十萬美元給阿拉巴馬州伯明罕的一家公司。在這家公司的辦公室，工作人員負責檢視一小時又一小時的影片，辨識何時有人違反特定的安全規則，或是有事故發生。這些工作人員必須遵守嚴格的指示，而他們製作的資料有助於提高產品的準確性。泰勒想了想。數據公司的第一大支出必然是勞動力。因此，削減成本的最佳方法是尋找更便宜的工人。他猜測這些資料標註員的時薪是十五美元。嗯，世界上有數十億人願意以日薪十五美元的價格工作。

這兩個選擇都讓泰勒不太舒服。他坐著，雙手抱頭。辦公室裡沒有其他人會這麼擔心這件事，其他同事只會挑出最好的選擇並付諸實行，而他則苦思自己所做的每一項決定有何道德意涵。有時候，生意就是生意。他認為，從根本上來說，市場是合理配置資源的系統。你不能與這樣的市場對抗，也不能試圖把自己的邏輯強加上去。這家公司要發展，就需要在擁擠的領域中以最合理的方式運用資源。畢竟，如果毛利率沒有提高，公司就不會被收購，泰勒也無法達到目標，也沒有人能從更安全的工作環境中得到好處。他在手機快速記下：「資料標註——我們能削減成本嗎？我們可以找到美國本土以外的標註公司合作嗎？東非？」

前往辦公室的路上，他會在車上把想法寫成一封較長的電子郵件。他們在上午安排了團隊呼吸練習，接著是分享圈，然後是午餐會。

AI淘金熱

到目前為止，我們對人工智慧這個題目採取的處理方式，是深入正在開發或部署這種技術的工作場所，從員工的角度來瞭解它的影響。本章採用不同的方式，講述不同的故事。這次，我們搭電梯前往董事會會議室，看看那些做出基本投資決策、塑造人工智慧未來的人們。我們會問，人工智慧淘金熱創造了**什麼樣**的商業環境，**哪些人**控制著人工智慧的發展過程，這些人**在哪裡**做出決策，他們在**什麼樣**的結構性壓力下做出這些決策，以及**為什麼**他們對未來的願景值得我們關注。

人工智慧炒作列車恰逢其時地駛入帕羅奧圖車站。二〇二二年底，大型科技公司股價暴跌，主要公司都在裁員，而且原有的抱負都無法堅持下來。新冠疫情最嚴重時，全世界都被迫待在室內，透過網路交流，一時之間整個矽谷意氣風發。隨著企業與公共服務爭相順應封城法律，轉型為數位優先的世界，原本需要十年才能普遍接受和應用的技術，在短時間內就被迅速採納了。在全球經濟低迷、股價暴跌的情況下，科技股在二〇二〇年飆升了四三％以上。[1]科技公司原本低迷的聲望似乎也暫時提高了。這些企業將自己重新塑造為疫情的「數位第一應變者」，有關監控資本主義、侵犯隱私與技術壟斷力量的討論因而暫時消退——這些英雄與政府和重要工作人員攜手合作，提供反彈所需的數位工具。但是這些美好時光並沒有持續太久。

隨著二〇二二年的推移，最大的公司都失去了動力，一個個都在尋找好點子。面對利率上揚與通膨上升帶來的經濟衰退，這些公司感受到營運成本飆升的壓力。來到十一月，Meta宣布裁員約一萬一千人，並且很快宣布進入「效率年」。兩個月後，字母控股宣布裁員一萬兩千人，亞馬遜則裁員一萬八千人。二〇二三年，美國上市與私人科技公司總共流失了九萬三千個工作崗位，裁員人數比前一年激增了六四九％。[2]科技股該年下跌了二〇％，灣區看似陷入永遠的厄運循環。

同時，「下一件大事」的新想法也沒什麼成效。光是在二〇二二年，Meta就向元宇宙（metaverse）這個虛擬吸金管道傾注了一百三十七億美元（截至二〇二三年十月，Meta的實境實驗室〔Reality Labs〕總共已損失四百六十五億美元），[3]卻發現人們並不想將大部分生命耗費在由虛擬實境技術驅動的「實體化網路世界」。在投資了規模相當於阿波羅太空計畫的大量資金後，Meta留下的似乎只是一張低解析度的圖片，圖中卡通版的馬克．祖克柏（Mark Zuckerberg）在艾菲爾鐵塔之前的虛無空間飄蕩。同樣受到打擊的，還有加密貨幣市場，隨著加密貨幣交易所FTX的倒閉，以及一些主要人物被戴上手銬、面臨詐欺與共謀洗錢的刑事指控，加密貨幣市場跌到了谷底。回顧這一年的科技領域（web3、加密貨幣、區塊鏈、無聊猿〔bored apes〕與NFT），這段時間許許多多的想法，都讓人覺得像是在做著某種未來主義的奇異噩夢。

隨著價格上漲，消費者從平台購買服務的能力受到擠壓，而利率上升更增加了企業債務的比重，讓投資人不敢冒太大風險，新的平台賭注看來不是個可行的選擇。然而，並非所有希望都破滅。另一個可能拯救矽谷的新投資機會正在逐漸開展。對一般民眾來說，轉折點是二〇二二年十一月對生成式人工智慧的興趣爆發，尤其是在ChatGPT推出，以及當時已可使用的圖像生成器如Midjourney與Stable Diffusion等普及之後。二〇二三年初達成的一系列交易，如微軟對OpenAI的一百億美元投資，似乎是一個轉折點，但這不是微軟第一次參加「牛仔競賽」。微軟早在二〇一九年就向OpenAI投資了十億美元，成為OpenAI首選的運算合作夥伴，讓OpenAI使用微軟的Azure平台，開發下一代人工智慧產品。儘管只過了短短幾年，這在科技產業的世界，似乎已經是上輩子的事。該公司在二〇二三年初宣布這項鉅額交易之前，也曾在二〇二一年再次投入十億美元。事實上，全球企業對人工智慧的年度投資在二〇二一年低利率時代達到顛峰，總額超過一千一百九十億美元，之後在二〇二二年下降至略高於六百四十億美元。[4]值得注意的是，人工智慧領域的投資也大量集中在美國。二〇二二年，美國人工智慧領域的投資為四百七十四億美元，是中國這個第一大競爭對手的三倍半，更是第二大競爭對手英國的十倍。[5]

生成式人工智慧被譽為千載難逢的技術突破，可能影響從物流到法律、醫學到金融的各個層面。生成式人工智慧能夠不負眾望嗎？對投資人而言，人工智慧在實際應用層面的長期前景，只是次要的考慮因素。只要這些前景能夠推高股價，估值持續飆升，就不會有人提出任何問題，這個派對會繼續開下去。圍繞人工智慧的熱潮為二〇二三年市場的上漲提供了動力，科技公司的財務報告支撐著投資人的信心。整個二〇二三年，亞馬遜、微軟與字母控股的股價都超出預期，獲利強勁，未來成長可期。在二〇二二年遭受重創、股價下跌約六〇%以後，即使是Meta公司，也藉由削減成本和人工智慧的投資獲得回報；到二〇二三年底，其股價一年來上漲了五五%。[6]總的來說，資訊科技與通訊產業在二〇二三年成長了四〇%以上，人們樂觀地認為未來會有更多由人工智慧推動的成長。

谷歌等傳統科技公司十多年來一直站在人工智慧領域的發展尖端，讓他們感到惱火的是，當時OpenAI的執行長山姆・阿特曼嶄露頭角，成為時下的英雄，是將人工智慧帶到大眾面前的要角。到了二〇二三年初，這位人工智慧國際大使在全球巡迴，與世界領袖、風險投資家與技術專家會面，呼籲「全球合作」、以打造安全且負責任的人工智慧，並協助確保任何未來法規都不會對他的公司造成太大妨礙。當時，這位企業家只是一個有著簡單夢想的人。正如阿特曼本人開玩笑所言：「人工智慧很可能導致世界末日，但與此同時，會有很棒的公司出現。」

隨著ChatGPT的推出，OpenAI一躍成為新一代人工智慧公司的領頭羊。二〇二三年四月，該公司估值據稱為兩百九十億美元，到十月時，它與投資人談判的估值為八百六十億美元，這個估值大約是六個月前的三倍。[7]OpenAI最初為非營利組織，於二〇一九年過渡成為一個不尋常的「利潤上限」公司的治理結構（包括風險投資基金在內的投資人，都只能獲得一百倍的回報），最終由一個擁有該公司多數股權的非營利實體所控制。這種結構背後的想法，是為了維持「為人類利益」開發人工智慧的使命，對利潤的追求則退居二線。無論這種奇怪的設定是出於什麼良好的意圖，隨著人工智慧商業化競賽如火如荼地開展，這種藉口早已不復存在。OpenAI原本宣稱致力於「以最可能造福全人類的方式，推進數位智慧」的目標，範圍悄悄縮小到只讓微軟股東獲益。很快，該公司就取消了原本禁止人工智慧工具用於軍事用途的禁令，並與五角大廈合作開發網路安全軟體。[8]

其他資歷更淺的人工智慧新創公司，也加入OpenAI的行列，這些新創公司都吸引了數億美元的新資本。這些公司包括由OpenAI前員工於二〇二一年創立的Anthropic，該公司第一年就獲得一億兩千四百萬美元的A輪融資，協助該公司開發運算密集型的大規模人工計畫模型研究。該公司的聊天機器人克勞德是ChatGPT的競爭對手。投資人包括Skype聯合創始人讓・塔林（Jaan Tallinn）、艾瑞克・施密特等人，其中五億美元的資金來自阿拉米達研究公司（Alameda Research），也就是被定罪的詐欺犯山姆・班克曼－弗里德（Sam Bankman-Fried）創立的加密貨幣交易公司。從融資來看，Anthropic與「有效利他主義」運動很接近，這個社群提倡用錢做最大的好事，但最近轉而關注人工智慧造成的滅絕風險。[9]《紐約時報》報導指稱，Anthropic是「人工智慧末日論」的中心，員工將自己比作原子彈發明者奧本海默（Robert Oppenheimer）。[10]二〇二二年末，谷歌向Anthropic投資三億美元，取得該公司一〇%的股份，最終讓谷歌雲端（Google Cloud）成為Anthropic的首選雲端供應商。後來在二〇二三年九月，亞馬遜表示要投資四十億美元給這家新創公司，取得該公司的少數股權，並搶占其主要雲端運算服務的地位。[11]此外，Anthropic同意將亞馬遜的專用電腦晶片用於其基礎模型，而不採用輝達的晶片。

二〇一九年由兩位研究人員創設的Cohere公司也在這個行列。該公司的創辦人是曾在谷歌公司從事人工智慧研究的艾登・高梅茲（Aidan Gomez）與張伊凡（Ivan Zhang，音譯），以及加拿大企業家尼克・弗洛斯特（Nick Frosst）。艾登・高梅茲是二〇一七年論文〈注意力就是你們所需的一切〉（Attention Is All You Need）的共同作者。這篇論文在該領域具有開創性的意義，為最新一代的大型語言模型鋪路。成立兩年後，Cohere公司在指數風險投資公司（Index Ventures）領投的A輪融資中籌集了四千萬美元，承諾要在商業領域做出安全且負責的自然語言處理。二〇二一年，這位前谷歌員工與谷歌雲端合作，提供Cohere平台基礎架構。Cohere著重於為企業開發生成式人工智慧，並尋求建立搜尋、總結與寫作的工具，供企業開發使用。例如，二〇二三年，該公司宣布與麥肯錫合作，將人工智慧產品整合到組織運作中。這些只是資本最雄厚的三家人工智慧新創公司，到二〇二三年底，估值超過十億美元的人工智慧公司已經超過兩百家。[12]即使整體市場出現更廣泛的萎縮下滑，生成式人工智慧似乎不受影響，依然有很好的表現。

新創科技公司的資金結構，已經因為全球宏觀經濟環境的變化而改變。利率上升意味債務更加昂貴，投機性現金浮動減少，導致大型科技公司的發展動力產生變化。現在，新創企業界的高估值贏家愈來愈常躲在傳統科技公司的背後，因為傳統科技公司為他們提供大量的資金與支持。這也受到人工智慧開發的資本密集性質所影響。正如我們在第三章所見，運算能力與使用最新基礎設施來訓練人工智慧模型的成本非常昂貴，需要一定程度的財務支持，因此大型科技公司對新創公司的發展方向能進行一定程度的控制。山姆·阿特曼表示，OpenAI可能是「矽谷史上資本最密集的新創公司」。[13]在前幾代的矽谷公司中，天使投資人可能是朋友、家人或其他在網路熱潮中發達的企業家。一九九四年，貝佐斯從父母那裡獲得三十萬美元的啟動資金，然後說服二十二位慷慨的朋友每人投資五萬美元，支持他開設網路書店。[14]祖克柏從創投家彼得·提爾（Peter Thiel，稍後詳細介紹）處獲得五十萬美元的天使投資，以換取該公司一〇·二%的股份。與此同時，即使貝佐斯很早就加入了谷歌，他在一九九八年向這個剛起步的搜尋引擎投資了二十五萬美元，如果他仍然持有，這筆投資目前的價值將達到十五億美元。到了二〇二〇年，如果你是一家年輕的人工智慧新創公司，想要加入這個俱樂部，必須選一個年齡較大的合作夥伴，才能玩這個遊戲。傳統科技公司是市場上流動性最高的公司，他們擁有雄厚的現金儲備，也希望投資給擁有優秀人才和創意的新創公司。亞馬遜、微軟與谷歌都已經在新創人工智慧公司投注了數十億美元，但他們也向這些公司收取未公開的雲端平台使用費。

有跡象顯示，許多人工智慧商業模式可能真的能夠產生可觀的收入，甚至利潤。對於矽谷的創投家來說，這實際上只是額外的獎勵。如前所述，這些創投家主要是在新創公司被大公司收購或首次公開募股時賺錢。他們關心的是如何講述一個成長與破壞的故事，藉此證明未來獲利能力的希望，而不是企業的長期生存能力。然而，即使只有一小部分新創公司成功，投資人早已獲利滿載地離開了。人工智慧公司的高估值承諾了許多，而且到頭來，對早期投資人來說，最重要的就是承諾。至於確切來說，這些人工智慧公司將如何帶來營收，目前的生成式人工智慧依然處於早期階段，還有許多不同的商業模式有待開發。早期商業模式專注於訂閱、按使用付費，以及將人工智慧產品整合到現有業務中。同時，即使以矽谷的標準，許多新創公司目前的估值也非常高。為了瞭解像泰勒這樣的人所做的決策，是如何形塑技術的發展，以及受到擷取機器運動牽連者的生活，我們需要瞭解資本的悠久歷史。泰勒投資的資本擁有自己的家族血統：每一美元都源自先前投資與經濟活動的收益，如果我們不斷追溯這個循環，就可以追溯到這台擷取機器最初是如何出現的。

加州創投資本的形成

「創業投資」是個相對較新的名詞，出現於一九六〇年代初期的加州，但最初的概念已經存在了數千年。自從商人在長途貿易船上裝滿香料、糖、象牙與奴隸以來，富人就開始冒著風險，用自己的錢去賺更多的錢。每個擁有正常運作的貿易網絡，以及以商品交換金錢的社會，都有其低買高賣的富裕階級。但資本主義並非始於貿易城市的碼頭，而是始於田野。

我們必須回到一個非常特定的時間與地點：資本具體來說，是在中世紀英格蘭的農業中浮現的。封建領主利用他們的政治權力從農民手中攫取經濟盈餘，但他們並沒有完全獨裁地控制一切，而是必須遵守一種名為莊園習俗的法律制度。這些習俗規範了許多事情，包括土地的使用：根據歷史學家喬治・康尼內爾（George Comninel）的說法，它們體現一種「隨著時間演變而成、社群共同構想出的生活與生產方式」。[15]即使土地不屬於農民，習俗卻賦予他們共同的權利，也迫使領主服從集體決策，像是該種植什麼作物與何時該休耕等問題。這些規則意味著，地方經濟始終受制於一個集體權利網絡，這個網絡賦予一般民眾發言權。圈地則是瓦解這種規範體系的過程。簡單來說，圈地意味領主能夠完全控制自己的土地。他們應用了新的農業技術，提高土地的生產力。「圈地」這個詞聽起來很直白，就如同這個過程的重點就是把農民的土地圍起來，專供領主使用。但圈地主要是為了消除賦予一般民眾發言權的經濟規範系統，並以私有財產為基礎的法律形式取而代之。圍欄只是副作用而已。土地擁有者必須做出所有的決定，而在土地上工作的人則必須按照指示行事。生產工具的私有制度造成了一種情況，非所有者（無論是農民或工人）對經濟運作的方式並不具民主的權利。資本主義從一開始就是以此為原則。

圈地是英格蘭過渡到農業資本主義的開始。消除土地共同權利之舉，創造了一個除了勞動力之外、沒有東西可賣的階級，這些人後來被拉進（有時就如字面含義所示）現代的第一批擷取機器，即珍妮紡紗機與蒸汽機。[16]在圈地時期首次出現的單一生產控制制度，後來成為整個社會的規範：在工廠中，從來就不存在任何集體監管制度。所有者始終是唯一的負責人。

資本主義不斷渴求圈起新的領域，這意味著，資本主義不能被局限在英格蘭的丘陵地。它逐漸傳播開來，花了數百年的時間抵達美國加州，當它到了加州，卻是來勢凶猛。這裡，在太平洋海岸的溫暖陽光下，圈地的到來伴隨著定居與種族滅絕。最早一批歐洲定居者抵達時，加州原住民人口估計接近三十萬人。[17]到了一八四六年，美國太平洋分遣艦隊在蒙特利灣下錨並宣布加州為美國領土時，原住民人口已經降到約十五萬人，在短短八十年間急遽下降了五〇%。[18]然而，接下來發生的事情更糟糕，所涉及的暴力形塑了加州資本的特殊形式。在隨後二十四年的「人口災難」中，加州原住民遭受到歷史學家班哲明．馬德利（Benjamin Madley）所謂的「美國種族滅絕」。馬德利的論述聚焦在，定居者的種族歧視與對原住民的恐懼，是如何結合了他們對土地和資源的渴望。這開啟了定居者以趕盡殺絕為目標的殺戮過程。[19]雖然加州的定居人口從一八四〇年不到一萬人，增加到一八八〇年人口普查的八十六萬四千六百九十四人，原住民人口到一八六九年已經下降了八〇%，來到三萬人左右。到了一八八〇年，更是下降到一萬六千兩百七十七人。即使在二十世紀最糟糕的時刻，人口數也很難會如此嚴重下降。加州原住民的死因很多：較間接的原因有疾病、流離失所、飢餓等，加上明顯的因素如奴隸、監禁、謀殺與屠戮。用馬穆德．曼達尼（Mahmood Mamdani）的話來說，許多加州原住民被迫進入的保留區，是「納粹工業集中營的溫和版——一個拘留與緩慢死亡的地方」，由軍事行政人員管理，明確的意圖就是滅絕。[20]

有關利害關係的基本問題之一，在於獨享的土地所有權與控制權。加州原住民與英格蘭農民一樣，擁有自己慣用的集體土地管理制度。加州原住民是複雜的狩獵採集者，他們的生活方式介於移動的狩獵採集者與偏向定居的農業社會之間。他們會建立定居的村落，達到很高的人口密度，並創建複雜的社會組織，但從未將經濟建立在種植玉米、豆類與南瓜的基礎上。他們反而發展出一種奠基於景觀管理形式的「多元化經濟」，提高資源的多樣性與可用性。[21]這種作法從根本上就不相容於定居者主張獨占與控制自然資源的邏輯。一八四九年淘金熱開始之後，加州資本主義發展的兩大支柱是資源開採與農業，兩者都代表對土地與水資源的要求，如果資本要發揮其巨大的潛力，這些要求必須不帶爭議。但是，儘管英格蘭的圈地運動顛覆了農民對土地的控制，創造出大批貧困的勞動力，讓這些勞動力可以整合到早期英國工業的黑暗邪惡製造工廠中，加州的圈地運動則是以種族滅絕為目的。加州原住民被剝奪，卻沒有被無產階級化，他們受到淘汰而不是被剝削。[22]

種族滅絕後留下的圈地，成為發展加州特有資本主義的主要資源。繼淘金熱之後，農業蓬勃發展。一九三九年，律師凱里．麥克威廉斯（Carey McWilliams）寫到「一種新形態農業……大規模、集約化、多樣化、機械化」。[23]這個農業部門每年出口約十億美元的蔬果，產量足以滿足全國的需求。約有二十五萬移工在田間勞動，每當他們組織起來，都會面臨極端的鎮壓制度，麥克威廉斯稱之為「農場法西斯主義」。這些勞動力是由州與聯邦的移民控制系統帶來的，這個系統在不同時期排除中國移民（一八八二年），限制日本勞工移民（一九〇七年），禁止任何來自從阿富汗到太平洋的「亞洲禁區」的移民（一九一七年），制定明確的移民種族配額（一九二四年），並且發起以大規模遞解出境為基礎的暴力「遣返運動」（一九三一年）。[24]這些控制的嘗試都在根本的矛盾中掙扎。政府對這些農民移工既依賴卻又無法容忍。就如新聞工作者馬爾科姆．哈里斯（Malcolm Harris）在精彩的矽谷歷史著作《帕羅奧圖》（*Palo Alto*）所言：「加州的農業資本家像踩腳踏車一樣，踩踏該州的非白人勞動力：當一個群體被壓下去，另一個群體會浮上來取而代之，然後整個裝置就沿著道路往前移動一點。」[25]

這個發展過程，奠定了日後成為加州資本的基礎制度。農業繁榮與淘金熱創造的財富後來成為舊金山義大利銀行（Bank of Italy）的存款。該銀行成立於一九〇四年，後於一九三〇年改名為美國銀行（Bank of America）。同時，在帕羅奧圖，一名鐵路大亨為躲避舊金山市區憤怒的工人而設立的馬場，搖身一變成為史丹佛大學。這所大學是無線電技術發展的早期基地（優生學是該大學另一個表現卓越的領域）。[26]一九四一年，美國加入二次世界大戰時，大量聯邦軍事資金的湧入扮演了重要角色，讓史丹佛大學轉變為當今科技發展的中心。參議員詹姆斯．威廉．傅爾布萊特（J. William Fulbright）所謂的「軍工學術綜合體」，其中一個卓越的基地就在史丹佛大學。[27]電子工程、無線電與雷達研究是該大學在戰時與戰後的重要招牌。

一九五七年，蘇聯發射了人造衛星史普尼克號（Sputnik），加速了聯邦政府對研究的投資，史丹佛大學等多所大學開始被視為冷戰中的關鍵力量。一九五五年至六五年間，聯邦研究經費透過「國防教育法」（National Defense Education Act）等機制，從兩億八千六百萬美元攀升到十六億美元，後來美國國防部更成為美國最大的研究資助者。[28]這種投資尤其集中在加州，那裡的學術、軍事與工業科學金三角，開始以領先世界的速度大量生產創新，從讓矽谷因此得名的矽半導體到其他現代電腦運算技術都在此列。正如歷史學家瑪格麗特・奧馬拉（Margret O'Mara）所言，美國政府是「矽谷第一個、可能也是最大的創業投資家」。[29]

儘管如此，我們今天知道的風險投資產業也不遑多讓。大型財富基金一直以來都會對小公司進行一些風險投資，但風險投資逐漸成為支撐電子產業發展的早期融資的一種特殊形式。

帕羅奧圖的第一個創投基金成立於一九五九年，資本額為六百萬美元，而且不久之後就有其他基金加入這個行列。[30]聯邦政府同樣在促成此間成長上，扮演了重要角色。「小型企業投資法」（Small Business Investment Act）為創投公司提供大量的稅務減免，也讓它們取得聯邦貸款，使資本額增加了三〇〇%。[31]到了一九六一年，美國境內已有五百多家小型企業投資公司（Small Business Investment Companies，簡稱SBICs）。

然而，加州創投家的獨特創新之處在於，他們採用了特定的投資方式。帕羅奧圖的創投採用全然投入的作法，和傾向持有少數股權並與所投資公司保持相對不干涉關係的美國東岸創投不同。加州創投家採用有限合夥模式，這意味他們會取得所投資公司相當大比例的股份，並與公司創辦人建立密切關係，經常在關鍵決策與流程上加以引導。他們在早期階段就以決策者的身分介入技術發展的過程，從而聚集了龐大的私人決策力量，足以引導公共支持的研究成果。[32]

這個模式成功了，業務蓬勃發展，但只是暫時的。創投在一九七〇年代經濟逆風來襲時，進入了一種停滯狀態，因為小型電子產品投資牽涉到的風險增加，超出了機構投資者的胃口。這表示，創投公司很難找到出售股份的對象，估值也較低。然而，這個停滯狀態終將逐漸結束，稍後更是被個人電腦與網際網路發展的創新大爆發完全扭轉。一九九一年至二〇〇〇年間，創投公司的新資本承諾增加了二〇〇〇％，其中大部分現金來自退休基金。[33]資金的平均回報率從一九八〇年代的長期低點，上升到一九九九年的一〇〇％以上。創投的成功名單包括蘋果、微軟、思科系統（Cisco Systems）與昇陽電腦（Sun Microsystems）等。[34]這種令人難以置信的價值創造大爆發，因為網路泡沫而黯然失色，但創投產業將會復甦，而且比以往更加強大，彷彿巨大資產泡沫的膨脹只是一場意外，而非潛在系統不穩定的症狀。

促成這種加速發展的大部分研究，都是由公共資金資助。因此廣義來說，矽谷始終是加州資本主義與美國國家機器的產物。從「國防教育法」到「小型企業投資法」，加州資本機構需要特定立法議程的支持，才能成為今天的樣子。[35]矽谷建立的基礎以政府研究經費為主，稅務減免與聯邦貸款為輔。資本假定的獨立性只是表面的。儘管這種由公共貢獻的基礎研究為科技產業創造出條件，但創投公司從來就沒有任何民主義務，將其投資用於公益。他們甚至為了捍衛自己賺取的巨額利潤不被徵收資本利得稅，而不惜抗爭。這表示公共投資的大部分商業利益，都累積在私人行為者手中。

即使在公共投資的資助下，形塑上個世紀科技發展過程的決策，主要是關著門做出的決定。一般人一直是技術變革的對象，而非塑造技術變革的推動者。今日的我們生活在一個以私人利潤和私人決策為特徵的經濟體中：用著名語言學家諾姆・杭士基（Noam Chomsky）的話來說，塑造我們未來的企業是「暴政的島嶼」，而這些企業的基礎就建立在種族滅絕、種族歧視與剝削的特定歷史之上。

沒有民主的技術

技術發展有時看起來就像是自然的過程。你可能知道摩爾定律：電腦的能力大約每兩年就會增加一倍。將它描述為定律，聽起來像是個基本概念，就如同牛頓的運動定律。我們不難想像，整個人類歷史都受制於某種版本的定律。從輪子到印刷機、行動電話，再到大型語言模型，每個時代都見證了漫長線性發展過程的下一個階段。但是，這並非科技的運作方式。事實上，科技的發展規則完全不同於從牛頓頭上掉下來的蘋果的定律。科技是一種社會力量，其規則與形塑我們日常生活的規則相同：利潤與成長的規則、擴張與控制的規則。為了更加理解科技，我們應該檢視形塑科技的系統與衝突。在前兩節中，我們已經瞭解了人工智慧公司與其投資人所處的當代商業脈絡：人工智慧的新時代。我們也看到一般的資本歷史，尤其是加州的資本歷史，如何創造出所有者與管理者主宰科技發展的專屬權利，以及最終成為矽谷的集中資本池。現在我們將退一步來討論最後兩個問題：哪些結構性壓力正在塑造人工智慧的技術發展，以及我們為何要關注科技主管的世界觀。

人工智慧發展的主要驅動力，是在競爭激烈的全球化資本主義經濟中運作的大型科技公司。這些公司之間的競爭，意味它們始終面臨著降低生產成本的壓力。實際上，這表示它們不是得從員工身上榨取更多產出（透過密集生產或降低工資），就是投資能增加生產力或消除浪費的新技術。在這樣的脈絡下，新技術的發展能帶給企業比競爭對手更多的優勢，鼓勵它們不斷尋求創新。企業之間的競爭市場壓力，提供了個別公司必須在其中運作的結構性限制。

決定如何應對這些壓力，是資本擁有者和（或）代表資本行事者的工作：這個類別包括各種經理人、老闆、股東與投資人。在做出這些決定時，這些人很少有任何義務與工人分享代理權。在世界上絕大多數的公司中，組織的大部分成員幾乎沒有任何能力塑造其營運。結果，經理與股東菁英集團的需求與願望優先於工人的需求。在人工智慧的全球生產網絡中，很少有行為者有能力徹底重新組織他們陷入的關係。我們到目前為止探討過的大部分故事中，主角都努力在日常生活中行使代理權。然而，這些網絡中的一些行為者擁有獲得權力、控制與知識的特權。正是這些時刻，當投資人與所有者聚集在董事會的會議室中，才會做出形塑網絡的決策。

在這些空間，哪些世界觀會影響這些決策者的觀點？矽谷以其長久以來自由主義政治與新自由主義經濟的獨特混合體而聞名。幾乎在三十年前，理查德·巴布魯克與安迪·卡麥隆就以「加州意識形態」的想法，簡潔概括了這個概念。[36]這種意識形態融合了新左派與新右派的思想，結合了反文化左派的浪漫個人主義與保守派的反國家主義與自由市場經濟學。除此之外，還有技術決定論，以及對形成聯網的個人電腦解放力量的樂觀信念。其中一些元素至今仍然適用，但在過去幾十年間，某些事情已經發生變化。

從那時起，矽谷的許多科技工作者變得更具有社會進步意識，對科技文化中超個人主義與科技烏托邦的觀點提出批評，也益形關注種族化與性別的壓迫形式，以及氣候危機的影響。加州意識形態在當時為主流，可以解釋為一種模糊的信念，相信技術與資訊的傳播將推動財富的創造與人類的自由。然而，隨著二〇一〇年代到來，新形式的監控、技術壟斷與演算法歧視等問題，變得更加明顯。伴隨川普（Donald Trump）的選舉崛起而出現的美國政治兩極化，也迫使科技界做出更明確的黨派承諾。有些人已經成為主要政黨的巨額捐助者，並支持著名的社會運動如黑命貴（Black Lives Matter）、Me Too等。[37]毫無疑問，大多數科技主管都具有進步的傾向並支持民主黨的候選人與理念，但如果說他們都堅持單一的政治觀點，那也有誤導之嫌。科技世界既有進步的一面，也有保守的一面，而且在進步與保守之間，也存在廣泛的多元差異。

然而，誰應該就如何控制與開發技術做出基本決策，這有基本的共識。我們稱之為**創辦人心態**，即新創公司創辦人與技術執行長應該做出最重要的決定，包括哪些技術應獲得資金，以及這些技術應該如何建構。這種觀念相信市場多過民主，相信商業與慈善事業多過政府支出，也相信產業自律多過民主法律。

創辦人將自己視為最重要的變革驅動力，而民主程序在創建法律架構與稅務激勵措施時是必要、卻次要的因素，但是對企業的限制性規範不應過度擴張。即使是那些公開支持政府監管的執行長，當政府監管對他們的底線產生負面影響，也常常感到憤怒。[38]這種創辦人心態可視為政治學家所謂的「薄弱意識形態」，這是只針對一部分政治議程的世界觀，通常依附於更全面的主體意識形態，例如自由主義或保守主義。[39]因此，它有著從社會進步主義到自由保守主義等不同的變化。但無論政治立場如何，大多數的科技主管都認為，歸根究柢，他們才是發號施令的人。

在進步的一端，你可以看到許多科技公司執行長，如馬克．祖克柏支持許多進步的理想，也成立一個重要的慈善組織。儘管有這些進步傾向，祖克柏仍將Meta當作個人領地來管理，由於他在公司設立一個獨特的投票結構，因此他得以掌握六一．一％的投票權。[40]這讓祖克柏有權設定臉書與Instagram的演算法，允許人們看到些什麼、哪些貼文會從平台上刪除，以及要收購或抄襲哪些競爭對手。他一個人就有權力操控全球數十億人使用的數位基礎設施。

在臉書內部的問題中，被問及億萬富翁在美國社會行使的權力時，祖克柏的回應如下：

私人財富的累積不該讓人們可以……例如我們資助科學……有些人會說，一群富人在某種程度上可以選擇哪些科學計畫要執行，這公平嗎？……我不知道該如何確切回答這個問題。在某個層次，這不公平，但這可能是最理想的，或是比替代方案更好。另一個選項是由政府選擇所有商品的所有資金。[41]

像祖克柏這樣的科技主管，希望我們相信他們。儘管這種巨大的權力差距顯然不公平，祖克柏卻隱晦地辯稱，這一切都是為了更大的利益。對他來說，有見識的企業家與私人行動者最終還是比民選政府更適合做出重要決策。科技業的運作就像一種任人唯才的篩選機制，升到最高層的人往往更能做正確的決定。[42]祖克柏等科技主管向我們保證，他們把我們最大的利益放在心上。Meta的使命是「賦予人們建置社群的力量，讓世界更緊密地聯繫在一起」。這有什麼好不喜歡的？祖克柏自認是個好人：他希望Meta更具包容性，能擁有更高比例種族多元化的員工，能讓LGBTQIA+人士感到被賦權，也讓科技造福全人類。然而，這一切都與他對無限的私人財富累積，以及對科技發展行使私人權力的信念相輔相成。最終，企業家與建設者應該負責形塑為現代生活提供動力的基礎設施與工具。

這種創辦人心態的問題在於，它沒有讓祖克柏之流的執行長意識到，自己不受限制的權力有多麼危險。創辦人並不將世界視為一個由利益競爭與潛在敵對的社會群體構成的集合體，反而認為這個世界充滿需要解決的技術問題，也有很多只需要適當資金與支持的聰明人。祖克柏之流相信，這個世界總體上正在變得更好，而且他們是促成這件事的要角。他們是長期的樂觀主義者，仍然相信科技的解放力量。他們通常將公司的大量時間與金錢投入「科技造福」的計畫，卻全然不顧一些亂七八糟的政治問題，不去問對一個族群「好」是否會傷害到另一個族群。因為他們不認為自己是威脅，所以對我們的生活行使幾乎無與倫比的權力時，不會覺得有什麼問題。

這是祖克柏與另一個矽谷創辦人——億萬富翁創投家、PayPal黑手黨教父彼得．提爾[43]的看法，兩人的觀點一致。提爾自稱是保守的自由主義者，在矽谷的政治光譜中屬於更右翼的一端，對於創辦人心態應該做到什麼程度，有著更極端的看法。提爾認為應該完全消除政府管制，以實現一個非常特殊的願景，亦即以私有財產和絕對市場法則為基礎的人類自由。[44]這個願景建立在二十世紀思想家如路德維希．馮．米塞斯（Ludwig von Mises）、威廉．洛卜克（Wilhelm Röpke）與弗瑞德里希．海耶克（Friedrich Hayek）等人提出的新自由主義理論中，最激進的元素之上。[45]提爾與在他之前的新自由主義者一樣，對人類自由的願景是基於無限的獲利自由（隱含剝削的自由），而不是參與、決定或享受的自由。儘管提爾的實質政治哲學和許多其他科技主管明顯不同，但他們都有一個共同的信念，即自身所處位置對新科技發展施加控制性影響的重要性。

提爾對這個願景的追求，已經大規模地形塑人工智慧的使用。提爾是帕蘭提爾技術公司（Palantir）的創辦人兼現任董事會主席，這家全球監控公司的市值高達三百八十億美元。二○○七年至二○二一年間，該公司和美國聯邦情報與安全機構簽訂了九百四十份合約，價值超過十五億美元。該公司向美國警察與軍隊提供批評者所謂的「監控即服務」。媒體研究學者安德魯・伊利亞迪斯（Andrew Iliadis）與阿梅莉亞・阿克（Amelia Acker）指出，這包含「在臉部辨識、預測性警察活動、工作場所監控與社交媒體探勘等脈絡下，進行資料搜集、標籤與建模的技術」，目標是「協助客戶建立影子資料基礎設施，以達到管理與控制」。[46]

提爾接著又資助Clearview AI，這是一種臉部辨識工具，使用從網路抓取的三十億張圖像，協助移民執法部門識別與拘留應遞解出境的人，該工具隨後推廣到六百多個警察部門。藉由Safe Graph（人類位置資料的即時資料庫）和Anduril（建立智慧邊境基礎設施），這些計畫組成所謂的「提爾界」：一組人工智慧賦能的資料與基礎設施公司，從促進美國監控國家的擴張中獲取豐厚的利益。這些重疊機構的主導影響力，明確受到反民主的菁英控制哲學引導。

創辦人心態可以有很多形式，從只希望你與朋友有更多聯繫的家庭友好型全球社群建設者，到大規模監控系統的反民主影子建築師。然而，儘管政治觀點存在這些差異，矽谷的許多科技主管卻有一個共同點。他們都懷疑政府的角色，而且天生相信自己的良好善意。科技主管將自己定位為全球社群的思想領袖，他們價值數兆美元的公司與菁英慈善組織正在改變世界，而民主投票與公共政策等瑣碎的流程往往成為障礙。

在這些創辦人的關注下，人工智慧呈現出一種特殊的面貌。人工智慧本來可以是且可能仍然是許多種東西：是工作消除者，是資源規畫者，也是人類解放者。不過現況恰好相反，它正在成為工作加速器與監視強化器。這條路徑的形成，既受到全球主流經濟體系造成的結構性壓力，也受到權力者、控制者與知識特權者的政治願景所影響。技術發展受到最強大科技公司的控制，這些公司迫切需要繼續擴大業務並增加利潤。當這些行為者能夠控制人工智慧的開發方式，他們眼中有意義且重要的產品，成為對其他公司最有利可圖的產品，也就不足為奇了。儘管大多數被捲入擷取機器的人，對於機器的整體運作幾乎沒有發言權，其他人卻擁有獨一無二的能力，可以就未來的道路做出深遠且改變世界的決定。

十六街與使命

泰勒在舊金山的教會區下了車，要跟四個非營利組織的老友共進晚餐。他現在很少到這一區來了：這座城市日益加劇的遊民問題在幾個地區比其他地區更明顯。在BART地鐵站旁，你可以清楚看到這個狀況，除了眼前所見的帳篷、輪椅與空瓶子，還可以聞得到它們的氣味。這是個溫暖的夜晚，一個男人赤裸的腳從骯髒的毯子下伸出來，不規律地抽搐著。他們五人走進一家墨西哥速食店，喝了點莫德洛啤酒，聊了聊工作和工作上遇到的傻蛋。懷舊之情油然而生，幾個人講起大學剛畢業時的笑話，以及弄清楚自己可以如何帶來改變的狀況。他們走到二十街多洛雷斯公園上方的長凳區。在夜空中，他們可以看到城市摩天大樓不規則的高低起伏，在整片光污染的背景下，這些大樓的燈具成為特殊的亮點，上方可見幾顆星星和幾架飛機。這是個滿月之夜。

今天稍早，泰勒決定強烈建議這家健康安全新創公司的創辦人，將他們的資料標註工作從阿拉巴馬州轉移到東非——他向創辦人強烈建議時，事情通常都會發生。畢竟這是創投家的工作，也就是利用他們的經驗與知識，做出形塑公司及其產品發展軌跡的關鍵決策。這項建議能節省的潛在成本超過七〇％以上。如果能夠實現，將大幅提高毛利率，讓整體數字進一步提高。創辦人下週將和幾家潛在的標註公司開會討論新的服務。他們急於確保標註工作達到相同的品質，但泰勒對此充滿信心。他先前一直擔心標註工作的轉移對阿拉巴馬州伯明罕的標註員帶來的影響，現在卻不斷回到一個核心問題：如果只因為全球南方國家經濟體的工資比較低，就剝奪他們的工作機會，那不是更不公平嗎？在全球經濟中，總是有人蒙受損失；這次是伯明罕的人。泰勒不認為自己拿走了阿拉巴馬州的工作，而是把工作交給了肯亞人與烏干達人。之前，他瀏覽過潛在供應商的社會影響，看著資料標註員的笑臉，這些人因為有了工作，改善了自己和家人的生活。

這些標註員和泰勒可能沒有任何共同點，但他們會參與同一個計畫。這就是全球勞動分工的奇蹟。他想到他們倚賴的雲端服務，伺服器機架在供應商想辦法存放的任何適當地點，靜靜運轉著。然後，他又想到設計師對新使用者介面進行的最後修飾，想到工人在系統的善意注視下、推著手推車在倉庫裡工作，以及駐紮在某個城市的工程師群，研究如何將所有這些資訊整合到成品中。他的工作帶來改變。這可能不簡單，但足以改變世界。這就是他一直想做的事。

7 組織者

在肯亞奈洛比郊區一棟不起眼的辦公大樓中，員工與管理階層在一次例行會議起了點衝突。保羅因為自己和同事沒有獲得管理階層的支持而感到沮喪、煩躁。「我們被要求做的事情太多了！請給我們更多時間來做每個決定。我們被要求觀看令人非常痛苦的影片。」保羅與我們在本書前言提到的梅西在同一個中心工作，是內容審查團隊的成員。他們的工作條件十分惡劣，包括短期合約、長時間輪班、不斷接觸令人震驚的內容，以及令人麻木的重複性工作。此時的保羅沮喪到了極點，他受夠了管理階層的藉口，也知道公司可以做得更好。儘管看似徒勞無功，他再次堅定地告訴經理，自己和同事有多麼痛苦。這一次必須有所改變。

主持會議的經理面無表情地看著他。她沒有探討保羅所說的實質內容，而是就關鍵績效指標與公司和國外客戶不穩定的合約，發表了長篇大論。她有時會這樣滔滔不絕，連續講上十幾分鐘，好像把底下的員工當作頑皮的學生，認為他們需要被教導這個廣闊世界的悲哀現實。經理的訊息很明確：「公司承擔不起你們放慢腳步的後果。如果我們無法交付成果，這些大型科技公司就會把你們的工作交給印度公司。」管理階層通常用這樣的方法處理這一類問題：說些雇方的胡言亂語，作為不採取行動的理由。

然而，這一次發生了公司方意想不到的情形。其他員工紛紛響應，員工的聲音變大了，會議室裡的緊張氣氛顯而易見。覺得自己受夠了的不只有保羅，他的同事也同樣感到憤怒。其他人開始詳述在公司遇上的一連串問題，並要求事情應該如何改變。許多發聲者都知道自己面臨的風險。一旦被貼上麻煩製造者的標籤，意味你的短期合約可能在到期後不會續約。有些員工懷疑管理階層在員工中安排了「線人」。無論是否屬實，管理階層對於任何形式的反抗，容忍度都很低。

經理睜大眼睛，環顧了會議室四周。當團隊抱怨時，她翻看面前的紙張，假裝做筆記。她努力掩蓋內心的慌亂，畢竟這樣的情形以前未曾發生。她宣布會議結束時，迫不及待地馬上離開。管理階層的反應很快，決定停止舉行實體會議，以虛擬會議取而代之，這麼一來，員工就不再有機會提出棘手的問題。員工提出的擔憂都沒解決。上次會議的騷亂直接歸咎於幾名麻煩製造者，目前受到了密切的監視。

然而，這個決定沒有讓員工消音，反而造成相反的效果。在無法發聲的情況下，員工開始組織起來。一切始於一個WhatsApp群組。保羅挑了幾個同事，邀他們進群組，一起討論他們面臨的所有問題。眾人在群組裡抱怨不滿，講笑話，分享迷因。這群人很快意識到自己受到多麼惡劣的對待，這是他們工作場所的結構特徵。隨著時間推移，保羅等人開始組織實體會議，討論並制定策略。這些會議一開始的規模很小。有些同事感到寬慰，覺得終於有地方可以公開討論他們遭受的苛待；其他人則很害怕，他們已經內化管理階層傳達的訊息，相信公司與客戶之間的合約不穩定，擔心公司失去重要的工作。

每個參加會議的員工都知道他們在冒險，也知道集體行動對自己和同事來說，是一條危險的道路。經過幾週的反覆討論，該小組決定提出一份請願書，列舉一些要求：

> 有關內容審核方面，我們要求和世界其他地區同工同酬。我們要求公司在心理健康方面有所作為，提高員工待遇並改善工作環境。內容審核員是數位世界的重要貢獻者，他們的福祉應該是優先考量的事項。藉由解決這些問題，我們可以創造一個更健康、更有生產力的職場環境。

最後，將近兩百名工人簽了名並通知管理階層，如果在一週之內無法滿足他們的要求，他們就會辭職。

公司並沒有答應這些要求，而是解雇了保羅，指責他霸凌同事。然後，公司派了高階主管與團隊的其他成員協商。有些人被提醒，外頭有很多人很樂意接收他們的工作；有些人則被誘以升遷，條件是幫助管理階層說服同事重返工作崗位。騷動依然存在，但公司試圖拆散工會組織者的核心群體。

保羅聯絡了幾位國際媒體記者，邀請他們報導該公司的狀況。最初的報導露出後，陸陸續續又刊登幾篇報導，都在揭露奈洛比資料工作者的詳細經歷，情況令人震驚。工會組織者希望這種壓力能迫使公司解決他們的顧慮。

高階主管還有其他想法。內容審核合約變得愈來愈麻煩，隨著媒體日益關注，內容審核業務對公司的聲譽而言，逐漸成為令人擔心的負擔。於是，該公司終止與社群媒體公司的合約，決定將業務專注在資料標註。數百名內容審核員因此被解雇。這個故事沒有贏家：客戶將合約轉到另一家同樣位於奈洛比、規模更大，但薪資與工作條件更差的資料標註公司。

有人在辦公室外組織了一場抗議活動，並對社群媒體公司和兩家奈洛比的外包公司提出不公平解雇的訴訟。一名組織者在WhatsApp群組發文寫道：「我們抗議的原因之一，是因為我們的雇主不願自己的聲譽受到非法手段的影響。他們希望全世界都知道他們是有道德的，但我們希望全世界能看到我們的處境。」

在建築物外的階梯上，群眾揮舞手中的紙本請願書。其中一名領導者喊道：「我們不退！」

抗議群眾呼應：「不退！」另一名抗議者接著喊道：「我們不退！」人群齊聲回應：「不退！」經過一天的靜坐，人群最終散去，但這不是故事的結局。

組織者意識到，如果沒有正式的工會，他們就沒有罷工的法律授權或權利。這裡很少有工人曾是工會成員，因此不知道該從哪裡開始。保羅被解雇之前，最早開始研究成立工會的文件，並將這些文件轉交給他的朋友。然後，在二〇二三年國際勞動節（五月一日），也就是抗議活動三天後，資料工作者在奈洛比莫凡彼旅館的一間擁擠房間內，投票成立了非洲內容審核員工會（African Content Moderators Union，簡稱ACMU）。聚集在一起組成工會的一百五十名工人興高采烈，五彩紙屑落在舞台上，音樂響起，群眾鼓掌歡呼慶祝。作為肯亞法律承認的合法實體，該工會將幫助未來的資料工作者爭取體面且有尊嚴的工作。保羅永遠拿不回他的工作，但他作為工會組織者留給後代的遺產，現在永遠銘記在非洲第一個內容審核員工會中。這個工會將成為重要的機構，確保工人能集體發聲並採取行動，爭取更美好的未來。

資料工作者可以組織工會嗎？

非洲內容審核員工會和世界上類似的資料工作者組織的前景如何？他們有多可能實現目標，改善業界薪資與工作條件，並給予資料工作者應得的尊重與尊嚴？二〇二三年末，我們採訪了非洲內容審核員工會的三位組織者，蘿絲、穆罕默德和布萊恩，瞭解自工會正式成立六個月以來所取得的成就。非洲內容審核員工會是由現任與前任內容審核員所創立，這些人都在為Meta、字節跳動與OpenAI等公司提供服務的外包公司工作。儘管他們面對龐大的反對力量，我們仍滿懷希望。畢竟值得回顧的是，非洲內容審核員工會正試圖和全球最大的科技公司及其外包合作夥伴談判。

蘿絲告訴我們，非洲內容審核員工會的願景是讓內容審核「被視為一項必須獲得認證的技術工作」。她接著表示政府需要加強監管，以確保最低工作條件及像樣的工資。儘管工會成立之日，眾人都充滿熱情，在接續的六個月中，一些事情的進展並不順利。在奈洛比，內容審核員的實際工作條件與薪資並沒有改善。如果有什麼不同的話，就是情況變得更糟了，因為內容審核合約最初就轉給了另一家公司，而這家公司更不關心如何確保雇員擁有合理的工作條件。當這第二間公司也失去與Meta的合約，情況從惡劣變得更糟糕，數百名奈洛比員工面臨解雇的威脅。這些工人當中有許多人得養家，他們發現很難將內容審核的經驗轉移到當地勞動市場的其他領域。

這不令人意外，因為分配給工人的許多任務只需要少許培訓就能進行。這並不代表資料工作很簡單，也不是說，快速精準地完成工作不需要經過學習而得的熟練性。相反地，這些工作的設計方式，讓人類的創造力與個人技能從系統中大幅流失。工人融入生產系統的方式，意味他們的產出必須標準化，導致公事化與去技能化的結果。人類資料工作者其實是公司演算法的一部分，離開工作崗位的人不會帶走大量的人力投資資本。

非洲內容審核員工會的組織者也對低薪的情形感到擔憂。工會的創始原則之一，就是要求與世界上其他地區同工同酬。肯亞的資料工作者為全球北方國家的公司創造了巨大的價值，但他們只看到其中一小部分的價值回報給他們。然而，由於全球資料工作的市場結構所致，這項需求特別難調解。他們必須和來自全球各個角落的工人競爭，這壓低了整個產業的薪資。內容審核員需要對資料工作的使用地點有一定程度的文化和語言熟悉度，但具備這類技能的審核員並不是只有在東非。其他資料工作往往不需要這些技能，也不需要在靠近客戶的地方工作——就資料工作者而言，在月球上工作也無妨。

非洲內容審核員工會面臨的另一個問題是，儘管工作的報酬低、壓力大，他們國家的高失業率意味有大批人力等著接替他們的角色，這削弱了他們的談判地位。內容審核的薪資往往比在非正式部門工作的薪資高，因此資料工作者不願意與老闆對立。工人和老闆都很清楚這些結構性動態，這造就了管理者與工人公開討論這些議題的情況：「我們不可能提高工資；我們必須與印度競爭。」「客戶要求在週一早上完成這項工作。我們的合約取決於此，因此所有人週末都得來上工。」「如果做不了這份工作，你可以離開，會有別人來做。」蘿絲回憶，經理經常對抱怨這些事的工人這麼說。

非洲內容審核員工會到底能做什麼？當被問及工會實現其要求的能力，以及如何在全球資料工作勞動市場的脈絡下行使這種權力，談話從希望變成了絕望。布萊恩先說：「這些工作機會能來到我們手上，是因為我們是廉價勞動力。」

「他們可以決定去尋找更便宜的選擇。」

似乎沒有什麼實際可行的方案，工人們感到沮喪：「坦白說，到這個節骨眼，我沒什麼具體的想法。有傳言說他們在迦納招募員工，試圖重起爐灶。」

穆罕默德同意道：「公司決定〔搬遷〕時，工人幾乎無能為力；公司可以決定搬到任何地方……政策只是為了保護產業。他們將工人置於危險之中。」

部分問題在於，非洲內容審核員工會並沒有明確的指導方針，不知道該如何進行。組織者沒有任何其他內容審核員工會的經驗，我們訪談的三位組織者在此之前也未曾加入工會。缺乏成功宣傳活動歷史先例的知識，進一步讓蘿絲、穆罕默德與布萊恩等組織者處於不利的位置。[1]與火車駕駛或碼頭工人等擁有悠久工會歷史的產業不同，資料工作者幾乎沒有可效仿的榜樣，這可能會讓整個部門的現狀正常化。

非洲內容審核員工會成立時，必須從頭開始建立工人的力量。肯亞當地已經成立的工會沒有多大幫助：「他們絕大多數甚至不知道我們在做什麼，把我們誤認為內容創作者。」蘿絲如是說。當他們聽到「內容」一詞，大多數工會成員假設該工會是一群在抖音（TikTok）上跳舞的人組織的工會。組建自己的工會確實是唯一的選擇。非洲內容審核員工會從國際盟友獲得的支持有限，如全球工會聯合會。然而，由於大多數組織者都是義工性質，無償為工會付出，在忙碌的日子裡，他們必須利用剩餘的少數時間制定策略。

非洲內容審核員工會的案例說明了議價能力不高的資料工作者所面臨的問題。非技術性的低薪工作，加上工作在全球市場進行交易，工人大都沒有加入工會，而成功組織工會的正面例子少之又少。綜上所述，像非洲內容審核員工會這樣的組織能夠成立，特別了不起。工人若想爭取更好的工作條件，就需要成立工會。但正如我們所見，組織工會可能是工人改善工作的必要條件，但絕對不是充分條件。那麼，其他資料工作者群組的情況又是如何呢？

當公司認為工人在勞動市場中議價能力有限，工會可採取兩種主要策略促成變革。我們稱之為**堵塞流動**和**拉響警報**。根據第一種策略，工人可以透過罷工或「放慢工作速度」來組織集體勞動退縮。這種作法，利用他們作為更大網絡中重要組成分子的力量；在工人難以替代或可能癱瘓網絡運作時，這種方法更加有效。第二種策略是指工人透過「點名羞辱」的宣傳活動，製造公眾壓力要求改變，這種作法會損害公司聲譽。它試圖透過負面宣傳的威脅來改變公司的行為，迫使公司實現自己的理想。[2]

第一種策略（集體撤回勞動力）是工人要求改善工資與工作條件時屢試不爽的方法。當工人占據生產網絡或經濟體系的戰略瓶頸，這種策略的效果通常最好。工人可以透過兩種方式，根據他們在網絡中的位置來阻止流量。我們可以說，網絡中的**拓撲瓶頸**是由於它在網絡整體形狀中所處的位置而產生的權力位置。舉例來說，如果所有商品或服務都必須經過特定的地點或一組人員。碼頭工人就是個很好的例子。大量貨物必須經由港口才能進出大多數的國家。空中交通管制員、海關官員與卡車司機，都可以在他們的網絡中行使類似的權力；如果他們罷工，大家會立即面臨經濟混亂與貨架空空的威脅。但若是所有工作或所有貨物都必須在特定的時間範圍內完成或交付，也會造成**時間**的瓶頸。如果醫生或護士罷工，同時間可能會有人死亡。為了讓資料工作者成功集體撤回勞動力，並獲得有意義的讓步，我們必須問的是，他們是否有能力控制網絡中任何**拓撲**或**時間**的瓶頸。

對於第一個問題，答案是肯定的。他們的工作在所屬的生產網絡中至關重要且不可或缺。若沒有內容審核員持續不斷地複審所有被檢舉的內容，社群媒體平台將無法有效運作；如果沒有工人驗證輸出結果，大型語言模型將無法運轉；如果沒有工人標記與分類街道上的物體，以此訓練自動駕駛汽車，那麼自動駕駛汽車將無法行駛。

講到時間上的瓶頸，在特定情況下，答案也是肯定的：有些資料是即時的。我們在越南採訪了一間嵌入大型歐洲郵政服務工作流程的外包公司。由於歐洲客戶每天的郵件處理量高達一千萬封，他們必須使用當地的自動化系統，將信件快速分揀成本地、區域、國家與國際郵件等分類。光學相機掃描每封郵件正面的文字，自動準確處理大約八〇%的郵件。剩餘的二〇%多為信件（很多可能是筆跡凌亂的手寫地址，有些包含多個地址），需要人類工人破解並判斷它們屬於哪一類別。在這些情況下，掃描結果會傳輸到胡志明市外包中心五百名工人的一個螢幕上。這名工人有不到三十秒的時間（實體信件位於歐洲的分揀機內）轉錄他看到的訊息，並將這個訊息與地理資料庫中的特定位置匹配。若這名越南工人無法在三十秒內解碼並匹配地址，分揀機會將信件吐到「未分類」的一堆，等待更昂貴的歐洲工人手動分揀。因此，即使越南方面出現很小的干擾，也會大大減緩歐洲方面的操作速度並增加成本。

那麼，為什麼我們沒有看到更多的罷工與勞動退縮呢？本章的第一部分討論了工人組織工會時，面臨的許多障礙與風險。但是起作用的還有其他因素：這些生產網絡本身的不透明性。我們之所以使用「歐洲郵政服務」這樣的稱呼，而不是透露郵政服務的位置，是因為他們與越南的資料提供者之間簽署了嚴格的保密協議。這種情形在世界各地都很常見。客戶公司不希望供應商透露他們工作的資訊，供應商對自己的員工甚至也得保密。我們在一次又一次的訪談中瞭解到，員工通常不太清楚公司的客戶是誰，也不知道員工的工作內容在客戶端的業務屬於哪個部分。由於普遍缺乏供應鏈運作的相關資訊，因此想要利用針對性罷工來關閉生產網絡，也就更加困難。

這就是第二個拉響警報策略可以發揮的地方。當工人無法「堵塞流動」，他們仍然有能力損害雇主的聲譽。許多公司投入大量資源，為自己塑造進步、道德且包容的形象。如果你走進世上任何一間星巴克咖啡館，你很可能看到一張咖啡種植園工人的照片。這些工人可能面帶友善的微笑，用手工編織的籃子裝著咖啡豆，悠閒漫步田野之間。這傳達的訊息很清楚：「購買我們的產品，就能改善這些工人的生活。」B型企業與公平貿易等認證計畫，也可以幫助企業講述這個故事。

認識到這一點，有些工會發起大規模的公共宣傳運動，提出反面的論述。工會在這個領域使用的策略層出不窮，但它們的共同點都是試圖損害公司在消費者心中的名聲。例如在英國，大英獨立工作者工會（IWGB，成立於二〇一二年的草根獨立工會）鼓勵消費者使用#ShameOnOcado的標籤，試圖藉此說服線上雜貨配送公司Ocado，將所有送貨司機納入公司內部（而不是使用第三方車隊），並滿足公平薪資與合理工作條件的要求。[3]二〇二三年，一個孟加拉、柬埔寨、斯里蘭卡與美國的工會聯盟，發表了一封給愛迪達（Adidas）公司的公開信，描述工人為外包商工作時面臨的傷害。工會在信中直接針對愛迪達公司，而非工人的雇主，表示：「我們希望直接與您，即供應鏈的最高決策者談判，且願意接受您對這項協議提案的任何建議。」[4]愛迪達在回應時聲稱，儘管外包商先前曾為愛迪達生產過產品，在罷工當時或之後並非如此。[5]

這種方法的一個限制是，這類公開「點名羞辱」策略通常只對高知名度公司有效。像Meta與谷歌等公司非常在意自己的品牌名聲與形象，但網路中更下游的外包公司可能沒什麼需要維持的聲譽。跟在肯亞、印尼與巴西經營種植園的公司相比，大型國際咖啡連鎖店自然更關心消費者對工作條件的看法。

在這裡，資料工作者工會面臨一項嚴重的劣勢。資料工作公司很少會面對消費者，因為他們不是在經營平台、打造自動駕駛汽車或銷售大型語言模型。如果像非洲內容審核員工會這樣的組織，想要利用聲譽作為推動改善工作條件的工具，就必須找到方法，將公司的工作條件與最終使用其工作成果的知名公司連結起來。

因此，資料工作者若要透過與雇主談判爭取讓步，將面臨一場艱苦的戰役。我們已經看到，這些人的議價能力有限，難以利用策略瓶頸，而且往往欠缺透過宣傳活動將他們的故事公諸於世的資訊。因此，非常重要的是思考如何在人工智慧生產網絡中的不同工人群體之間，建立聯盟並分享資訊。

人工智慧生產網絡中的技術工人組織

在相同的全球生產網絡中，標註員與部分在就業領域占有獨特地位的高薪白領技術工作者連結在一起。直到最近，工會都很難在科技產業中取得重大進展。在美國，只有大約百分之一的科技工作者是工會成員，在美國以外的地方，這個比例不可能高出太多。[6]由於擁有相對稀缺且亟需的技能，大部分軟體工程師在勞動市場擁有相當高的議價能力。[7]因此，軟體工程師往往能獲得高薪且體面的工作條件，這單純是因為公司知道，如果不這麼做，這些技術工人就會流失到競爭對手那裡。[8]具備人工智慧專長的工程師與開發人員，薪水尤其高。根據商業內幕公司（Business Insider），谷歌公司人工智慧工程師的年薪約為二十五萬四千七百零一美元。[9]在微軟公司，主任工程師的年薪可達四十萬美元；在Meta，人工智慧工程師的總體薪酬中位數為三十六萬零四百七十七美元；在蘋果公司，即使是最低階的工程師，薪資報酬也可達到二十萬至二十五萬美元。然而最近，科技工作者已經開始組織工會。為什麼？我們又可以從這些努力中學到什麼？

作家暨科技工作者班．塔爾諾夫（Ben Tarnoff）對科技工作者運動做出總結時強調，川普的當選是一個關鍵催化劑，最終將為大規模的行動奠定基礎。[10]當川普向他的選民做出充滿法西斯主義味道的承諾，比如建立美國穆斯林數位資料庫，科技工作者痛苦地意識到，他們可能會在川普政府的要求下扮演關鍵角色。結果，來自美國各地的科技工作者開始透過一個名為「科技團結」（Tech Solidarity）的團體組織起來。在二〇一六年美國總統選舉後的幾週內，該團體已經發起了「永遠不會」（Never Again）的承諾活動——亞馬遜、蘋果、谷歌與微軟等公司的員工，承諾反對、也不會為美國政府開發任何根據種族、宗教或民族建立的人群資料庫。[11]「永遠不會」這個名稱的起源，是IBM公司在納粹大屠殺期間，利用其技術協助納粹政府的角色。[12]儘管這些科技工作者可能因為拒絕執行任務而失去工作，仍有三千人在一週內簽署了承諾書。[13]

在科技領域進行集體組織的這個早期階段意義重大，因為它顯示出，這類工作者對超出其直接工作條件或薪資的因素可以產生的影響。起初，在所有大型科技公司中，只有推特（Twitter）同意反對新政府建立穆斯林資料庫的計畫。[14]然而，在該承諾得到數千名簽署者時，許多大公司如蘋果、谷歌、微軟、優步，甚至是該行動名稱的靈感來源ＩＢＭ公司都公開承諾，永遠不會與政府合作創建這類工具。科技工作者發現，自己在世界上一些最重要的生產網絡占據著極其重要的節點；當他們根據特定需求組織起來的時候，證明他們可以策略性利用自己在該網絡的地位，創建遠超過其工作條件的影響。

在接下來幾年裡，許多科技工作者組織都遵循了這個公式。科技工作者聯盟（Tech Workers Coalition，簡稱ＴＷＣ）是這些艱難嘗試的核心組織。該聯盟成立於二〇一四年，自成立後便迅速發展，利用論壇與訊息工具來協調地理位置分散的成員。聯盟有明確的目標，要平衡矽谷的商業利益，並將勞工運動帶進傳統上少有工會組織的產業。二〇一八年，在一場以工人抗爭為題的會議演講中，該聯盟的一位代表對該組織的描述如下：

> 我們主要由業內各種白領工作者所組成：程式設計師、工程師、產品經理等。但值得注意

的是，我們確實希望幫助整個產業的工會組織發展，跨越所有的職業與階層：從餐廳員工到客戶服務代表，再到資料科學家等的每一個人。事實上，科技工作者聯盟在成立之初，主要目的是幫助服務工作者進行工會運動，並爭取不同地點的技術工作者的支持。但從那時起，我們的雄心壯志不斷增長，尤其是和服務工作者團結一致的經驗，讓我們更多人認為自己也是工作者，是同一場爭鬥的一部分。因此，關於在平台資本主義之下、與之對抗的勞工組織，我們熱中於思考如何利用技術工人在科技產業的策略地位，以及我們稱為「平台工作者」的持續性運動。換言之，我們想認真思考建立階級聯盟的可能性，在打造平台與使用平台或被平台使用的工作者之間，建立起連結。[15]

到了二〇二〇年代初，工會組織蓬勃發展，其中包括一系列由工人領導的新組織。光是在美國，目前至少就有三十七個科技工作者工會，包括亞馬遜工會（Amazon Labor Union，簡稱ALU）與字母控股工會（Alphabet Workers Union，簡稱AWU）。[16] 二〇二二年六月，微軟承諾不會阻礙工會組織的發展，並一直和美國傳播工會（Communication Workers of America）進行集體談判。[17] 也有許多工作者透過更成熟、更古老的工會來組織動員：例如，谷歌的約聘人員透過美國鋼鐵工人聯合會（United Steelworkers Union），Kickstarter的員工透過辦公室暨專業雇員國際工會（Office and Professional Employees International Union）。[18] 截至二〇二三年底，科技集體行動（Collective Action in Tech，簡稱CAT）計畫（一項記錄該產業集體行動多樣性的計畫），已經記錄了整個科技產業共五百四十二項工作者行動。[19]

科技工作者聯盟提出科技工作者面臨的三大議題：標準的工作場所問題，比如工作過度、薪資和壓力；科技公司內有關多元化、性別歧視與種族歧視的問題；最後，涉及科技公司從事專案的道德與政治議題，以及科技公司對更廣泛議題的政治立場。[20]首先，在工作場所的問題上，工作過度對工程師與資料科學家等高級技術勞工來說，尤其普遍。許多科技公司為員工提供免費或高額補貼的食物，讓他們盡可能長時間待在辦公桌上，鼓勵過度工作。例如，中國科技工作者開始組織起來，反抗累垮人的「九九六工作制」（上午九點到晚上九點，每週工作六天），該制度已經成為許多中國公司的正式工作時間表。但在二〇一九年初，996.ICU運動開始成形，這個運動的名稱來由是，遵循這樣的工作時間表，任何人都會被送進加護病房。[21]為了回應996.ICU，一群微軟員工寫了一封公開信，支持這個發生在中國的運動。[22]這封信的目的是，要求微軟抵制任何審查企圖（工作者組織該活動的GitHub平台屬於微軟），並表達國際團結——簽署者來自世界各地。這封信最後的聲明如下：「歷史告訴我們，跨國公司為了追求利潤，會將工作外包，利用薄弱的勞工標準，讓工人逐底競爭。我們必須跨越國界團結起來，確保全球每一個人都享有公正的工作條件。」[23]

科技公司的外包員工也面臨工作場所的問題。在整個科技產業，大量的藍領與白領工人在技術上受雇於第三方機構。這些外包員工往往無法享有內部員工的薪資、福利與就業保障，是科技公司用來填補執勤人員名冊缺漏，或扮演重要、但報酬較低的支援角色的二線勞動力。二○一九年，全球二十二萬名谷歌員工中的大多數，都屬於這種二線陣營。[24]這種勞動力區劃的作法，長久以來就是雇主為了節省成本、加強控制，而刻意強化員工之間的各種區別。[25]這給工會組織者帶來嚴峻的挑戰，但也提供非常規的契機。為了應對惡劣的條件，外包員工與他們的內部盟友已同心協力策畫宣傳活動，以確保改善。例如二○一九年，谷歌削減了協助打造谷歌助理（Google Assistant）「個性」的約聘人員合約，超過九百名工作者簽署了請願書，要求將約聘人員轉為全職的直接員工，並擴大相關福利。在內部員工的鼓動下，谷歌終於宣布，各機構必須支付美國約聘員工至少每小時十五美元的工資，並為他們提供全面的健康保險。[26]此舉示範了如何向生產網絡中的領導公司施壓，藉此改善同一網絡中其他公司所雇員工的工作條件。如果要改善世界各地數百萬資料工作者的工作條件，這種策略不僅需要在美國部署，也需要跨越國界。

正如科技工作者聯盟所言，讓工人動員起來的第二類議題，多半是多元化與包容性的問題，包括性別歧視、種族歧視與性騷擾指控。二○一八年，全球五十個城市的兩萬多名谷歌員工，因為一起隱瞞性騷擾指控的事件而罷工。[27]在紐約雜誌網站《The Cut》，七位組織者提出五項關鍵訴求：結束強制仲裁；承諾終止薪資與機會的不平等；公開揭露的性騷擾透明度報告；明確、統一且具全球包容性的不當性行為舉報流程；擢升多元長（Chief Diversity Officer）直接向執行長負責，並任命一名員工代表進入董事會。[28]儘管動員規模令人印象深刻，工作者的這些訴求幾乎沒有一項得到滿足。罷工一年後，《洛杉磯時報》發表的一份分析顯示，谷歌公司只滿足五項要求之一的一部分。[29]

最後，工作者也會因應更廣泛的道德與政治議題而組織起來。最引人注目的一個例子，就是谷歌員工針對公司參與美國軍事計畫所採取的行動，該計畫利用機器學習分析無人機拍攝的影片，稱作「專家計畫」（Project Maven）。該公司的許多員工認為，這項計畫顯然違背谷歌自二〇〇〇年代初以來一直宣揚的「不作惡」座右銘。[30]起初在公司內部社交平台上表達的擔憂，很快演變成一封由五千名員工簽署的公開信，致信字母控股執行長桑達爾・皮查伊（Sundar Pichai），要求谷歌退出該計畫。[31]這項針對「專家計畫」的宣傳活動，是早期圍繞著「永遠不會」的承諾的努力結果。藉由讓雇主停止為五角大廈工作的方式，工作者看到自己確實具備有意義的集體權力，並且能透過組織運動有效行使之。正如該宣傳活動的一位領導人所言：「歸根究柢，『專家計畫』宣傳活動並不光是討論谷歌是否該為軍隊打造這個工具，也在利用我們作為工作者的力量，確保技術是為了社會福祉、不僅是為了利益而打造。」[32]這群工作者最終成功向谷歌施壓，不再續簽「專家計畫」的合約。

與先前的「永遠不會」承諾一樣，反專家計畫行動激勵了產業其他地方的工作者，也讓他們在自己的工作場所促成改變。微軟的員工紛紛仿效，呼籲該公司不要在二〇一八年競標聯合企業防禦基礎設施（Joint Enterprise Defense Infrastructure，簡稱JEDI），並取消二〇一九年「向美軍提供擴增實境耳機的合約」。[33]信中提到：「我們簽約不是為了開發武器，我們要求對使用我們工作成果的方式擁有發言權。」[34]上面兩項要求都沒有成功，微軟最終還是標到聯合企業防禦基礎設施的計畫。[35]儘管如此，這並未阻止進一步的抵制運動。二〇二二年，亞馬遜與字母控股的員工與社群組織一起抗議光輪計畫（Project Nimbus）——二〇二一年五月宣布與以色列政府簽訂價值十二億美元的雲端運算服務合約。[36]這項宣傳計畫名為#NoTechForApartheid（不為種族隔離提供技術），在多個谷歌總部策畫了抗議活動，而且在谷歌雲端年度大會（Google Cloud Next Conference）與亞馬遜雲端運算高峰會（AWS Summit），也可以看到他們的身影。[37]

就如同資料工作者，高技術科技工作者也在人工智慧生產網絡中，同時占據了拓撲與時間上的瓶頸。如果他們選擇集體撤回勞動力，將對雇主與更廣泛的人工智慧生產網絡造成巨大的經濟破壞。然而有趣的是，儘管有無數次組織工人的嘗試，卻很少有人嘗試透過實際的罷工與停工來阻擋流動。其中大部分只是透過請願書與公開聲明的形式發出警報。[38]企業既擔心員工組織起來會產生不良宣傳效果，也擔心工人組織運動升級，導致更廣泛且更痛苦的大規模罷工。[39]向公司展示這些風險的組合，工會組織者已取得實質的勝利。

與資料工作者不同的是，高技術科技工作者擁有兩項關鍵優勢。資料工作者受到網絡極度不透明的阻礙，而高技術科技工作者通常更熟悉他們的工作成果如何被使用，因此有能力干擾或有效威脅並擾亂關鍵流程。其次，雖然資料工作者在全球勞動市場與一群勞動力後備軍競爭，但大多數技術工作者都擁有稀缺的技能。一家公司可能會考慮解雇某個地方的數千名資料標註員，然後在另一個地方再雇用數千名資料標註員，但沒有一家大公司會考慮在機器學習工程師身上進行同樣的操作。正如他們一些成功的行動所展示的，這個基本事實賦予這些工作者更大的權力。

全球工作者運動

高新技術人員要怎麼與資料標註員和內容審核員合作，以確保系統中最弱勢的工人能獲得合理薪資與尊嚴勞動？就如他們的雇主利用全球系統來對付工人一樣，工人也必須找到利用全球系統為自身謀利的方法。為此，他們必須轉念，不要將自己的工作當成局限在某個特定地點的工作，而是跨越全球的複雜生產網絡的一部分；他們必須運用這樣的框架進行跨國性的思考、謀略與行動。然而，哪一種跨國團結的組織形式，能夠最有效地滿足工人的需求，尤其是在人工智慧生產網絡中最弱勢者的需求呢？工人可以透過三種方式進行跨國組織：團結行動、跨國聯盟與跨國工會。這些又能為工人做些什麼？

第一個例子，涉及工人全體與世界上另一個地區的工人群體團結行動。例如在一百多年前，倫敦東印度碼頭的英國碼頭工人拒絕在一艘船上裝載英國政府送往波蘭政府的軍需品，這些軍需品是為了在革命後，發動基輔攻勢鎮壓蘇聯。自此以後，其他處於策略性瓶頸的工人群體也找到了表達團結的方式。例如，一九七三年智利政變後，利物浦的碼頭工人拒絕下載任何來自智利的食物，藉此對獨裁者的經濟施壓。此外，東基爾布萊德的勞斯萊斯（Rolls-Royce）航太工程師拒絕為智利空軍維修噴射引擎（正如紀錄片《他們不能通過》〔*Nae Pasaran*〕的描述）。在其他地方，二〇〇三年美、英軍隊入侵伊拉克之前，蘇格蘭的鐵路工人拒絕駕駛火車前往武器庫。採取行動的司機沒有受到紀律處分，這一部分是因為工會的力量。此外，在以色列軍隊二〇二三年入侵加薩期間，英國各地向以色列提供武器的多家軍工廠被工會成員關閉，這些工會成員在工廠門前組成大規模的糾察隊。

這些宣傳活動可能非常有效，最終還是必須倚賴一地人民的同情心與利他主義來幫助另一地的人民。他們當然可以為工人群體帶來具體的勝利，沒有他們的幫助，這些工人群體可能缺乏推動改變的力量。然而，由北方國家領導與協調、為南方國家工人帶來成果的宣傳活動，始終是片面的。同情心與利他主義經過引導可以成為強大的力量，但它們永遠不會從結構上改變整個生產網絡內的力量平衡。

跨生產網絡的第二種組織方式是透過跨國聯盟，成員之間有更多的互惠關係。這些跨國聯盟可以包括工會、工人協會、民間社團與工人權益倡導者。這些跨國組織可以發揮的一個關鍵角色，就是和跨國公司談判並提出要求，能採取的方式超出任何特定地區工人團體的要求。跨國聯盟可以是任何團體的聯盟或結盟，其中地區組織仍保有其獨特性，但是各地區組織可以在國際的層面協調策略。

不同國家工人團體之間的跨國聯盟，已經存在了一段時間。這部分是因為在低收入與中收入國家，由於國家退出勞動管理，這些組織填補了這些空隙而發展起來。這些國家的政府受到新自由主義意識形態的啟發，也受到國際貨幣基金（International Monetary Fund）嚴格財務支援條款的約束，往往將勞動力視為相對優勢的來源。這些政權會壓制尋求遊說、以改善工作條件的工會，有時甚至暴力對待；這無法為當地工會創造有利的環境，在全球生產網絡中單方面爭取有意義的讓步。因此，跨國聯盟開始與跨國公司制定全球框架協議，尋求在整個全球生產網絡中實施尊嚴勞動的最低標準。

例如，清潔衣服運動（Clean Clothes Campaign）是一個由四十五國、超過兩百三十五個組織組成的全球網絡，旨在賦權給全球服裝供應鏈中的工人，並改善他們的工作條件。[40] 二〇一三年，孟加拉熱那大樓工廠倒塌事故，造成五家成衣工廠一千一百三十四名工人死亡。此後，清潔衣服運動遊說達成「孟加拉國防火及建築安全協議」，這是一項關於成衣業健康與安全的協議，具有法律約束力。[41]這項協議包括多項重要的安全保護、安全檢查，也賦予工人拒絕從事不安全工作的權利。重要的是，若檢查導致任何供應商工廠停工以進行修復與維護，上游時裝品牌有合約責任在停工期間補償工人。該協議的第二版於二〇二一年生效。[42]截至二〇二三年，簽署名單已經超過兩百個。單靠個別地方工會的努力，很難從大型跨國時尚品牌爭取到這種協議。

ExChains是一個跨國計畫的例子，它致力於建立地區力量，作為跨境團結的基礎。這個組織於二〇〇二年由隸屬ver.di（德國第二大工會）的工會成員建立，這個網絡將亞洲成衣生產國的工廠工人和德國零售業工人連結起來。[43]它與清潔衣服運動等非政府組織領導的勞工倡議不同，ExChains具「草根性」，由工人和普通工會成員制定組織的議程與策略。[44]各個國際利益相關者之間的共同利益，對於在地方層級形成工人力量非常重要。這項策略讓工人瞭解生產網絡不同部分的工作條件，為未來國際的工人團結奠定了基礎。如果不增進這樣的理解，工人之間的國際團結永遠不可能建立。

然而，ExChains對建立地方權力的重視，歸根究柢反映了一個事實，即許多公司沒有將工人視為可以進行對話的合作夥伴，也不是可以共同決定工作性質的參與者。相反地，工人只被視為一種可以購買和指導的商品；工人被視為一種資源，公司需要盡可能從中提取更多價值。在工人透過團結運動或跨國聯盟施壓時，有一些公司可能較容易受到影響。儘管如此，由於生產網絡的不透明，許多公司不會受到這類壓力的影響。對這些不受影響的公司來說，罷工是他們唯一會做出反應的策略。

世界各地工人施加壓力的第三種方式，是透過跨國工會。這將牽涉來自世界不同地區、但同屬單一生產網絡的工人，讓他們藉由同意作為一個組織實體行事的方式，建立集體力量。透過這種作法，他們能做到前兩種策略無法完全實現的事情：直接協調工人，進行選擇性罷工。值得注意的是，這個想法雖然看似牽強，但其靈感來自現成的例子，即在大型複雜網絡中組織起來、發揮影響力的工人群體。

選擇性罷工是一種策略，在執行時，並不是所有工人都罷工，而是只有少數工人罷工。在選擇性罷工中撤回勞動力的工人，需要占據公司生產流程或服務提供中的關鍵瓶頸。來自單一國家選擇性罷工的例子，可以說明這種策略如何在國際的層面發揮作用。這種方法最早出現在一九六八年後始於歐洲的工業行動浪潮。工廠內占據策略位置的車間短暫關閉，讓整座工廠的生產陷入癱瘓。空服員協會在一九九〇年代初期將這種作法正式訂為一種策略，當時他們制定了一項暱稱為「混亂」（CHAOS，指「在我們的系統周圍造成嚴重破壞」）的策略。混亂策略的作法，是在乘客開始登機時，讓幾名空服員罷工。由於航空公司無法預測哪些航班會受影響，公司最終屈服於空服員的要求。[45]最近，美國汽車工人聯合會（United Auto Workers）在二〇二三年的宣傳運動中，也採取了這個利用槓桿的策略，為十四萬五千名工人贏得每週工作四天、加薪與許多其他福利，這些工人生產的汽車約占美國製造汽車的一半。汽車工人聯合會選擇性地關閉關鍵零件的供應商，或關閉生產已知供不應求的車款的工廠。同樣，在德國，代表將近兩百萬工人的ver.di工會，能倚賴處於社會中最具潛在破壞力職位的工人進行罷工，為數百萬名其他工人爭取更好的條件。二〇二三年，負責垃圾收集與分類的工人舉行了選擇性罷工（試想，如果垃圾收集系統停擺，你的城市在幾週後會變成什麼樣子！），藉此為數百萬名工人要求加薪一〇・五%。[46]這些選擇性罷工的案例在在說明，工會如何能以最少數的工人關閉整個生產網絡，或是造成巨大的經濟與社會破壞：這意味著罷工資金得以保存，工人面臨的風險最小化，同時仍然能對他們試圖取得讓步的公司行使最大的影響力。[47]

所有這些選擇性罷工案例的問題在於，它們都發生在單一國家之內。對於保羅與他的同事之類的工人來說，並不是特別有用。雖然像保羅這樣的工人有很多，但他們所做的工作，幾乎是一交出去就立刻離開他們的國家。因此，生產網絡只有相對較小的一部分屬於地方。如果亞馬遜與谷歌等公司可以在全球的規模協調生產網絡的各個部分，那麼工人也需要建立同等規模的力量。

那麼，其他工會該怎麼效法ver.di和汽車工人聯合會的作法呢？你該如何為人工智慧部門制定混亂策略？又要如何在整個生產網絡中建立一個聯盟？要做到這一點，需要有某個工會起帶頭作用，這個工會不但要分享來自整個全球網絡的資訊，也要能倚賴跨國工人成員，透過選擇性罷工來協調這些人，策略性針對網絡的弱點去操作。這樣的策略從未實施過。一部分的原因在於，現有的地方性工會通常不願將應繳會員費的會員，轉移到可能設在另一個國家的更大型組織。另一部分原因則是，跨國工會很難在目前規範工會的現有國家及法律架構之外運作。例如在英國，有利於企業的工會法，限制工會參與針對雇主以外任何實體的糾紛（如果工會試圖在全球生產網絡進行有效的選擇性罷工，這對工會來說會是個大問題）。

因此，雖然跨國工會的想法肯定很牽強，上述問題都不像最初看來那麼難以克服。人工智慧工作者的跨國工會正進入一個現有組織相對較少的領域。許多大型工會在去工業化時期大幅萎縮，而且其中許多工會從一開始就未曾組織資料工作產業的工人。跨國工會仍然可能就如何組織工人的許多國家級法規進行協商。畢竟，這種組織並非設在雲端，每個分會都穩固地設在可能組織工人的地方。這樣的策略將伴隨許多困難，但通往工人權力的道路從來都不容易。

我們討論了三種可用來改善資料工作者工作的廣泛策略。所謂團結行動，就是一個工人團體能以非互惠的方式運用權力，來幫助另一個工人團體。這讓強者得以幫助弱者。跨國組織尋求的，是在全球而非地區的規模對跨國公司產生制衡。儘管有許多跨部門或跨生產網絡組織大型工會的案例，若要建立可在全球層級組織工人的聯合工會，仍有許多工作要做。如果工人要在全球網絡中獲勝，就必須在全球的範圍通力合作。

資料工作者不能依賴遠方工作者的利他行為或團結。利他主義並非數位資本主義剝削問題的結構性解決方案。但同時，利他主義也不該受到忽略或漠視。在科技部門內外，跨國團結的例子很多，都對工人的生活產生有意義的影響。這些團結應該、也必須加以利用。但是工人需要的遠不只這些。世界各地的工人需要探討全球範圍的組織方式：無論是透過單一宣傳活動、跨國聯合會，或是透過尚未建立的跨國工會。

工人們正在嘗試各種不同的組織活動：從媒體宣傳、請願、罷工到跨供應鏈組織等各種雄心勃勃的嘗試。政策制定者與供應鏈正承受著壓力。工人訴求的是消費者與決策者的心，讓管理者感到恐懼，而這一切都是透過組織來完成。最終，他們的實驗將決定在該部門建立權力的路徑。雖然我們可以在這裡提供有根據的猜測，但未來掌握在他們手中。唯有透過集體的組織與行動，才能符合他們的利益。如果工人不為自己挺身而出，也不會有其他人為他們站出來。

8 重新布線

我們對人工智慧最深刻的印象，並不是聊天機器人、搜尋引擎或自動填入軟體，而是科幻小說的情節。蘇格蘭作家伊恩·班克斯（Iain M. Banks）文明系列小說中，有一段特別令人回味的描述。班克斯描寫的是未來許多年後一個烏托邦式的後稀缺社會。這個社會之所以擁有巨大的財富與豐饒，是因為他們創造了先進的超智能人工智慧來執行大部分的工作。沉悶繁重的工作不復存在，這幫助人類創造出一個烏托邦：沒有貨幣，沒有雇傭勞動，人們什麼都不缺。人類的生活充滿奢侈與享樂；每個人都擁有一切。但最重要的是，全部免費。

科幻小說可以啟發我們思考科技在未來的各種可能性，刺激我們探討當前社會中，似乎不可能、甚至無法想像的新想法與存在方式。哲學家恩斯特·布洛赫（Ernst Bloch）寫道：「最悲慘的損失不是失去安全感，而是失去想像事情可能有所不同的能力。」[1] 科幻小說讓我們藉由世界可以如何按照不同方式組織的具體願景，挑戰現有的社會規範與權力結構。

今天我們生活的世界，與班克斯想像的完全不同。機器創造藝術、創作音樂並寫作詩篇，而無數的人類被迫像機器人一樣工作，在單調低薪的工作中埋頭苦幹，只為了讓如此出色的機器成為可能。人工智慧經常被視為我們必須適應的必然力量，而非可以透過自身行動有意識塑造的工具。我們生活在一個科技決定論的時代，科技企業家大聲宣稱他們的奇妙發明將如何改善我們的生活，但數百萬參與建造、服務與修理這些機器的工人大軍，為了維持智慧型自動化機器的虛構性而被公司隱藏在幕後。我們如何創造一個讓機器為人類服務，而不是讓人類成為機器的僕人的世界呢？

我們認為，這樣的世界不可能透過任何單一行動，或是由特定團體獨自努力來實現。在本書中，我們看到權力在人工智慧生產網絡是如何集中。從資料標註員、內容審核員到倉庫操作員、藝術家和機器學習工程師等工作人員，全部在這些網絡中占據截然不同的節點。不過這些人都有一個共同點：他們對自身工作的結構條件幾乎少有控制可言。這包括他們的工作是如何組織、管理他們工作的條件、從他們的勞動獲得的價值，以及他們的工作對更廣闊世界的影響。他們全被塞進一個協調全球勞動分工的系統中；這個系統能夠榨取資源，並不是因為它讓勞動變得抽象，將世界各地的每個人視為機器中可相互置換的齒輪，而是因為它仔細分割了世上的工人。

對本書介紹的每一位工作者來說，人工智慧生產網絡就是一個黑盒子。沒有地圖可以幫助人們瞭解這個領域，而且網絡的觸角延伸極廣，遠遠超出系統中關係最緊密的行為者的視野。雖然每個網絡中都有核心企業協調大量的活動，生產系統的規模卻比他們大得多。因此，該系統產生的風險與危害，超出任何單一行為者所能糾正或改進的範圍。相反地，若要思考更人性化、公正、體面且公平的人工智慧生產網絡，我們應該採取一系列重疊的策略。這些策略需要在不同的地方、以不同的規模、由不同的行為者來執行。但如果他們齊心協力，不僅能改變系統的一部分，更有機會改變系統本身。

在本章中，我們會概述五個具體步驟，引導我們朝正確的方向，邁向一個所有人工智慧工作者都享有尊嚴與尊重的世界。這些步驟著重於人工智慧生產網絡中工人的經濟條件，不必然會延伸到改變人工智慧模型本身，或是重新思考人工智慧系統的技術層面。我們將這項任務留給其他更有能力進行此類干預的人。我們建議的步驟是：建立工人組織的集體力量；民間團體組織起來，追究公司責任；制定更嚴格的法規，規範人工智慧公司；建立工人對企業的治理與所有權；在這些公司營運的更廣泛體系內，挑戰不公的現象。每一個步驟在某種程度上，都能為系統中的工作者創造更公平的條件，且能同時進行。其中一個目標的進展，通常有助於其他目標的達成。例如，對人工智慧公司如何將任務外包給全球南方的承包商，採取更嚴格的規範，將能賦予工人權力，加強工人與雇主談判的地位。如果將這些步驟結合起來，就可以創造一個人工智慧為我們所用的社會，而不是一個由人類餵養機器的社會。

步驟一：發展工人的力量

本書提及的許多工人面臨的問題根源在於，面對那些對他們的生活造成重大影響的機構，他們沒有權力做出有意義的決定。工人們發現，自己只是這個遍及全球的複雜互聯系統的一小部分。他們在工作中面臨老闆直接規訓的權力，但是透過供應鏈與人工智慧生產網絡施壓的更大力量，也會約束他們。許多資料標註員受到工作場所嚴格控制的制度規範，但即使是這些數位工廠的主管，也覺得必須強制執行不合標準的工作條件，以避免合約落入競爭對手的手中。

在個人層面，工人有自己的工作，並根據工作場所的不同，對工作流程有一定程度的自主權，但關於如何投資稀缺資源與公司基本方針的所有重大決定，都是由投資人與管理階層決定。當然，剝奪權能的程度是相對的，可是從標註員到機器學習工程師的每一個人，都沒有正式參與工作決策的權利，他們與雇主之間存在巨大的權力差異。就他們自身而言，即使是最有生產力、收入最高的工程師，一旦發現自己與老闆不合，也沒有什麼討價還價的空間。工人在結構上被剝奪了權力，在工作中也缺乏控制權，因為作為個體，他們可以被取代，而且他們帶來的東西（技能、訓練、勞動力）可以在其他地方找到。

現代工人的經驗並非獨一無二。歷史上，各個社會團體都曾因為被統治階層剝削和統治而抗爭。大多數社會都依賴某種形式的經濟體系，其中少數人從多數人的勞動中受益——無論是為特權階級耕地的農民、在生產線上為工廠老闆幹活的裝配工人，還是幫助科技公司訓練人工智慧模型的資料標註員。歷史上，我們稱之為**寡頭統治的問題**，這是指一小撮有權勢的菁英，將他們對大多數人的統治自然化，並從大多數人的勞動中攫取價值。一旦統治集團獲得權力，就會建立強大的機構與系統，以鞏固自己的地位。我們可以想到不同時期的許多這類制度，如男性地位高於女性、白人高於有色人種、歐洲殖民者高於非歐洲人等等。優勢社會群體以支配力來維持這些系統，分裂被統治的群體，讓他們相信系統的運作方式符合其最佳利益。

社會運動要成功促成改變，主要是透過組織大多數的人，來對抗有錢有勢的菁英階級。民主在古代雅典與該地區其他較小的城邦興起，是貧窮的雅典公民為反抗少數富裕雅典家庭的腐敗統治，而發起的階級運動。[2] 二十世紀、前殖民地領土的殖民地自治化運動，往往是由強大的工人工會運動所推動；這些工人集結在一起，讓自己從殖民壓迫者手中解放出來。[3] 上世紀中葉美國的民權運動，在大規模的動員宣傳活動後，取得相當大的成果，對抗把種族隔離與剝奪公民權合法化的少數白人統治者。[4] 從歷史上看，社會運動之所以能帶來成果，並不是因為訴求壓迫者的仁慈本性，而是建立自己的力量，並透過政治抗爭，迫使變革發生。正如弗雷德里克・道格拉斯（Frederick Douglass）所言：「沒有要求，權力就不會讓步。過去從未發生，也永遠不會發生。」[5]

這就是我們所謂社會變革的**不平等權力**觀：確保持久社會變革的唯一途徑，是讓受壓迫的社會群體透過運動與機構，建立集體的權力。另一派改革者的觀點則是相反，他們認為只要訴諸公平與正義的原則，就能自動說服專制統治者進行改革，無需採取任何強制或抗爭。納爾遜・曼德拉（Nelson Mandela）、蘿莎・盧森堡（Rosa Luxemburg）、馬丁・路德・金恩（Martin Luther King Jr.）與安吉拉・戴維斯（Angela Davis）等激進活動家都相信，唯有社會群體之間的權力平衡發生根本的轉變，真正的社會變革才會發生。

在本書介紹的七類人物中，除了投資者之外，所有人都有改變制度的共同利益，讓價值與權力在工人之間更平均地分配。雖然他們因為在網絡中擁有的權利，以及他們的工作與出生國家對工作經驗造成的影響，有著截然不同的工作條件，這些工人都被同一條線拉進擷取機器中，生產的人工智慧系統價值，遠遠超過任何一位獲取的報償。他們都沒有權力改變更廣泛網絡的運作方式，也無法就自己的工作，以及在人工智慧生產中的角色，做出決策。這顯示了，管理這個系統的投資者與老闆階級，和必須聽命於他們的人之間，存在根本的對立關係。在全球資本主義的體系中，公司被鼓勵製造能增加利潤的人工智慧。利潤動機是決定人工智慧如何發展，以及系統成員工作條件最重要的因素。

擷取機器環節中的工人要發展集體的力量，第一步就是加入工會，藉此爭取更優渥的薪資與工作條件，保護自己的權利並制衡老闆的專橫權力。[6]當這些工人獨自面對大公司，他們的力量微不足道。唯有與他人聯合起來，成為集體宣傳活動的一部分，工人才能捍衛共同利益並實現策略目標。工會利用工人的集體力量，就工作條件進行集體談判。然而，工會也扮演重要的政治角色，維護工人的平等與尊嚴，並挑戰富人在缺乏抗衡力量的情況下對其他人行使的權力。[7]工會在最佳狀態下，會捍衛自由與平等的原則，努力建立一個我們都覺得被賦權，且能維護自身平等、捍衛自身利益的社會。工會是工人爭取更公平工作的最重要武器。

除了工會以外，另一個增強工人權力的機制，是讓工人選出的代表參與公司層級的決策，也就是所謂的「共同決定管理」。在這種作法中，工人有權投票選出自己的代表進入公司董事會，對公司決策擁有發言權。大約有一半的董事會由管理階層的代表組成，另一半則是由工人組成。這種安排最為人熟知的是德國的「共同決定」（Mitbestimmung）計畫，是一九一八年德國工人動員組織，要求在工作場所擁有更大的民主控制權後引入的作法。[8]在某些共同決定模式中，工人也會組成「工作委員會」，工人代表不僅參與董事層級的決策，也參與公司營運方式的日常討論。這些計畫不能解決工人面臨的所有問題，但人們發現可以提高工人的工資、加強工作保障，並且在不損害公司競爭力的情況下，增強工人在公司的權力。[9]最近，比利時社會學家伊莎貝爾．費雷拉斯（Isabelle Ferreras）提出了兩院制的公司管理制度，與工人分享公司的管理權，賦予工人和資本投資者平等的權利。[10]由於投資者和工人都為公司貢獻了重要的資源，應該各自組成一個具有否決權的營運代表團體，而公司的重大決策都需要各個團體以多數票通過。

除了改變人工智慧公司管理方式的權力平衡，我們也可以建立員工持股計畫，賦予員工公司部分的所有權，藉此實現公司創造的價值民主化。根據這個想法，雇用一定數量員工的私人公司必須設立基金，提供員工一筆可觀的公司金融股份。瑞典經濟學家魯道夫・邁德納（Rudolf Meidner）在一九七〇年代曾對此進行試驗。[11] 根據「邁德納計畫」，資本的所有權將透過一個薪資工作者基金系統，逐步從富裕股東手中轉移到工人手中。儘管該計畫最初獲得支持，後來遭受強烈的反對，從未全面實施。英國的公共政策研究所（Institute for Public Policy Research）也曾在一份報告書中，提出「包容性所有權基金」（Inclusive Ownership Funds）的建議，獲得英國工黨在二〇一九年競選活動中的支持。[12] 當時的影子財政大臣約翰・麥克唐納（John McDonnell）建議，每年將公司一%的股份轉入員工持股基金，為期十年，直到員工擁有公司一〇%的股份。[13] 這個概念背後的理念是，工人不再只是獲得工資報酬，也會擁有公司的股份與所有權。這有助於確保經濟權力能更公平地分配，也讓工人在工作場所擁有更大的決策權利。

當然，擴大工會規模，以及透過員工持股計畫增進員工權力，存在許多複雜性。除了跨部門與跨國組織的困難，一般工會成員與工會領導結構之間，也可能出現內部緊張關係。我們已經在第七章瞭解促進跨國工人抗爭的重要性，這種抗爭將人工智慧全球生產網絡的藍領與白領工人聯繫在一起。除了我們在這裡提供的例子，建立工人力量的形式還有很多種。無論是標註員、操作員、藝術家、技術人員或工程師，只要想奪回塑造自身工作的能力，從而奪回塑造未來的能力，第一步就是建立集體的力量。

步驟二：追究公司責任

除了在工作場所建立工人的力量，消費者與社會運動也可以把握時機，帶頭向公司施壓，以改善整個供應鏈中所有工人的薪資與工作條件。這種行動模式與工人集體行動截然不同，因為它主要倚賴外部的力量，利用公司的聲譽作為提出要求的關鍵槓桿。正如我們在前一章所見，這種「點名羞辱」活動已證明能有效讓公司對其行為負責，並有助於提高其商業作法的標準。如果可以避免，沒有人想要負面的公關。公司將不遺餘力確保自己不會成為鎂光燈的焦點。這些人工智慧生產網絡中，有一些行為者有能力塑造並影響整個網絡的工作條件，而這些公司很容易受到針對性宣傳活動的影響，這些宣傳活動鼓勵這些行為者以危害性較小，甚至可能是負責任的方式來運用他們的影響力。

雖然民間社會帶頭的運動很多，我們在這裡提供一個與本書幾個故事密切相關的案例，而且我們也親自參與其中。這個案例是「公平工作」（Fairwork），這是一個行動研究計畫，要求公司對工作場所使用平台型技術的方式負責。公平工作計畫設計了一套「公平工作原則」，總共包含十項，作為我們評估每家公司的客觀基準：給每家公司打的分數在零到十分之間。[14] 零分意味著公司無法證明它遵守公平工作的任何一項標準；十分表示公司已符合每一項原則的最低標準。然後，這個分數會當作一種槓桿，鼓勵公司在後續就如何改善分數進行協商時，改善員工的薪資與條件。該計畫不允許公司不接受評級，也讓他們知道各家的分數會在全國排名表進行比較。該計畫於二〇一八年在南非與印度啟動，由德國經濟合作暨發展部提供資金，用於評估數位勞動力平台。[15] 自此之後，該計畫已經擴展到三十九國，對各家公司進行了六百一十八次評分，以此迫使公司對工人的工作做出兩百九十九項改善措施。[16]

二〇二三年，公平工作計畫評估了一間名為薩瑪的人工智慧資料標註公司。這間公司將非洲東部的資料標註員，整合至全球北方國家中、財富排名前五十的大型公司的人工智慧生產網絡，聲稱藉此為數萬人賦權。該公司網站用粗體字寫著：「提供工作，不提供援助。」如果你只從公司網站瞭解該公司，確實會對該公司產生願景，認為它是世界上一股善的力量。公司網站上一張又一張的照片，呈現在充滿綠色植物的辦公室中微笑的員工，以及一項又一項的統計數據，支持著該公司帶來的改變：「二〇〇八年以來，超過六萬五千人的生命受到影響」，「二〇二二年完成了兩萬五千次技能訓練」。[17]

我們希望將公平工作計畫的方法學用在薩瑪公司，看看員工的現實生活，是否確實符合該公司大膽宣稱支持的「道德人工智慧」。我們花了幾週時間和肯亞及烏干達的數十名工人面談後，發現這家公司遠遠未達到公平工作原則所規定的基本標準。一位又一位工人跟我們談到許多工作場所的問題，有時甚至在情緒激動的對話中，重溫了自己經歷的傷害，告訴我們他們的薪水低於生活工資、被迫無償加班、被迫簽下不穩定的短期合約，以及許多其他問題。

我們根據這些證據計算了薩瑪公司的分數，並向該公司提供公平工作計畫的計分卡。滿分十分，該公司得分為零分。不過，我們並沒有立即公開分數，而是給該公司幾個月的時間改革，以提高評分。針對十項公平門檻的每一項，公司都收到一份簡短的願望清單；值得注意的是，這家公司在兩個月內對員工的工作執行了二十四項改善。其中有些重要的改變，證明公司改善條件的真誠意願。這些改變包括：至少保證所有工人的生活工資、延長合約（通常將工人的合約從一個月延長到十二個月），以及取消無償加班。[18]這二十四項改善，讓薩瑪公司的得分上升到五分。[19]與公司剛接受評分時相比，確實進步了非常多，但還是只達到尊嚴勞動最低標十分的一半。

公平工作計畫累積的兩百九十九項工人就業改善，很大程度上是因為計分方式引起公司管理人的共鳴。這兩百九十九項改進，無論是保證薪資下限、提供健康保險，或是執行反歧視政策，都是管理者與公平工作團隊而非自家工人對話之後，選擇執行的改變。公司寧願聽一群學者告訴他們要改善什麼，而不是傾聽員工的意見。這個情況顯然很荒謬，但也說明這種壓力的威力有多大。

公司之所以做出這兩百九十九項改善，是因為他們瞭解聲譽不佳會成為他們的重大弱點。聲譽不佳，尤其是當聲譽可以歸結成一個容易理解的數字分數，可能導致客戶流失，造成業務損失。在環境保護、社會責任與公司治理（Environmental Social Governance，簡稱ESG），以及企業責任與所謂「責任型資本主義」的時代，許多公司，尤其是科技產業，不遺餘力將自己呈現為世界上仁慈、道德和正面的力量。現在，無論你是否相信「責任型資本主義」是一種矛盾修辭法，為了向公司施壓以改善工人的條件，重要的是公司本身相信他們在負責任行事時，應該被注意到。

透過這個契機，我們看到改變人工智慧生產網絡一個重要部分的希望。許多領導廠商都已經要求供應商必須達到最低標準。例如，谷歌、微軟與亞馬遜都在各自的供應商行為守則中規定，為其供應商工作的人員每週工作時間不得超過六十小時。谷歌進一步明確說明：「供應商還必須允許員工每七天至少休息一天。」[20] Meta對約聘員工提出更高的標準：要求供應商每年至少提供員工十五天有薪假，以及四千美元的兒童福利選項，方便員工享受有薪育兒假。然而，這些規定只適用於Meta在美國的約聘員工，並未強制要求國際供應商達到相同標準。

儘管這些遠大的標準讓人沮喪（尤其考慮到每週六十小時的工時，以及工作六天在北半球國家尚未成為常態），它們還是說明了，人工智慧生產網絡的核心企業已經開始在他們負責協調的複雜網絡中，規範標準程序。因此，改善工作條件的抗爭不必然就得讓公司相信他們可以且應該向供應商施壓，以實施最低標準。他們已經這麼做了。這樣的抗爭反而可以將焦點放在細節上：提高工資和減少工時。

我們可以利用這個機會做很多事。公平工作計畫的例子顯示，可以利用公司的聲譽敏感度來推動改革。工人在供應鏈網絡的上游環節最脆弱，受到最直接的傷害，而且能靠自己遊說改變的直接機制也最少。但是，由於這些核心企業對整個網絡擁有的權力，追究核心企業責任的策略，也能讓其他地方的工人在工作與生活層面受惠。創意工作者將尋求向核心企業施壓，要求公司建立防護欄，以保護他們的作品不被竊取或發生未註明出處的情況，以及不讓人工智慧完全取代藝術家。作業員將設法確保工作強度不會不合理地提高。工程師將致力確保他們開發的產品設置有效的道德防線。

民間社團可以與勞工運動合作，將網絡中的複雜節點標示出來並加以連結，以便向核心企業施壓，改善偏遠地區工人的條件。面臨持續的壓力時，很少有核心企業願意被指為不道德，但如果不持續發展策略，連結在全球人工智慧地圖上扮演一定角色的不同行為者，這種槓桿作用將永遠無法發揮作用。

消費者壓力若不是以工人集體力量為基礎，也不是來自制度化的監管力量，那麼這種壓力永遠只會曇花一現。這樣的壓力沒有固定的黏著性，也不具持久力。因此，這種策略本身不足以重新平衡生產網絡中的力量。然而，作為提高標準、改善薪資，並讓人工智慧生產更公平的廣泛嘗試的一部分，對大型企業施壓可說是促成變革的有效策略。

步驟三：政府干預

步驟一與步驟二展示如何運用來自工人與消費者的壓力，以抗衡企業在人工智慧生產網絡中的力量。這兩種策略都能發揮作用，但也有很大的限制。若缺乏記錄在案的法令規範，公司總是會試圖反擊限制其權力的企圖。

制定有效立法的第一個問題，涉及更仔細地思考管轄權。人工智慧生產網絡是全球性的，但法律必須在特定地點訂定。儘管科技公司可能認為自己位於雲端，但它們始終位於現實世界的司法管轄區，且必須遵守這些管轄區的法律。考慮到特定生產網絡的地理位置，我們可以評估不同司法管轄區的法律在塑造結果時可能扮演的角色。監管的三個地域最為相關：**上游監管**、**下游監管**、**網絡範圍**的監管。

上游監管（主要執行低薪資工作的司法管轄區）最直接，同時也最難實現。資料標註與內容審核等工作，往往位於薪資低且監管寬鬆的地方。為社區帶來工作機會的公司，如果在條件惡化時隨時準備離開，就能積極阻止對它們進行嚴格監管的嘗試。有些政府因為擔心這些公司會離開，也不願意實施更嚴格的監管。

菲律賓是個有趣的案例。該國因為在業務流程外包領域有超過一百萬名勞工而陷入困境：一方面需要改善大批工人的工作條件，一方面又知道某些產業為如此龐大的人口提供工作，當局無法承擔扼殺這些產業的後果。二〇一四年，我們在馬尼拉這個不斷擴張的首都待了幾週，研究該國龐大的業務流程外包產業。在行程接近尾聲時，我們成功爭取到與該國資通訊科技辦公室的一位高級官員會談，該辦公室的職責包括促進該國經濟發展。我們想到的一個關鍵問題是，如何才能提高這些工作的品質。但我們並沒有討論到，能讓菲律賓公司與工人攀登價值鏈的經濟升級策略，而是遇到了完全不同的觀點。「我們是擁有一億菲律賓人的國家，好嗎？……我們每年有超過五十萬菲律賓人拿到大學學位。」他這麼告訴我們，顯示他們要顧及的不僅僅是工作品質，工作數量也很重要。「無論他們現在在做什麼，既然能做得好，就讓他們留在那裡吧。」在這位官員看來，低薪工作是菲律賓政府為了帶來就業與收入所採取的戰略之一。因此，提高薪資對於政府培育該產業的目標來說，簡直就是詛咒。

資通訊科技辦公室的任務是創造資通訊科技相關的就業機會（而且無權關注這些工作的勞工福利），但政府內部的其他單位仍在努力改善所有商業流程委外勞工的工作條件。自二〇〇九年以來，已有多次嘗試立法，以專門「保護商業流程委外勞工的權益並促進其福利」。「商業流程委外勞工福利與保護法」最早在第十四屆國會期間提交，該法旨在強制雇主遵守勞動規範，禁止虐待或暴力對待，並保護勞工免受人手不足與負荷過重之苦。擬議的法案要求，商業流程委外企業應提供所有勞工，有關其權益與福利的資訊、客戶與供應商之間的協議，並確保勞工經過最多六個月的培訓或試用期後成為雇員。該法案曾推出許多不同的版本，但在本文撰寫之際，所有的版本仍懸而未決。[21]任何有關管制該產業的討論總是籠罩一股威脅，似乎更嚴格的規範將摧毀這個為這麼多菲律賓人提供就業機會的產業。

經濟學家喬安・羅賓遜（Joan Robinson）有句名言：「與完全不被剝削的痛苦相比，被資本家剝削的痛苦根本就不算什麼。」[22]若考慮到全球南方大部分地區的決策者都面臨糟糕的境況，覺得自己必須在壞工作與沒有工作之間做出選擇，這樣的說法似乎有些道理。標註、審核等商業流程委外工作的全球勞動力市場，加劇了逐底競爭的情形，也束縛了政策制定者，讓他們很難在該產業實施任何可能讓勞工受益的真正轉型變革。

對工作具有一定地理黏著性的職業來說，情況就不同了。對於這些工作，考慮離岸外包更具挑戰性。在義大利，就業立法雖然提供了基本的法規框架，但具體方面則由社會夥伴自行達成協議。然而，政府在迫使社會夥伴坐上談判桌時，往往能扮演重要的政治角色。由於這種強有力的政治支持，亞馬遜公司的倉庫工人才能更有效率地組織起來。在二〇二三年關於亞馬遜的影響與對策的高峰會上，前義大利勞工部長解釋道，由於政府的授權與工會的行動，他們得以迫使亞馬遜公司展開社會對話，進而達成包括亞馬遜及其分包商在內的強大工會協議。[23] 達成的協議非常有力，以至於義大利工人紛紛離開原本的工作，加入亞馬遜。

下游監管的嘗試則是完全不同的提議。由於生產網絡可能是全球性且相當鬆散，下游監管可以在相對靜態的地理環境解決問題。儘管生產可以從菲律賓轉移到印度，或從南非轉移到肯亞，世界上最大的市場並不會轉移到任何地方。汽車公司總是希望能在法國或德國販售他們的汽車。社群媒體公司總是希望美國的使用者參與。這個簡單的事實，讓這些國家的政策制定者在制定標準時，可能扮演更重要的角色。

在考慮到跨越全球的生產網絡時，一個國家頒布的法律可能以某種方式影響世界各地勞工的工作條件，這一點乍看之下似乎不切實際。然而，有幾個國家已經制定了一系列法規，試圖做到這一點。

二〇二三年，「德國供應鏈法」生效。該法律規定，所有設在德國、員工人數超過三千人的公司（二〇二四年起，這個數字降到一千名員工），必須確保整個供應鏈都要達到一系列最低的標準。換言之，只要和供應商接觸，這些德國公司就有法律責任，讓供應商遵守法律規定的標準，並進行風險評估以確保符合規定。除了禁止結社自由、奴役和其他侵犯人權的行為，法律規定的標準還包括，需要識別、預防或盡量減少童工與強迫勞動的風險。雖然現在評估該法律的長期影響為時過早，而且早期跡象顯示，要將這項法律有效落實在特定的科技公司，有相當大的困難，但該法所代表的意義重大，重構了整個生產網絡中核心企業的責任。核心企業再也無法開脫，他們對世界另一端工人的工作條件確實負有道義責任。「供應鏈法」認為，透過協調供應鏈，核心企業不僅需要確保產品與服務的生產符合技術與營運規範，還需要符合道德規範。

許多經濟合作暨發展組織（OECD）國家目前都已實施供應鏈法，透過提高透明度與盡職調查來改善企業行為。在加拿大，S-211法案強制加拿大大型公司，報告他們在生產過程中任何階段，為降低強迫勞動或童工的風險所採取的步驟。英國與澳洲的「現代奴役法案」，以及法國的「企業警戒責任法」，都對這些國家的公司提出了類似的要求。挪威的「透明度法案」更進一步，除了要求挪威公司在整個供應鏈中進行盡職調查活動，還規定這些公司必須回應有關供應鏈上游工作條件的資訊查詢。

除了德國的「供應鏈法」，大多數法案主要關注的都是現代奴役問題，而不是關於人權和尊嚴勞動的更廣泛問題。然而，擬議的「歐盟企業永續盡職調查指令」有可能更進一步（本文撰寫時，該指令正透過三方會談推進）。[24] 該指令不僅禁止一系列侵犯環境與人權的行為，還規定將低於當地生活工資的薪酬、禁止工人加入工會，以及勞動力中未處理的不公平現象等視為違法行為。就像先前以現代奴役為重點的法案與德國「供應鏈法」，「歐盟企業永續盡職調查指令」的治外法權範圍，意味它涵蓋的公司不僅必須留意自身的影響，還需監控所有屬於其供應鏈並與其有任何間接業務的實體所造成的影響。該指令當前的草案，涵蓋了總部位於歐盟的大型公司，也適用在歐盟境內因生產、供應商品或提供服務而產生大量收入的公司（總部位於全球任何區域）。因此，這種廣泛的地理職權範圍，可以成功防止不道德的離岸外包，也可以避免監管機構因全球市場競爭動態而倍感壓力的地區，發生支付低於生活工資的情形。

該指令不太可能是什麼高招，而且面臨了許多重要的批評。它的下限可能會成為上限，還可能遏制公司超越狹隘的合規措施。它可能阻止會員國立法制定更進取的標準。毫無疑問，它也將包含許多例外，例如將金融業與服務業排除在外。更重要的是，生活工資等規定似乎不太可能適用於自由業者或按日計酬的工人。

無論該指令的最終定稿會有什麼缺口，真正重要的是，它和之前各種現代奴役與供應鏈法案，在在顯示下游法規可以建構為治外法權：從而確保在面對任何生產過程可能對工人與環境造成的傷害時，不會以企業管理者的道德觀點決定，而是按法令的要求強制執行。如果這樣的法律在阿爾巴尼亞、寮國或牙買加等國通過，大公司可以很容易地忽略。然而，提出這些法案的國家，占世界商品與服務出口的很大一部分。大型科技公司不太可能願意和這些國家發生衝突，而被排除在這些市場之外。

毫無疑問，未來還會有許多爭議，攸關這些法律與指令確切該如何配置，以及其涵蓋範圍，但對於協調全球生產網絡的企業而言，這些法律與指令無疑是百尺竿頭的開端。大多數國家對於保護其他國家勞工的生命、健康與福祉沒有什麼興趣，我們不應抱持任何幻想。然而，這些法規可能變得足夠制度化與正常化，讓我們很難想像回到一個責任止於國家邊界的世界。

最後，值得考慮的還有全網範圍的規範，在馴服這個產業所能扮演的角色。在這裡，國際勞工組織（International Labour Organisation，簡稱ＩＬＯ）是值得關注的主要行為者。國際勞工組織是聯合國的一個機構，負責制定勞工標準與促進尊嚴勞動。因此，該組織的管轄權限延伸至一百八十七個成員國，涵蓋世界上絕大多數的人口。制定國際勞工組織公約並不容易。然而，一旦獲得會員國批准，公約就會成為具有法律約束力的文書。如果上游與下游的規範證明，不足以防止人工智慧生產網絡中的傷害延續下去，國際勞工組織公約有可能為這個領域的所有工人制定最低的全球標準。[25]

步驟四：勞工合作社

透過立法的方式，建立雇主在對待員工時必須遵守的最低標準與約束規則，得以保護工人。此外，工會可以代表工人進行談判，試圖讓他們公平地分享大餅，但如果工人不去爭取這塊餅，而是自己動手做呢？這就是勞工合作社的任務。這種組織是由工人共同擁有與管理的企業。想像一下，一家有十六名員工的麵包店，每個員工都擁有同等的財務權益，會定期聚在一起，共同決定如何經營這個事業。到頭來，他們賺到的錢就由他們均分。員工持股不僅是建立集體權力與分享商業成果的一種方式，也是探索實現工作場所民主的有效方法。美國與英國的一些讀者對這種模式可能不甚熟悉，因為合作社的概念在其他國家比較突出。例如，歐洲合作社聯盟（Cooperatives Europe）的報告指出，超過一七%的歐洲人口為合作社成員。[26]各種形式的農業與銀行合作社在印度、亞洲與非洲的不同地區也很常見。[27]現代合作主義的歷史可追溯到工業革命之初，以及富有遠見的早期思想家如羅伯特・歐文（Robert Owen）與夏爾・傅立葉（Charles Fourier）。第一家受到廣泛認可的合作社，於一八四四年由二十八名棉織工在英國羅奇代爾創立。[28]

那麼在人工智慧生產網絡中，工人合作社的前景如何？資料標註公司卡利亞（Karya）採用類似工人合作社的模式。這間成立於二〇二一年的非營利組織，位於印度南部城市班加羅爾，自詡為「全球第一家道德資料公司」。這間非營利組織的大部分工作涉及讓印度中部與南部的居民，創建當前數位資料庫尚未充分涵蓋的當地語言語音資料集。實際上，它協助個人將自己說的語言錄製到應用程式中，建立可出售給科技公司的新資料集。

卡利亞的起源可追溯到三位聯合創始人，其中兩人曾在微軟研究院（Microsoft Research）工作，是負責將人工智慧解決方案本地化為印度語言的團隊成員。印度十三億居民中，只有一一%會說英語；此外，還有其他三十種語言，每種都有超過一百萬的母語人士。其中許多語言的出版物很少，也沒有什麼關於這些語言的出版物，因此南亞語言存在巨大的資料缺口。你可以用英語告訴虛擬語言助理播放歌曲或關燈。但如果你想要用喀什米爾語（Kashmiri）、古吉拉特語（Gujarati）或阿薩姆語（Assamese），做到這一點呢？為了讓許多人工智慧的本地化解決方案有效發揮作用，需要從母語人士收集語音資料來訓練模型。在每項語音啟動服務的背後，有著無數提交訓練資料的母語工作者。

薩菲亞・侯賽因（Safiya Husain）是卡利亞的聯合創始人之一，她觀察到：「人工智慧訓練資料是地球上最賺錢的資產之一，但這些錢很少回到實際從事這項工作的人手中。」卡利亞的創辦人計算出，這些工人的時薪中位數實際上為十至五十美分，而他們產生的資料集，售價為這個數字的兩百倍以上。[29]工人只拿到他們所創造價值的〇・五％。

卡利亞公司的業務讓工人賺到約五美元的時薪，這個數字比印度全國最低工資高出許多倍。卡利亞限制員工每週可以在應用程式上工作的總時數，因為創始人不希望它成為一種全職工作，但是就工人的工作時間而言，工資算是相當不錯。僅憑高薪，並不表示我們就能把卡利亞視為一個完整的工人合作社，但他們採用的模式中，有些元素是朝工人合作社方向推進。首先，該公司使用公眾資料授權，讓參與創造資料集的工作者能對其工作成果行使集體所有權，並從出售給多家公司的資料集中繼續獲益。這個概念借鑑了「資料合作社」的概念，也就是為了在資料生產者與尋求使用其資料的公司之間協商而成立的組織。[30]安排的方式可以有很多種，但創建資料合作社可能需要該組織充當「信託仲介」，以重新平衡數位經濟中的權力，同時讓原本孤立的資料生產者有機會從使用其資料的不同公司獲取自己的紅利份額。在卡利亞的例子中，並不是每個資料集最終都能再次銷售，但有些資料集已經重新銷售了兩次或三次；有些甚至賣了更好的價錢。在一個例子中，由於資料集再次銷售出去，工作者獲得大約一千盧比的時薪（相當於十二美元，約為該國最低工資的四十倍）。

在這種情況下，「資料合作社」模式是根據印度國情而量身訂製。該平台上的三萬兩千名工作者，透過手機執行所有的任務。卡利亞與當地非政府組織合作招募工作者：確保工作者的性別與宗教多樣性，並且貧困社群與邊緣種姓能在他們的平台上找到工作。工作者在自己家中或在偏遠地區從事工作，無需前往城市。由於這種安排，這間資料合作社在為員工制定更正式的民主程序，讓員工對組織管理方式有發言權的時候，受到了限制。我們很難想像成千上萬名員工如何能像三位創辦人一樣，對組織擁有相同的影響力或權力。我們與薩菲亞訪談時，該公司正計畫嘗試建立由員工代表組成的員工議會，讓他們在決策過程發揮正式作用。然而，這個想法仍處於發展的早期階段。

合作社在整個人工智慧生產網絡中，具有什麼樣的可擴充性？常見於合作社一個限制，是難以為大型計畫籌集足夠的資金。傳統創投資本與大型機構投資者往往迴避合作社，因為即使他們擁有股份，對企業的管理方式也沒有發言權，而且投資回報通常比傳統企業小，也需要更多的時間。由於無法取得資本，合作社很難擴大規模，更無法與企業對手競爭。平台合作聯盟（Platform Cooperativism Consortium）主席特雷博．蕭茲（Trebor Scholz）認為，唯有嵌入由其他合作社、投資機構如合作銀行，以及具優惠稅收獎勵的監管框架所組成的支持性生態系統，合作社才能發揮最佳作用。[31]不過這些要求，可能會使孤立的合作社難以發展與自我實現。當涉及大型資料中心或訓練基礎模型的人工智慧實驗室等資本密集型投資，很難看到合作社有切實可行的經濟生存機會。但對於資料標註服務、藝術集體和以各種形式為消費者提供服務的資料合作社來說，合作社是一種具體的可能性，可以為其工作者提供福利。

合作社事業的根本目的在於，它們有助於更多元化且更民主的經濟。它們的好處不該只從它們帶給工作者的經濟回報來評估，還應該從更廣泛的社會公義角度探討，比如為利益相關者提供更好的服務、加深人與人之間的關係、讓人們在對他們有意義的組織中實行民主治理。儘管合作社目前只占全球經濟的一小部分，透過自治、但相互聯繫的合作社聯盟，它們有機會持續成長。然而，當合作社遇到願意剝削工人的惡劣企業，我們看到前者的發展規模是有限的，這突顯了任何道德替代方案在更廣泛的資本主義經濟體系中面臨的一些問題。如果該怪罪的是整個該死的系統，你該怎麼辦？

步驟五：拆解擷取機器，創造未來

不久前，奴隸制與農奴制還很普遍。在這些經濟體系下，工人被視為可以自由擷取勞動力的資源。對許多人來說，工人可能擁有有意義的權利，如時間（與身體）的自主權、健康與安全保護，以及生活工資等的想法，是不可思議的。如今，雖然這些制度仍有部分苟延殘喘，但全世界的工人都享有一系列的權利與保護。這些權利與保護是片面、充滿漏洞的，而且肯定不足以保證每個人都能過有尊嚴的生活，但這些權利與保護確實說明人類的生活發生了多大的變化。這些變化既不是偶然，也不是因為那些控制歷史擷取機器的人發了什麼善心。之所以能夠贏得權利與保護，是因為歷史上的人們要求改變。

工人藉著提出更多要求，逐步改變了世界。他們努力爭取父母輩與祖父母輩沒有的權利，將我們帶到了今天的位置。由於這些抗爭，世界上大多數人享有普選權、週休二日，以及集體組織的權利。但這些權利有著非常大的地理限制。瑞士或瑞典的十八歲青少年比孟加拉或蒲隆地的十八歲青少年享有更多有保障的權利。在所有的國家中，為工人爭取更多公平與尊嚴的旅程，還有很長的路要走。需要做的事情很多，我們所有人都必須為這趟旅程努力。

這本書揭露了人工智慧複雜的全球生產網絡。這些網絡的結構，將工作者連接起來並操縱系統，在遊戲開始之前就創造出了贏家與輸家。一位烏干達的資料標註員，無法從系統中擷取任何有意義的價值或讓步。他們沒辦法打破擷取的循環。

在網路連線時代之初，人們普遍認為資訊的取得會民主化，全球「網路空間」將實現機會均等，讓地球上每個角落的人共享世界上的知識。這些希望很普遍，因為從理論上來說，這正是數位工具允許我們做的事。它們讓我們自由分享資訊，讓我們從地球的一個角落和另一個角落進行即時通訊。那麼，為什麼數位革命沒有成為一台偉大的均衡器呢？

答案是全球資本主義。在一個知識、資源與能力方面存在巨大不平等的世界中，網路連線可以將世界上更多的地方帶入擷取機器中。人工智慧產業只是一趟可回溯到殖民主義時代的漫長旅程的下一個階段。今日的擷取機器試圖削弱我們的能力，讓我們無法重新布線其工作方式。它建立了一個體系，其中只有資本才能看到全球生產網絡中的所有節點，也只有資本才能掌控這個網絡中的勞動空間分工。

因此，如果我們要打造一個更公平的未來，解決方案並不是更多的電腦連線，或是更平等的技術取得。解決方案是拆除機器，然後在原處建造其他東西取而代之。正如國王與皇帝不願意放棄他們的權力，當今的數位帝國統治者也不太可能選擇賦權給權力被剝奪的群體。只有在被迫的情況下，他們才會如此行事。

強者與被剝奪者都是同一個系統的一部分，都屬於同一台擷取機器。因此，如果我們致力於建立一個更公正的系統，就必須考慮如何重新為這台機器布線。如果假裝有一條很容易、直接且簡單的路徑可以做到這一點，那是不誠實的。但無論如何，我們都必須認識眼前的任務，在要求與期望方面，要具備企圖心、膽量與創造性。如果我們能做到這一點，就能找到一起邁向公平、公正未來的方法。

結論

二〇二一年，哈瑪斯（Hamas）在加薩發動為期十一天的戰爭，以色列國防軍與哈瑪斯以飛彈交火並數度發動空襲，以色列國防軍隨後宣布進行了「第一次人工智慧戰爭」。[1] 以色列於二〇一九年成立的新中心「目標管理部」（Targets Administrative），以機器學習工具為核心，利用可用資料與人工智慧來加速目標的產生。前以色列國防軍參謀長阿維夫・科哈維（Aviv Kochavi）表示：「過去我們每年在加薩產生五十個攻擊目標。現在，這台機器每天可以產生一百個目標，其中有五〇％受到了攻擊。」[2]

長久以來，科技一直被推銷成一種讓戰爭更人性化的工具。早在一九八〇年代，以色列國防軍入侵並占領黎巴嫩南部時，就以「外科手術般的精準度」來形容該國空軍的攻擊。[3] 第一次波斯灣戰爭期間，美國借鑑這樣的修辭劇本，開始將精確導引的彈藥稱為「精靈炸彈」

（smart bomb）。[4]其既定目標是減少平民傷亡，但背後是一種公關策略，旨在將戰爭當作大屠殺以外的東西推銷出去。以色列國防軍的人工智慧瞄準系統，可以讓人覺得目標是以機器般的精確度選定，大幅減少濫用武力的情形。但事實上，情況恰好相反。

二〇二三年十一月，《+972雜誌》與「Local Call」新聞網站進行的一項調查顯示，一個名叫「Hasbora」（福音）的程式，可以產生人工智慧生成的目標，而且不僅是鎖定軍事目標，也對準私人住宅、公共建築與高樓層住宅區。這些都是所謂的「強力目標」，能夠對巴勒斯坦的民間社會「造成衝擊」，導致他們對哈瑪斯施加更多民間壓力。[5]「一般認為，當高層建築被炸毀，哈瑪斯真的會受到傷害，因為這會在加薩走廊引起公眾反彈，讓民眾感到恐懼。」一位參與調查的消息人士指出：「他們想讓加薩公民感覺哈瑪斯無法控制局勢。有時，他們會弄倒建築物，有時是郵政服務與政府大樓。」[6]

二〇二三年十月七日哈瑪斯襲擊以色列之後，以色列軍隊放寬對平民傷亡的限制，展開人工智慧輔助的轟炸行動。《+972雜誌》與「Local Call」的調查顯示，以色列軍隊精確記錄在針對特定目標的攻擊中，有多少平民可能被殺害，並就合理行動做出深思熟慮的決定。以色列國防軍發言人表示，他們的目標是徹底消滅哈瑪斯，「在平衡準確度與損害範圍的同時，我們現在關注的是造成最大損害的武器。」[7]在先前的行動中，哈瑪斯低階成員的家園並非炸彈攻擊的範圍，但現在人工智慧擴大可能的攻擊範圍。「這包括許多民宅。」一名以色列官員告訴

《+972雜誌》與「Local Call」的調查人員。「無足輕重的哈瑪斯成員散居在加薩各地的民宅。於是，他們將這些民宅做上記號、轟炸，殺死了所有人。」

根據以色列國防軍二〇二三年十月十一日的聲明，在總共兩千六百八十七個轟炸目標中，有一千三百二十九個被視為「強力目標」，其中可能包括「城市中心的高層建築與住宅大樓，以及大學、銀行、政府辦公室等公共建築」。[8]《+972雜誌》進一步的調查顯示，在以色列這些種族滅絕攻擊的初期，以色列國防軍使用的是名為「薰衣草」（Lavender）的人工智慧目標系統所產生的「獵殺名單」，在最低限度的人工驗證下，攻擊了多達三萬七千個目標。這個系統使用大量的監控資料與機器學習，將加薩每一個人活躍於哈瑪斯等軍事部門的可能性，從一到一百排序。另一個名為「爸爸在哪裡？」（Where's Daddy?）的系統，則是用來確認被鎖定的個人在遭到襲擊前已經進入家中，時間通常在夜間，由保證造成「附帶損害」的「非導引」炸彈進行攻擊。以色列軍方內部消息人士透露，結果是數千名巴勒斯坦婦女和兒童死於人工智慧系統的權威決定。[9]在這些情況下，人工智慧用來大規模擴展國家軍事機器發動戰爭的能力，為追求假定的軍事目標而導致大量平民傷亡。人工智慧並沒有拯救平民的生命，反而增加了流血事件。人工智慧的運用也不僅限於瞄準程式，它在以色列軍隊中廣泛使用，其中包括一個名為「軍火工廠」（Fire Factory）的人工智慧程式，負責協調組織戰時的後勤。正如安東尼・羅文斯坦（Antony Loewenstein）所言，一旦在與巴勒斯坦人的戰鬥中經過測試，以色列國防軍的軍事技術就會透過以色列的私營保安公司，出口到世界各地的衝突地區。[10]

人工智慧的軍事運用有賴於全球生產網絡，涉及隱藏在世界各地的工人大軍。我們在本書中已經證明，這些龐大網絡的決策權分配不均，而且被權勢強大的公司拿來謀求自身利益。在大多數情況下，工作者不知道網絡中的其他地方發生了什麼事，除了少數協調人員，整個系統對所有人都不透明。以色列軍方透過谷歌與亞馬遜等公司，存取其人工智慧與機器學習功能，這兩家公司透過一項爭議性極高的「光輪計畫」，為以色列軍方的軍事行動提供雲端運算服務。[11]在贏得光輪計畫的合約後，亞馬遜與谷歌開始斥資數億美元，在以色列打造最先進的資料中心，其中有些中心位於地下，可以防止導彈攻擊與敵意行為。儘管距離資料中心員工埃納爾在冰島布隆多斯的工作地點和住家很遠，但這些中心將雇用像埃納爾這樣的技術人員來維持系統正常運作。這些合約的授與也催生了新的工人組織形式，例如肯亞勞工組織者保羅進行的活動。數百名屬於猶太僑民科技組織的谷歌員工，對這份合約提出抗議，簽署了一份聲明：「以色列的許多行為，違反了谷歌致力維護的聯合國人權原則。我們要求審查所有字母控股的業務合約與企業捐獻。凡是支持以色列侵犯巴勒斯坦權利的機構，我們將終止合作關係，如以色列國防軍。」[12]

為以色列國防軍打造的軍事系統，也倚靠具有專業知識與專門技術的機器學習工程師設計模型，並將模型整合到以色列現有的軍事能力中。以色列的義務兵役制度，讓軍隊為情報部門招募到頂尖人才，並將這些人訓練成工程師與網路安全專家。正如美國軍工複合體在矽谷的早期發展中扮演關鍵的角色，以色列的軍事與國防產業也是軟體工程師與高科技新創公司的發射台。[13]許多以色列企業家在軍隊服役，面對以色列複雜的電腦監控系統和其他在占領期間使用的戰爭技術，有直接的使用經驗。若涉及軍事瞄準技術、臉部辨識軟體、自主無人機等電腦視覺系統，圖像與影片需要大量的資料標註員進行管理與標註，許多標註員是經過外包中心雇用，如安妮塔在烏干達古盧任職的機構。這些隱藏的勞動力驅動這些人工智慧系統，但仍然被困在一個全球網絡中，無法平等取得資金、資源與工作機會。

我們也強調了，這種人工智慧生產網絡為何從根本上就具有殖民地特質，其中的許多關聯性都可以追溯到殖民時期的起源，至今也持續受到殖民主義歷史遺留的影響。在最基本的層面，我們看到連線網路如何延續前殖民帝國的舊航線與電報電纜。但更重要的是，這些生產網絡確保了價值與資源從網絡的周邊節點流向累積的中心。處於全球資本主義中心且擁有先進高科技經濟體的國家利用它們的權力，透過核心新企業，從外圍國家的勞動力、關鍵礦產與人口資料中擷取價值，以維持它們在體系內的財富與地位。[14]這一點可以從人工智慧的全球工作分配中，非常直觀地看到：在這些網絡的中心，訓練有素的工程師與技術人員保有安全且高薪的工作，而低薪且瑣碎的工作，則外包到勞工法規寬鬆且勞動力更脆弱的全球南方國家。這些網絡將南方國家變成擷取與剝削的場所，並在此意義上延續舊有的殖民權力模式，而這些模式一開始就導致這些國家被剝奪與發展落後的情形。

然而到頭來，我們認為這些生產網絡具有滲透性、有潛在的可塑性，而且能夠接受挑戰與轉變。我們生產人工智慧的方式並非一成不變。人工智慧也不是我們無法控制的惡意力量造成的結果。做出選擇的都是真實存在的人。他們回應來自市場的結構性壓力，也希望提升自己在網絡中的地位，但這不表示這個系統無可改變。這些網絡一直在變化，一直在回應供應鏈中不同節點的壓力。工作者在某一時刻發生的事情，可能會對另一時刻的其他工作者產生深遠的影響。在一些關鍵時刻，這些組織起來的工作者有能力改變現狀。第一步就是瞭解這些系統如何運作，如此一來，我們才會知道該如何改變它們。

科技發展往往帶有決定論的調調。我們被告知，我們應該適應新科技為世界帶來不可避免的改變，而不是想要對它們的開發方式提出看法。現實是，科技世界是一個高度政治化且競爭激烈的領域。我們可以共同為人工智慧塑造一個不同的未來。投資科技股的企業家對未來的預言，更多是為了他們的資產負債表，主觀促成一個新世界的存在，而不是對可能發生的事情做出合乎邏輯且冷靜的預測。但是這些億萬富翁資助的計畫並不總會成功。儘管科技公司希望我們相信它們期待的未來，但事實是，未來仍然是眾人各憑本事競爭的未知數。

在概述我們可以做些什麼來塑造這個未來之前，我們想先提出幾個我們希望你在闔上本書時能記住的關鍵訊息。

一、人工智慧資料標註工作是全球勞動市場的一部分，工作可以隨時轉移到世界上的任何地方。工作者必須跨國組織起來，捍衛自己的利益。

我們已經瞭解到，人工智慧生產網絡中的工作者，如何在明顯以空間分工的全球市場競爭。這些網絡中，技術要求較低的資料工作相對自由，理論上可以在地球上任何地方完成。雇主利用這個全球體系，讓來自世界不同地區的工作者相互競爭，爭取更低廉的勞工成本，並提醒這些工作者，遊說提高工資甚至可能違反他們自身的利益。在這個市場上，特定地理位置的任何孤立工人群體，很難單方面爭取到更好的條件。北方國家的公司可以制定合約條款，迫使外包中心互相競爭以爭取業務。這種逐底競爭只對促成這種競爭的公司有利。

人工智慧生產網絡的複雜性與全球性，意味工作者若要挑戰大型企業的力量，就必須找到跨越國界的組織方式。工作者必須找到新方法，橫跨供應鏈組織起來，並與網絡中其他環節的工人團結一致。科技公司擁有天然的優勢，不僅是擁有豐富資源的行為者，具備重要的議程制定能力，也對這些網絡的運行方式具有影響力。工作者必須集體組織起來，共同行動，建立起具對抗性的力量，向企業施壓以改善薪資與工作條件。只有勞工領導的組織，才能妥善捍衛自身的利益。

二、人工智慧驅動的工作管理系統來勢洶洶。

人工智慧在工作中的真正威力在於，它能透過對勞動力的監控、將工作流程標準化，以及更細緻的控制，來強化工作流程並降低技術要求。人工智慧讓老闆追蹤員工的活動，監控他們的表現與生產力，將更多有關勞動過程的資料集中到管理階層手中，甚至聲稱可以檢測員工的生理與情緒狀態。人力資源部門也愈來愈常使用人工智慧，做出「聘用與解雇」的決策，在以人力檢視履歷之前，先用人工智慧篩選求職者，並在員工未達到目標時，觸發懲處與解雇流程。對此類演算法管理來說，零工一直是示警的先兆，但這種技術也正迅速蔓延到其他形態的工作。[15]如果你認為你的工作不會受到影響，你可能錯了。一旦測試過那些議價能力較弱的工作者，這些技術就會被推廣到更廣泛的領域。在那些領域，它們用來取代之前由人力執行的功能；更常見的是，加快人類工作的速度，並減少執行特定工作所需的技能，以上述兩種方式刪減成本。

人工智慧管理技術絕大多數是為了管理者與所有者的利益而設計，並不以工作者為考量。結果，工作強度可能增加到不安全的水準，去技能化的情形會降低工人的自主權與工作品質，導致所有經濟部門普遍傾向從事累人、非人性化且危險的工作。亞馬遜員工每天站在一個地方，重複相同的細微工作數千次，以達到人工智慧經理要求的速度；他們體驗的正是這種未來的工作方式。他們是數百萬面臨高受傷風險、被追蹤、被迫每天愈來愈努力工作的工人。從掃描槍產生的資料到頭頂上方攝影機的觀察模式，他們對人工智慧管理的體驗，是一種持續不斷執行工作的壓力。

在倉庫之外，疫情也提供雇主一個機會，讓他們將這些監控技術拿來監控員工在家工作的生產力。微軟因為在其中一套軟體提供「生產力評分」而飽受批評，這項功能讓管理者追蹤員工在電子郵件與協作文件等活動的積極程度。[16]用攝影機監視辦公室員工、監控鍵擊與電腦活動，以及追蹤與記錄表現的軟體，都愈來愈普遍。沒有人能免於這種未來的工作方式。

三、人工智慧將把權力集中在更少數人手中，並改變工人與老闆的關係。

人工智慧軍備競賽可能將這項技術的權力鞏固在少數的公司與個人手中，這些公司與個人可以決定要如何為全球數十億的人口開發人工智慧。正如我們所見，訓練基礎模型需要大量的運算能力與龐大的資料儲存庫。這些資源由規模最大的科技公司嚴格控制，這些公司藉由對資料中心與運算資源的所有權與控制，行使基礎設施的權力。超大規模資料中心等基礎設施的資本密集特質，賦予市場上的大型廠商另一種優勢。紐約大學人工智慧現代研究所這個非營利組織的一份報告指出：「現存的大多數大型人工智慧模型幾乎都是由大型科技公司開發，尤其是谷歌（Google Brain、DeepMind）、Meta與微軟（及其投資對象OpenAI）；正如人工智慧雲端運算也是「一個已經集中在大型科技公司之手的市場，例如AWS（亞馬遜）、谷歌雲端（字母控股）與Azure（微軟）」。[17]這些公司同時是世界上最賺錢的公司，擁有巨大估值與大量現金儲備，可以投資較年輕的新創公司與人工智慧實驗室，藉此獲得影響力。這讓它們將新技術整合到現有產品中，並主導人工智慧的市場。

對工作者來說，潛在的弊端尤其明顯。在更廣泛的經濟體系中，由少數特定公司控制的人工智慧產品，其開發目的是將效率發揮到極致，榨乾工作者的每一分工作，透過加強監控與績效監控軟體，迫使工作者更快、更努力地工作。人工智慧的不對稱部署可能進一步讓經濟體系分化成兩大陣營：大型壟斷企業與殭屍企業。大公司在工作場所與市場中的力量不斷增長，顯示工人運動的未來令人沮喪，而工人運動本身，也早已因為新自由主義改革，以及代表集體談判和工人利益的機構空洞化而元氣大傷。人工智慧有可能進一步鞏固資本對工人的權力，並讓工人彼此競爭。

然而在資本主義的歷史上，還沒有哪個層次的技術發展能夠消除工人自我組織的能力。隨著人工智慧管理開始激增，英國與美國的罷工數量也從歷史低點往上飆升。人工智慧已成為許多此類糾紛的一個特點，通訊工人聯盟（Communication Workers Union）將這種技術視為英國郵政系統工人面臨的重大威脅之一。[18]在創造這種管理技術的人工智慧生產網絡中，權力集中在少數公司的情形為工人創造了新的契機。從歷史上看，產業內的整合與集中化浪潮為工會成立創造了更好的條件，因為工人面臨的是一個共同的敵人，而不是分散在不同的公司。[19]同樣的趨勢現在可能會重演。人工智慧管理工作的新動態，最終將取決於世界各地的倉庫與辦公室中工人與管理者之間的關係。

四、人工智慧不同於核武或未來的滅絕事件——它帶來的風險真實存在

人工智慧是一項發展迅速的尖端技術，會給社會帶來巨大且難以預測的風險。儘管人工智慧與核武都可能帶來嚴重的後果，但兩者的比較到此為止，核武的風險相對明確且可預測，人工智慧的風險更加複雜而難以評估。類似的敘述也適用於許多新興的危險科技，但這些科技在本質與潛在風險上皆有相似之處，很難將它們區分開來。這種比較的問題在於，它們會讓人聯想到「魔鬼終結者式」的「人工智慧接管」事件。而從本質上來說，這種類比幾乎完全是基於人類對未來二十年或一百年後自身所處位置的抽象推測。但是，當我們想到現存的人工智慧系統（電腦視覺系統、臉部辨識技術、自動駕駛汽車、推薦系統、虛擬助理與聊天機器人），有許多傷害已經發生。不要再去想什麼未來的合成自主主體，能執行虛假情報的宣傳活動，進行深度偽造，干擾選舉與傷害他人，現在的人類早就有能力將人工智慧用於邪惡的目的。最重要的是，這些系統的設計本身，往往以新演算法的形式，重現人類社會中存在的偏見。在人工智慧公司競相開發尖端科技之時，我們當然應該留意這些模型變得有多強大，但是代表自主人工智慧系統的暴力政變所需的技術，與我們這一代的人工智慧有著根本性的差異，因此，在我們

實際評估當今人工智慧帶來的危險時，危言聳聽的顧慮毫無助益。人工智慧正用來提高目前軍隊的殺傷力，包括在加薩，但是我們看不到任何自主的主體。我們目前回應這些危害的方式，將有助於塑造中長期的未來，進而幫助我們為未來的技術發展做好準備。

五、如果人工智慧被理解為一台擷取機器，那麼我們就是原料。

如果要將這本書歸結為單一的訊息，那就是我們人類是驅動人工智慧的隱藏力量，我們不僅透過身體勞動推動之，在智慧上也透過人工智慧吸收並綜合我們的集體智慧。我們是隱藏在木箱裡的人，讓土耳其機器人看似自動執行絕妙的西洋棋棋步。沒有我們，人工智慧就無法運作。只有持續不斷提供人類勞動力（進行資料集標註、替軟體編碼、修復伺服器、創作新的繪畫與文學，並維持供應鏈的運轉），人工智慧才能繼續存在。擷取機器將人類當成原料來使用，攪動著益形龐大的資料及知識量來驅動它的演算法。正如我們所探討，機器根據工人在全球資本主義中的地位，以不同的方式利用他們。但是它們都是受到擷取邏輯所引導。這部機器有個目的：讓科技公司的股東致富，並將權力集中在少數菁英手中。

除了投資者，本書中每個人物的共同點在於，他們的勞動在某種程度上都只是磨坊使用的穀物。有人指出，資料標註工作將工人視為機器，給他們重複性的任務，密切監控他們的活動與表現。但事實還更糟，這些工人只不過是維持機器運作所需的燃料。他們的共同命運就是被擷取機器剝削，並在這台機器追求自我建構與指數級成長的過程中，耗盡精力。工人們能否聯合起來反抗這台機器，以及強制執行這些不平等的全球統治制度，取決於他們當前的行動。無論如何，我們之間有許多人都可能成為這本書中的人物。我們所有被送入擷取機器的人，都有著共同的命運。

這個故事如何結束，取決於我們的作為。這取決於憤怒的公民、工人與消費者瞭解自己是怎麼被利用，也知道自己可以反擊。這並非發生在遙遠國度的外部抗爭，也不是永遠不會出現在我們面前的遙遠威脅。這正發生在你身上，而且是現在進行式。在本書中，我們講述了世界各地七名工作者的故事，他們每個人都被這台擷取機器困住了。來自肯亞的內容審查員梅西，她被迫一次又一次觀看自己祖父被殺的影片；來自烏干達偏遠農村的資料標註員安妮塔，她建立了世上最大型企業所倚賴的資料集；住在倫敦的機器學習工程師黎，她因為自己打造的技術涉及了道德問題，而感到掙扎；冰島資料中心技術人員埃納爾，他位於全球基礎設施權力網絡的中心；聲音演員蘿拉，被迫和自己聲音的人工智慧版本競爭工作；來自去工業化城市的亞馬遜員工亞歷克斯，他參加了自發性罷工，試圖爭取加薪；還有克服重重困難，在非洲成立有史以來第一個內容審核員工會的保羅。這些聽起來可能像是其他人的故事，他們在不同的地方過著與你截然不同的生活——但事實並非如此。

他們的故事也是你的故事。除了基本層次的人類經驗，你們還擁有特定的社會地位。僅從機率的角度來看，你是全球絕大多數工人、消費者與公民中的一分子，都被擷取機器視為可利用的資源。擷取機器想要你的勞動力、你的想法、你的藝術、你的水、你的能源、你的資料，以及你國家的關鍵礦產。所有這些投注的資源都會被送入火中，轉化成產出、權力與利潤。

打造這台機器的制度有個簡單的名稱——資本主義，一種以私人擁有與控制經濟為基礎建立的社會秩序，它有系統地將所接觸到的一切轉換成金錢。無論矽谷與其他地方的創投資本家如何仰賴政府提供研究預算，現階段的技術發展過程都是由資本主義制度所驅動，並導致資本主義的結果。少數投資者與管理者做了決定，我們其他人則承擔了後果。這些後果並非不可避免。假設任何技術發展路徑都會產生相同的挑戰，是不對的。技術資本主義的發展並非中立；它是依據孕育它的體系所具備的形象來打造的。

擷取機器以一些非常明顯的方式，展現它的家族血統。它重新闡明資本主義經濟殖民擴張期間形成的權力模式，藉此將控制權集中在所有者階級的手中。它允許其母體系統強化勞動，降低技術要求，從已經負擔過重的全球工人階級的工作中榨取更多利潤。它將生產轉移到世界各地，以獲取最便宜的勞動力及最容易取得的資源。炒作與泡沫的無秩序漩渦是這類系統的特點，我們在這些炒作與泡沫之中，可以看到一種節奏一再出現：投資與利潤的持續循環。人工智慧不僅僅是全球資本的工具，它已經融入資本之中，成為資本新開發出來、但已不可或缺的器官之一。

我們可以想像這項技術的其他使用方式：一個由人工智慧讓低品質工作自動化、協調稀有資源的利用，或是促進科學研究進展的世界。但這個願景需要的，不只是人工智慧全球生產網絡中主要行為者具備的良好意圖。我們需要的是更深刻的東西：一個屬於全球大多數人的運動，足以改變那些建造出擷取機器的社會關係。我們對這項運動的貢獻，將取決於我們所處的位置與採取的行為。藉由撰寫這本書，我們希望能幫助你瞭解，我們為什麼覺得自己不能再像以往一樣繼續下去。你的具體貢獻尚未確定，但那將取決於你是誰、你所處的位置，以及你能和全球大多數成員一起建立的力量。世界各地的工人正帶頭展開最初的抗爭，這最終必然成為一場漫長的運動。工程師拒絕為政府打造監控技術，亞馬遜員工為了爭取加薪而罷工，內容審核員聯合起來要求提升待遇。我們可以跟隨他們的腳步，粉碎這台擷取機器。然後，我們的任務會是將這些碎片結合成更具解放性的東西——成為一種能加速人類自由發展的技術形式。

一九六四年十二月二日，一位名叫馬里奧・薩維奧（Mario Savio）的學生運動者在加州大學柏克萊分校演講。在警察鎮壓民權運動人士之後，薩維奧在一場抗議活動中發言，要求大學行政人員取消對校園政治言論與行動的限制。他首先告訴群眾，大學校長如何將學校視為一家公司，以及在這樣的願景中，學生如何成為被大學加工的原料。他發言時，情緒高漲滿溢：

有時候，機器的運作變得如此令人厭惡，讓人感到不快，以至於無法讓人參與其中；你甚至無法被動參與，而是必須主動將身體放在齒輪、輪子、槓桿與整台裝置上，你必須讓它停下來。你必須向操作這台機器的人和擁有這台機器的人表明，除非你是自由的，否則機器將無法運轉。[20]

薩維奧的話同樣適用於我們現在的處境，就如同適用於六十年前的加州大學。我們也拒絕成為被送進擷取機器的原料。我們也願意將自己的身體放在這個會攪碎人類勞動並吐出利潤的系統齒輪上，阻擋它運轉。我們也希望向操作這台機器與擁有這台機器的人表明，除非我們自由，否則擷取機器將無法運轉。

謝辭

本書中的一部分想法，是在二〇〇九年研究奈洛比數位外包產業期間，第一次實地考察時開始浮現的。在第一條光纖電纜將肯亞連上世界光纖網路之後，肯亞資通訊部常務祕書比坦格·恩德莫（Bitange Ndemo）博士，熱情邀請馬克前往他位於奈洛比市中心的辦公室，討論他對肯亞在全球經濟地位的願景。那次討論，引發了與非洲數位經濟利益相關者的進一步聯繫與對話。因此，我們要特別感謝恩德莫博士為我們打開許多扇大門，介紹我們認識業界不同領域的參與者。若沒有恩德莫博士最初的信任與熱忱，我們就不可能在非洲進行長達十五年的數位工作研究。

這個初步研究於二〇〇九年在牛津網際網路研究所展開，由英國國家學術院提供種子基金。研究計畫後來又得到經濟和社會研究委員會（ESRC）與國際發展部（DFID）的支持，研究東非持續變化的網路連線能力造成的影響，最終促成了「Geonet」這個由馬克領導、歐洲研究委員會贊助的五年計畫。這個以非洲數位經濟為重點的計畫，集結了一群老練的研究人員團隊。在推行這些專案的過程中，馬克受惠於許多合作夥伴，和他們一起研究將數位工作外包給全球南方國家的問題。他想特別感謝菲力克斯・阿科利（Felix Akorli）、穆罕默德・阿米爾・安瓦爾（Mohammed Amir Anwar）、法比安・布雷斯曼（Fabian Braesemann）、克里斯・福斯特（Chris Foster）、伊西斯・霍斯（Isis Hjorth）、查爾斯・卡圖阿（Charles Katua）、葛蕾絲・馬甘博（Grace Magambo）、蘿拉・曼恩（Laura Mann）、桑娜・奧揚佩拉（Sanna Ojanperä）、史蒂凡諾・德薩巴塔（Stefano De Sabbata）、法比安・史帝芬尼（Fabian Stephany）、拉爾夫・史特勞曼（Ralph Straumann）、提姆・瓦瑪（Tim Waema）與米歇爾・瓦霍姆（Michel Wahome）等人加入研究團隊，感謝他們在規畫研究、資料搜集與分析等方面的合作與支持，也謝謝他們和他一起思考本書中的許多想法。

作者群在牛津網際網路研究所與柏林社會科學中心執行了公平工作計畫，這當中進行的對話、辯論與政治參與，也讓我們獲益良多。我們想特別感謝芳達・烏斯泰克・史皮爾達（Funda Ustek Spilda）。芳達協助設計、執行與思考我們的研究專案，以研究人工智慧生產網絡中公平工作的情形。如果沒有芳達的支持與投入，這個研究計畫與這本書都會大打折扣。

羅伯托・莫札奇奧迪（Roberto Mozzachiodi）、大衛・布蘭德（David Brand）與麥特・科爾

（Matt Cole）也參與了公平工作人工智慧計畫，幫助我們從亞馬遜員工與全球人工智慧利益相關者處收集資料。洛拉・布里頓（Lola Brittain）為我們進行了大量背景研究，我們非常感謝她作為研究助理的才華。謝麗爾・索里亞諾（Cheryll Soriano）提供了關於馬尼拉業務流程委外產業的重要背景資訊。喬納斯・瓦倫特（Jonas Valente）與拉斐爾・格羅曼（Rafael Grohmann）為公平工作計畫的第一份人工智慧報告，提供了寶貴的回饋，這大幅度影響了我們對本書內容的思考。最後，衷心感謝公平工作團隊的所有其他成員，他們在展示研究工作如何幫助建立更公平的職場未來，扮演了非常重要的角色。成員包括：賈娜・阿巴內（Jana Ababneh）、艾莎・阿非非（Eisha Afifi）、威拉萬・阿加哈里（Wirawan Agahari）、帕布羅・阿格拉・雷內塞斯（Pablo Aguera Reneses）、伊夫提哈・艾哈邁德（Iftikhar Ahmad）、塔里克・艾哈邁德（Tariq Ahmed）、沙馬魯克・阿拉姆（Shamarukh Alam）、瑪麗亞・貝倫・阿爾伯諾茲（María Belen Albornoz）、路易斯・帕布羅・阿隆索（Luis Pablo Alonzo）、奧古斯・阿利亞納克（Oğuz Alyanak）、海福德・阿梅格貝（Hayford Amegbe）、布蘭卡・安捷爾科維奇（Branka Andjelkovic）、馬科斯・阿拉蓋歐（Marcos Aragão）、瑪麗亞・阿納爾（María Arnal）、阿圖羅・阿里亞加達（Arturo Arriagada）、丹尼爾・阿魯巴伊（Daniel Arubayi）、薩米・阿塔拉（Sami Atallah）、歐陽達初（Tat Chor Au-Yeung）、艾哈邁德・阿瓦德（Ahmad Awad）、拉贊・阿伊沙（Razan Ayesha）、亞當・巴傑（Adam Badger）、梅佳什里・巴拉拉吉（Meghashree Balaraj）、約書亞・巴魯（Joshua Baru）、拉丁・巴尤吉爾（Ladin Bayurgil）、阿莉安・貝托恩・安塔爾（Ariane Berthoin Antal）、阿列希奧・貝爾托里尼（Alessio Bertolini）、瓦塞爾・賓・沙達特（Wasel Bin Shadat）、維吉爾・賓海（Virgel Binghay）、阿梅琳・博爾達斯（Ameline Bordas）、馬倫・勃克特（Maren Borkert）、阿爾瓦羅・布里亞萊斯（Álvaro Briales）、洛拉・布里坦（Lola Brittain）、喬・巴克利（Joe Buckley）、羅德里戈・卡萊利（Rodrigo Carelli）、艾瑟・卡內羅・阿帕札（Eiser Carnero Apaza）、愛德華多・卡里尤（Eduardo Carrillo）、瑪麗亞・凱瑟琳（Maria Catherine）、陳敬慈（Chris King Chi Chan）、亨利・查維茲（Henry Chavez）、安娜・查卡萊利（Ana Chkareuli）、安德雷亞・齊亞里尼（Andrea Ciarini）、安東尼奧・柯拉薩尼蒂（Antonio Corasaniti）、帕梅拉・庫斯托迪奧（Pamela Custodio）、阿德里安夏・達尼・達爾馬萬（Adriansyah Dhani Darmawan）、奧拉因卡・戴維－韋斯特（Olayinka David-West）、露易莎・德・維塔（Luisa De Vita）、亞列杭德拉・迪內格羅・馬丁內茲（Alejandra S. Y. Dinegro Martínez）、布里克納・卡皮希茲・迪奧尼茲（Brikena Kapisyzi Dionizi）、河道（Ha Do）、馬蒂亞斯・多德爾（Matias Dodel）、瑪塔・多諾弗里奧（Marta D'Onofrio）、艾維薩・德里什蒂（Elvisa Drishti）、維娜・杜巴爾（Veena Dubal）、詹姆斯・鄧恩－威利瑪森（James Dunn-Willimason）、卡蒂亞・札穆卡什維里（Khatia Dzamukashvili）、帕布羅・埃加尼亞（Pablo Egaña）、戴娜・埃爾巴什比希（Dana Elbashbishy）、巴圖爾・埃爾梅達爾（Batoul ElMehdar）、

艾莉莎・埃里科（Elisa Errico）、烏蘇拉・埃斯皮諾札・羅德里格斯（Úrsula Espinoza Rodríguez）、帕特里克・費爾斯坦（Patrick Feuerstein）、羅塞利・費加洛（Roseli Figaro）、米萊娜・弗蘭克（Milena Franke）、桑德拉・弗雷德曼（Sandra Fredman）、法拉・加拉爾（Farah Galal）、賈克琳・加梅萊拉（Jackeline Gameleira）、皮亞・加拉瓦利亞（Pía Garavaglia）、查納・賈西亞（Chana Garcia）、米歇爾・加德納（Michelle Gardner）、納夫尼特・吉達（Navneet Gidda）、希科・吉塔烏（Shikoh Gitau）、斯洛博丹・戈盧辛（Slobodan Golusin）、艾洛伊莎・岡薩雷斯（Eloísa González）、拉斐爾・葛羅曼（Rafael Grohmann）、馬丁・格魯伯－里薩克（Martin Gruber-Risak）、弗蘭西絲卡・古提雷茲・克羅科（Francisca Gutiérrez Crocco）、希瑪布・海德爾（Seemab Haider）、卡迪加・哈桑（Khadiga Hassan）、理查・希克斯（Richard Heeks）、索波・賈帕里澤（Sopo Japaridze）、馬貝爾・羅奇奧・赫南德茲・迪亞茲（Mabel Rocío Hernández Díaz）、路易斯・豪爾赫・赫南德茲・弗洛雷斯（Luis Jorge Hernández Flores）、維克托・曼努埃爾・赫南德茲・羅培茲（Victor Manuel Hernandez Lopez）、努爾・胡達（Nur Huda）、黃氏玉雪（Huynh Thi Ngoc Tuyet）、弗朗西斯科・伊巴內茲（Francisco Ibáñez）、尼瑪・耶爾（Neema Iyer）、塔妮亞・亞克比（Tanja Jakobi）、阿薩・賈米爾（Athar Jameel）、阿布杜爾・巴什魯・吉布里爾（Abdul Bashiru Jibril）、埃爾米拉・霍查・卡拉吉（Ermira Hoxha Kalaj）、拉克蒂瑪・卡利塔（Raktima Kalita）、雷瓦茲・卡拉納澤（Revaz Karanadze）、澤內普・

卡爾利達（Zeynep Karlidağ）、盧卡斯・卡泰拉（Lucas Katera）、布雷塞納・德瑪・科普利庫（Bresena Dema Kopliku）、瑪雅・科瓦奇（Maja Kovac）、祖札娜・柯瓦利克（Zuzanna Kowalik）、安賈利・克里尚（Anjali Krishan）、馬丁・克日辛斯基（Martin Krzywdzinski）、阿梅拉・庫爾塔（Amela Kurta）、伊爾瑪・庫爾托維奇（Ilma Kurtović）、莫拉德・庫特庫特（Morad Kutkut）、托比亞斯・庫特勒（Tobias Kuttler）、阿圖羅・拉赫拉－桑切茲（Arturo Lahera-Sánchez）、豪爾赫・萊頓（Jorge Leyton）、安妮卡・林（Annika Lin）、喬治娜・盧布克（Georgina Lubke）、比拉哈利・M（Bilahari M）、萊亞安・馬布（Raiyaan Mahbub）、瓦西姆・馬克塔比（Wassim Maktabi）、奧斯卡・哈維爾・馬爾多納多（Oscar Javier Maldonado）、蘿拉・克萊門奇亞・曼蒂拉－萊昂（Laura Clemencia Mantilla-León）、克勞蒂亞・馬拉（Claudia Marà）、安娜・弗拉維亞・馬克思（Ana Flavia Marques）、瑪格蕾塔・梅迪納（Margreta Medina）、盧蘇丹・莫希什維利（Rusudan Moseshvili）、賈邁勒・姆薩米（Jamal Msami）、卡羅爾・穆辛斯基（Karol Muszyński）、希爾達・姆瓦卡圖布拉（Hilda Mwakatumbula）、貝卡・納茨維利什維利（Beka Natsvlishvili）、莫尼卡・尼魯康達（Mounika Neerukonda）、安娜・內格羅（Ana Negro）、周阮氏明（Chau Nguyen Thi Minh）、希德拉・尼桑布丁（Sidra Nizambuddin）、克勞蒂亞・諾奇奧里尼・雷貝奇（Claudia Nociolini Rebechi）、邦妮塔・尼亞姆維爾（Bonnita Nyamwire）、米切爾・奧古拉（Mitchelle Ogolla）、奧盧瓦托比・奧貢莫坤（Oluwatobi A.

Ogunmokun）、達維蒂・奧姆薩拉什維利（Daviti Omsarashvili）、卡洛琳・奧姆維爾（Caroline A. Omware）、內爾明・奧魯克（Nermin Oruc）、克里斯蒂安・內杜・奧薩克維（Christian Nedu Osakwe）、巴拉吉・帕塔薩拉西（Balaji Parthasarathy）、法蘭西斯卡・帕斯夸隆（Francesca Pasqualone）、瑪麗亞・伊內斯・馬丁內茲・佩納德斯（María Inés Martínez Penadés）、萊昂哈德・普朗克（Leonhard Plank）、弗雷德里克・波比（Frederick Pobee）、瓦蕾莉亞・普利納諾（Valeria Pulignano）、邱林川（Jack Linchuan Qiu）、傑維・甘博亞（Jayy R. Gamboa）、阿納尼亞・萊漢（Ananya Raihan）、安東尼奧・拉米雷茲（Antonio Ramírez）、胡安—卡洛斯・雷維拉（Juan-Carlos Revilla）、安布里恩・里亞茲（Ambreen Riaz）、阿爾貝托・列斯科—桑茲（Alberto Riesco-Sanz）、納格拉・里茲克（Nagla Rizk）、莫伊塞斯・K・羅哈斯・拉莫斯（Moisés K. Rojas Ramos）、費德里科・羅森鮑姆・卡利（Federico Rosenbaum Carli）、謝麗爾・露絲・索里亞諾（Cheryll Ruth Soriano）、朱莉絲・薩爾瓦尼（Julice Salvagni）、德爾利・約翰娜・桑切茲・瓦爾加斯（Derly Yohanna Sánchez Vargas）、瑪麗卡門・賽克拉（Maricarmen Sequera）、慕拉莉・尚穆加維蘭（Murali Shanmugavelan）、阿迪提亞・辛格（Aditya Singh）、山札・索海爾（Shanza Sohail）、賈納基・斯里尼瓦桑（Janaki Srinivasan）、安娜・史汀（Anna Sting）、伊莎貝拉・史特拉塔（Isabella Stratta）、祖利・比比亞納・蘇亞雷茲・莫拉雷斯（Zuly Bibiana Suárez Morales）、大衛・薩克里夫（David Sutcliffe）、慕巴席拉・塔巴蘇姆・侯賽因（Mubassira

Tabassum Hossain）、塔斯米納・塔希爾（Tasmeena Tahir）、艾南・塔吉里安（Ainan Tajrian）、丁氏戰（Dinh Thi Chien）、基科・托瓦爾（Kiko Tovar）、芳達・烏斯泰克・史皮爾達、喬納斯・瓦倫特、茱莉亞・瓦拉辛（Giulia Varaschin）、丹尼爾・維祖埃特（Daniel Vizuete）、安莫西・懷里姆（Annmercy Wairimu）、王靜（Jing Wang）、羅比・沃林（Robbie Warin）、納丁・維赫巴（Nadine Weheba）、凱蒂・J・威爾斯（Katie J. Wells）、安娜・袁（Anna Yuan）與薩米・佐埃布（Sami Zoughaib）。如果沒有德國聯邦經濟發展部與其合作夥伴德國國際合作機構（GIZ）的支持，公平工作計畫就不可能實現。我們要特別感謝德國國際合作機構的沙赫洛・卡哈洛娃（Shakhlo Kakharova）、克斯丁・舒特勒（Kirsten Schuettler）與盧卡斯・桑納伯格（Lukas Sonnerberg）對我們工作的大力支持。

馬克與卡倫都因為成為人工智慧全球合作組織（GPAI）未來工作小組的成員，而受益匪淺。感謝人工智慧全球合作組織的每一位成員，謝謝你們創造了一個如此激勵人心的環境，讓人思考人工智慧對未來就業的影響。

我們的工作以牛津網際網路研究所為基地，受到研究所的大力支持，我們想藉此感謝鄧肯・帕西（Duncan Passey）、米歇爾・加德納（Michelle Gardner）、維多莉亞・納什（Victoria Nash）、卡蒂亞・帕德瓦爾卡瓦（Katia Padvalkava）與喬安娜・巴洛（Joanna Barlow）等人在行政工作上的鼎力協助。我們感謝大衛・薩克里夫為第七章提供編輯協助。艾塞克斯商學院也在詹姆斯與卡倫的整個寫作過程中，提供了必要的支援。他還特別要感謝彼得・布魯姆（Peter Bloom）教授的不懈努力，促成一個獨特的研究環境。本書有一部分工作，也是在馬克擔任柏林社會科學中心的訪問研究員期間進行的。非常感謝馬丁・克日辛斯基與他的團隊如此熱忱慷慨的接待，並提供如此能啟發思維的環境，來思考工作全球化的問題。

感謝Autonomy智庫的每一位，為本研究計畫提供了支援的環境，並促進新技術思維方式的發展。

感謝伯尼・霍根（Bernie Hogan），為我們第二章關於智能的論述，提供如此深思熟慮的回饋與建議。

詹姆斯要感謝他的家人，包括亞薩民、卡特里奧娜、彼得、麥可、史黛西、諾亞、伊莉莎白與莎拉多年來的愛與支持。如果沒有他那兩隻迷你臘腸狗巴庫斯和卡利的擁抱，這本書也不可能寫成。

馬克要感謝他的母親珍・格雷厄姆（Jean Graham）。作為數位勞動平台的工作者，她幫助馬克親身瞭解全球勞動力市場的不穩定性。馬克也感謝他的父親哈希姆・哈希米（Hashem Hashemi）無盡的鼓勵。這對馬克意義重大。也感謝卡洛琳的大力支持。謝謝你們。

卡倫也要感謝他的母親茱迪・坎特（Judy Cant）堅定不移的信念；謝謝他的父親約翰・坎特（John Cant）對第五章的評論，以及對技術系統實際上如何運作的見解；謝謝他的妻子伊芙琳・高爾（Evelyn Gower），她是最佳隊友，也很捧場他的爛笑話而開懷大笑；他也要感謝《底層日誌》（*Notes From Below*）期刊的協同編輯，感謝他們持續更新那些引導其研究的工人調查方法。

非常感謝詹克洛與內斯比特公司（Janklow & Nesbit）的威爾・弗朗西斯（Will Francis）與柯麗莎・霍倫貝克（Corissa Hollenbeck）、布魯姆斯伯里出版社（Bloomsbury）的班・海曼（Ben Hyman）與Canongate出版社的西蒙・索羅古德（Simon Thorogood）。感謝他們的信任、鼓勵與支持，讓我們將最初的想法化為這份書稿。

這本書汲取我們多年來與世界各地的工人團體共同研究與積極行動發展的理念。如果沒有這種參與，就不可能理解人工智慧在當代脈絡中的利害關係：試圖這麼做，就像學習數學時不使用零的概念。從多雨的街角到糾察線與酒吧，我們有幸接觸到工人的集體智慧，這些工人每天都親眼目睹科技發展與部署的現實面。他們付出的時間、開放的態度與真知灼見是本書得以出版的重要前提：沒有他們，就不會有這本《血汗AI》。因此，我們最後的感謝要送給他們。

註釋

前言　擷取資訊的機器

1 人類內容審查員所做的決定，也有助於Meta等公司建立訓練資料集，用來打造人工智慧內容審查員。這些系統執行基本的內容審查任務，例如優先推播內容聳動的貼文、偵測重複內容，以及對極可能違反平台服務條款的內容做出基本決策。

2 我們的定義參考了經濟合作暨發展組織對人工智慧的最新定義。參考Bertuzzi, Luca. 'OECD updates definition of Artificial Intelligence "to inform EU's AI Act"'. *Euractiv*, 9 November 2023, www.euractiv.com/section/artificial-intelligence/news/oecd-updates-definition-of-artificial-intelligence-to-inform-eus-ai-act/。

3 Thormundsson, Bergur. 'Artificial intelligence (AI) market size worldwide in 2021 with a forecast until 2030'. Statista, 6 October 2023, www.statista.com/statistics/1365145/artificial-intelligence-market-size/.

4 Crawford, Kate. *Atlas of AI*. Princeton: Princeton University Press, 2021. 中文版《人工智慧最後的祕密》，臉譜出版，二〇二〇年。

5 Gray, Mary L. and Suri, Siddharth. *Ghost Work: How to Stop Silicon Valley from Building a New Global Underclass*. Boston,

MA: Houghton Mifflin Harcourt, 2019; Tubaro, Paola, Casilli, Antonio A. and Coville, Marion. 'The trainer, the verifier, the imitator: Three ways in which human platform workers support artificial intelligence'. *Big Data & Society*, Vol. 7 No. 1 (2020), doi.org/10.1177/2053951720919776; Williams, Adrienne, Miceli, Milagros and Timnit Gebru. 'The Exploited Labour Behind Artificial Intelligence', *Noēma*, 13 October 2022, www.noemamag.com/the-exploited-labor-behind-artificial-intelligence/.

6 Irani, Lilly. 'The cultural work of microwork'. *New Media & Society*, Vol. 17 No. 5 (2015), pp. 720–39, doi.org/10.1177/1461444813511926.

7 Leswing, Kif. 'Meet the $10,000 Nvidia chip powering the race for A.I.'. *CNBC*, 23 Februrary 2023, https://www.cnbc.com/2023/02/23/nvidias-a100-is-the-10000-chip-powering-the-race-for-ai-.html.

8 Kak, Amba and West, Sarah Myers. 'AI Now 2023 Landscape: Confronting Tech Power'. *AI Now Institute*, 11 April 2023, ainowinstitute.org/2023-landscape.

9 Zuboff, Shoshana. *The Age of Surveillance Capitalism*. New York: Public Affairs, 2019. 中文版《監控資本主義時代》，時報出版，二〇二〇年。

10 Quijano, Anibal and Ennis, Michael. 'Coloniality of Power, Eurocentrism, and Latin America'. *Nepantla: Views from South*, Vol. 1 No. 3 (2000), pp. 533–80, www.muse.jhu.edu/article/23906; Maldonado-Torres, Nelson. 'On the Coloniality of Being'. *Cultural Studies*, Vol. 21 No. 2–3 (2007), pp. 240–70, doi.org/10.1080/09502380601162548.

11 參考Muldoon, James, and Wu, Boxi A. 'Artificial Intelligence in the Colonial Matrix of Power'. *Philosophy & Technology*, Vol. 36 art. 80 (2023), doi.org/10.1007/s13347-023-00687-8。許多其他作者也提出了同樣的論點，例如Mohamed, Shakir, Png, Marie-Theres, and Isaac, William. 'Decolonial AI: Decolonial Theory as Sociotechnical Foresight in Artificial Intelligence'. *Philosophy & Technology*, Vol. 33 (2020), pp. 659–84, doi.org/10.1007/s13347-020-00405-8。

第一章　標註員

1 Branch, Adam. 'Gulu in War and Peace? The Town as Camp in Northern Uganda'. *Urban Studies*, Vol. 50 No. 15 (2013), pp. 3152–67, doi.org/10.1177/004209801348777; Human Rights Focus. *Between two fires: the plight of IDPs in northern Uganda*. Gulu, 2002, https://www.humiliationstudies.org/documents/OnenBetweenTwoFires.pdf.

2 Perrigo, Billy. 'Exclusive: OpenAI Used Kenyan Workers on Less Than $2 Per Hour to Make ChatGPT Less Toxic'. *Time Magazine*, 18 January 2023, time.com/6247678/openai-chatgpt-kenya-workers/; Dzieza, Josh. 'AI Is a Lot of Work'. *New York Magazine*, 20 June 2023, nymag.com/intelligencer/article/ai-artificial-intelligence-humans-technology-business-factory.html.

3 參考Whittaker, Meredith. 'Origin Stories: Plantations, Computers, and Industrial Control'. *Logic(s) Magazine*, n.d, logicmag.io/supa-dupa-skies/origin-stories-plantations-computers-and-industrial-control/。

4 Van der Linden, Marcel. 'Unfree Labour: The Training Ground for Modern Labour Management'. In: Marcel van der Linden. *Global Labour History: Two Essays*. Noida: V.V. Giri National Labour Institute, 2017, pp. 13–27, vvgnli.gov.in/sites/default/files/125-2017-%20Marcel%20van%20der%20Linden.pdf; Menard, Russell R. *Sweet Negotiations: Sugar, Slavery, and Plantation Agriculture in Early Barbados*. Charlottesville: University of Virginia Press, 2006; Morgan, Philip D. 'Task and Gang Systems: The Organization of Labor on New World Plantations'. In Stephen Innes (ed.). *Work and Labour in Early America*. Chapel Hill: University of North Carolina Press, 1988, pp. 189–222.

5 參考Rosenthal, Caitlin. *Accounting for Slavery: Masters and Management*. Cambridge, MA: Harvard University Press, 2018; Manjapra, Kris. 'Plantation dispossessions: The global travel of agricultural racial capitalism'. In: Beckert S., Desan, C. (eds.). *American Capitalism: New Histories*. New York: Columbia University Press, 2018, pp. 361–88.

6 Taylor, Frederick W. *The Principles of Scientific Management*. New York: Harper, 1911.

7 Ouma, Stefan, Premchander, Saumya. 'Labour, Efficiency, Critique: Writing the Plantation Into the Technological

Present-Future'. *Environment and Planning A: Economy and Space*, Vol. 54 No. 2 (2021), pp. 413–21, ideas.repec.org/a/sae/envira/v54y2022i2p413-421.html.

8 Griggs, Troy and Wakabayashi, Daisuke. 'How a Self-Driving Uber Killed a Pedestrian in Arizona', *New York Times*, 21 March 2018, www.nytimes.com/interactive/2018/03/20/us/self-driving-uber-pedestrian-killed.html.

9 Cloudera. AI Data Engineering Lifecycle Checklist, www.cloudera.com/content/dam/www/marketing/resources/whitepapers/ai-data-lifecycle-checklist-cloudera-whitepaper.pdf.

10 Jones, Phil. 'The Mechanical Turk', *Verso Blog*, 26 November 2021, www.versobooks.com/en-gb/blogs/news/5223-the-mechanical-turk.

11 Gran View Research, Data Collection And Labeling Market Size, Share & Trends Analysis Report By Data Type (Audio, Image/Video, Text), By Vertical (IT, Automotive, Government, Healthcare, BFSI), By Region, And Segment Forecasts, 2023–2030, www.grandviewresearch.com/industry-analysis/data-collection-labeling-market.

12 Pontin, Jason. 'Artificial Intelligence, With Help From Humans'. *New York Times*, 25 March 2007, www.nytimes.com/2007/03/25/business/yourmoney/25Stream.html.

13 Fairwork. Fairwork Cloudwork Ratings 2023: Work in the Planetary Labour Market.

14 Gray, Mary and Suri, Siddharth. *Ghost Work: How to Stop Silicon Valley from Building a New Global Underclass*. New York: Harper Business, 2019. 中文版《你不知道的線上零工經濟》，臉譜出版，二〇二〇年。

15 Fairwork. Fairwork Cloudwork Ratings 2022: Work in the Planetary Labour Market.

16 Graham, Marm, Hjorth, Isis, and Lehdonvirta, Vili. 'Digital labour and development: impacts of global digital labour platforms and the gig economy on worker livelihoods'. *Transfer: European Review of Labour and Research*, Vol. 23 No. 2 (2017), pp. 135–62, doi.org/10.1177/1024258916687250.

17 Posada, Julian. 'Embedded reproduction in platform data work'. *Information, Communication & Society*, Vol. 25 No. 6

(2022), pp. 816–34, doi.org/10.1080/1369118X.2022.2049849.

18 參考Schmidt, Florian. 'Crowdproduktion von trainingsdaten: Zur Rolle von Online-Arbeit beim Trainieren autonomer Fahrzeuge'. Berlin: Hans-Böckler Stiftung, 2019. https://www.econstor.eu/bitstream/10419/201850/1/1671658035.pdf; Muldoon, James, Cant, Callum, Wu, Boxi A., Graham, Mark. 'A Typology of AI Data Work'. *Big Data & Society* (forthcoming).

19 Janah, Leila. *Give Work: Reversing Poverty One Job at a Time*. New York: Penguin, 2017.

20 Business Wire. 'Alipay Foundation and Alibaba AI Labs Launch Initiative to Bring AI-related Jobs to Women in Underdeveloped Areas in China', 6 August 2019, www.businesswire.com/news/home/20190805005725/en/Alipay-Foundation-and-Alibaba-AI-Labs-Launch-Initiative-to-Bring-AI-related-Jobs-to-Women-in-Underdeveloped-Areas-in-China.

21 Murali, Anand. 'How India's data labellers are powering the global AI race'. *Factor Daily*, 21 March 2019, archive.factordaily.com/indian-data-labellers-powering-the-global-ai-race/.

22 Murgia, Madhumita. 'Why computer-made data is being used to train AI models'. *Financial Times*, 19 July 2023, www.ft.com/content/053ee253-820e-453a-a1d5-0f24985258de.

23 Linden, Alexander. 'Is Synthetic Data the Future of AI?', *Gartner*, 22 June 2022, www.gartner.com/en/newsroom/press-releases/2022-06-22-is-synthetic-data-the-future-of-ai.

24 Shumailov, Ilia, et al. 'The Curse of Recursion: Training on Generated Data Makes Models Forget', arxiv.org/abs/2305.17493.

25 Dzieza. 'AI Is a Lot of Work'.

26 Friedman, Thomas. *The World Is Flat: A Brief History of the Twenty-first Century*. New York: Farrar, Straus and Giroux, 2005. 中文版《世界是平的》，雅言文化，二〇〇七年。

27 Graham, Mark and Anwar, Mohammad Amir. 'The Global Gig Economy: Towards a Planetary Labour Market?'. *First Monday*, Vol. 24 No. 4 (2019), doi.org/10.5210/fm.v24i4.9913.

28 Grosfoguel, Ramón. 'The Epistemic Decolonial Turn'. *Cultural Studies*, Vol. 21 No. 2–3 (2007), pp. 211–23, doi.org/10.1080/09502380601162514; Mohamed, Shakir, Png, Marie-Therese and Isaac, William. 'Decolonial AI: Decolonial Theory as Sociotechnical Foresight in Artificial Intelligence'. *Philosophy & Technology*, Vol. 33 (2020), pp. 659–84, doi.org/10.1007/s13347-020-00405-8.

29 Harvey, David. *The Condition of Postmodernity*. Oxford: Blackwell, 1989, p. 19.

第二章 工程師

1 Michie, Donald. 'Experiments on the Mechanization of Game-Learning Part I. Characterization of the Model and Its Parameters'. *The Computer Journal*, Vol. 6 No. 3 (1963), pp. 232–6, https://doi.org/10.1093/comjnl/6.3.232.

2 Narayanan, Deepak, Shoeybi, Mohammed, Casper, Jared, LeGresley, Patrick, Patwary, Mostofa, Korthikanti, Vijay, Vainbrand, Dmitri, Kashinkunti, Prethvi, Bernauer, Julie, Catanzaro, Brian, Phanishayee, Amar, Zaharia, Matei. 'Efficient Large-Scale Language Model Training on GPU Clusters Using Megatron-LM'. (2021) SC21, https://arxiv.org/abs/2104.04473.

3 關於為自然語言處理引進新方法，並為目前這一代大型語言模型奠定基礎的著名論文，請參考Vaswani, Ashish, Shazeer, Noam, Parmar, Niki, Uszkoreit, Jakob, Jones, Llion, Gomez, Aidan N., Kaiser, Lukasz, Polosukhin, Illia. 'Attention Is All You Need'. https://arxiv.org/abs/1706.03762。

4 Bender, Emily M., Gebru, Timnit, McMillan-Major, Angelina, Mitchell, Margaret. 'On the Dangers of Stochastic Parrots: Can Language Models Be Too Big? 🦜'. *Proceedings of the 2021 ACM Conference on Fairness, Accountability, and Transparency*. FAccT '21. Association for Computing Machinery. pp. 610–23, https://dl.acm.org/

doi/10.1145/3442188.3445922.

5 Common Crawl. https://commoncrawl.org/.

6 OpenAI. 'GPT-4 Technical Report'. 2023. https://cdn.openai.com/papers/gpt-4.pdf.

7 Roose, Kevin. 'A Conversation With Bing's Chatbot Left Me Deeply Unsettled'. *New York Times*, 16 February 2023, https://www.nytimes.com/2023/02/16/technology/bing-chatbot-microsoft-chatgpt.html.

8 Berglund, Lukas, Tong, Meg, Kaufmann, Max, Balesni, Mikita, Stickland, Asa Cooper, Korbak, Tomasz, Evans, Owain. 'The Reversal Curse: LLMs trained on "A is B" fail to learn "B is A"', https://arxiv.org/abs/2309.12288.

9 Bender, Emily. 'Resisting Dehumanization in the Age of "AI"', *Cognitive Diversity 2022*. 29 July 2022, Toronto, Canada. At: https://faculty.washington.edu/ebender/papers/Bender-CogSci-2022.pdf.

10 Dennett, Daniel C. *The Intentional Stance*, Cambridge, MA: The MIT Press, 1987.

11 Goldman Sachs. 'Generative AI could raise global GDP by 7%', Goldman Sachs, 5 April 2023, https://www.goldmansachs.com/intelligence/pages/generative-ai-could-raise-global-gdp-by-7-percent.html; McKinsey Global Institute. 'Jobs lost, jobs gained: What the future of work will mean for jobs, skills, and wages'. McKinsey, 28 November 2017, https://www.mckinsey.com/featured-insights/future-of-work/jobs-lost-jobs-gained-what-the-future-of-work-will-mean-for-jobs-skills-and-wages.

12 Frey, Carl Benedikt and Osborne, Michael A. 'The Future of Employment: How Susceptible are Jobs to Computerisation?'. At: https://www.oxfordmartin.ox.ac.uk/downloads/academic/The_Future_of_Employment.pdf.

13 Gmyrek, Pawel, Berg, Janine, Bescond, David. 'Generative AI and jobs: A global analysis of potential effects on job quantity and quality'. ILO Working Paper 96. Geneva: International Labour Office, 2023. At: https://www.ilo.org/publications/generative-ai-and-jobs-global-analysis-potential-effects-job-quantity-and-quality.

14 Meting, Chris. 'Artificial Buildup: AI Startups Were Hot In 2023, But This Year May Be Slightly Different'.

CrunchBase News, 9 January 2024, https://news.crunchbase.com/ai/hot-startups-2023-openai-anthropic-forecast-2024/.

15 Eubanks, Virginia. *Automating Inequality: How High-Tech Tools Profile, Police, and Punish the Poor*. New York: St Martin's Press, 2018，中文版《懲罰貧窮》，寶鼎出版，二〇二〇年；O'Neil, Cathy. *Weapons of Math Destruction: How Big Data Increases Inequality and Threatens Democracy*. New York: Crown Publishing Group, 2016，中文版《大數據的傲慢與偏見》，大寫出版，二〇一七年；Drage, Eleanor and Mackereth, Kerry. 'Does AI Debias Recruitment? Race, Gender, and AI's "Eradication of Difference"'. *Philosophy & Technology* 35, 89 (2022)。

16 有關這個立場最早也是最有影響力的一個陳述，請見Bostrom, Nick. *Superintelligence: Paths, Dangers, Strategies*. Oxford: Oxford University Press, 2014. 中文版《超智慧：AI風險的最佳解答》，感電出版，二〇二四年。

17 參考Benjamin, Ruha. *Race After Technology: Abolitionist Tools for the New Jim Code*. New York: John Wiley and Sons, 2019; Buolamwini, Joy. *Unmasking AI: My Mission to Protect What Is Human in a World of Machines*. New York: Random House, 2023; Buolamwini, Joy and Gebru, Timnit. 'Gender shades: Intersectional accuracy disparities in commercial gender classification'. *Conference on Fairness, Accountability and Transparency*, pp. 77–91。

18 Statement on AI Risk. https://www.safe.ai/statement-on-ai-risk.

19 The 2022 Expert Survey on Progress in AI. https://aiimpacts.org/2022-expert-survey-on-progress-in-a。但請注意，在發出去的四千兩百七十一份問卷中，只有一百六十二人回答了這個問題，導致回覆率只有四%。https://www.warpnews.org/artificial-intelligence/no-50-of-ai-researchers-dont-believe-there-is-a-10-risk-that-ai-will-kill-us/。

20 Nature Editorial, 'Stop talking about tomorrow's AI doomsday when AI poses risks today'. *Nature*, 27 June 2023, https://www.nature.com/articles/d41586-023-02094-7.

21 Benson, Thor. 'This Disinformation Is Just for You'. *Wired*, 1 August 2023, https://www.wired.com/story/generative-ai-custom-disinformation/.

22 Robins-Early, Nick. 'Disinformation reimagined: How AI could erode democracy in the 2024 US elections'. *The Guardian*, 19 July 2023, https://www.theguardian.com/us-news/2023/jul/19/ai-generated-disinformation-us-elections.

23 The Diary of a CEO, 'Google's DeepMind Co-founder: AI Is Becoming More Dangerous And Threatening! – Mustafa Suleyman'. YouTube, 4 September 2023, https://www.youtube.com/watch?v=CTxnLsYHWuI.

24 Urbina, Fabio, Lentzos, Filippa, Invernizzi, Cédric, Ekins, Sean. 'Dual Use of Artificial Intelligence-powered Drug Discovery'. *Nature Machine Intelligence*, Vol. 4 No. 3 (2022), pp. 189–91, doi:10.1038/s42256-022-00465-9.

25 根據希臘神話，普羅米修斯反抗奧林帕斯眾神，從眾神處竊取火種送給人類，代表知識與技術的贈與。

26 參考Graham, Mark and Dittus, Martin. *Geographies of Digital Exclusion: Data and Inequality*. London: Pluto, 2022。

27 Steven T. Piantadosi (@spiantado), Tweet, 4 December 2022, https://twitter.com/spiantado/status/1599462375887114240.

28 有關大型語言模型偏見的文獻概覽，參考Gallegos, Isabel, Rossi, Ryan, Barrow, Joe, Tanjim, Md, Kim, Sungchul, Dernoncourt, Franck, Yu, Tong, Zhang, Ruiyi, Ahmed, Nesreen. 'Bias and Fairness in Large Language Models: A Survey'. 2023. At: https://arxiv.org/pdf/2309.00770.pdf。

29 Crowell, Rachel. 'Why AI's diversity crisis matters, and how to tackle it'. *Nature*. At: https://www.nature.com/articles/d41586-023-01689-4.

30 Stanford AI Index Report 2023. https://aiindex.stanford.edu/report/.

31 West, Sarah Myer, Whittaker, Meredith and Crawford, Kate. 'Discriminating Systems: Gender, Race and Power in AI'. AI Now Institute, April 2019, https://cdn.vox-cdn.com/uploads/chorus_asset/file/16125391/discriminating_systems_041519_2.pdf.

32 2022 Taulbee Survey. https://cra.org/crn/wp-content/uploads/sites/7/2023/05/2022-Taulbee-Survey-Final.pdf.

33 Barbrook, Richard and Cameron, Andy. 'The Californian Ideology'. *Mute*, 1 September 1995, https://www.metamute.org/editorial/articles/californian-ideology.

34 Miceli, Milagros, Posada, Julian, Yang, Tianling. 'Studying Up Machine Learning Data: Why Talk About Bias When We Mean Power?'. *Proceedings of the ACM on Human–Computer Interaction*, Vol. 6 Article No. 34, pp. 1–14, doi.org/10.1145/3492853.

35 Johnson, Thadeus L., and Johnson, Natasha. 'Police Facial Recognition Technology Can't Tell Black People Apart'. *Scientific American*, 18 May 2023, https://www.scientificamerican.com/article/police-facial-recognition-technology-cant-tell-black-people-apart/; Noble, Safiya. *Algorithms of Oppression: How Search Engines Reinforce Racism*. New York: NYU Press, 2018.

36 Giorno, Taylor. 'Fed watchdog warns AI, machine learning may perpetuate bias in lending'. *The Hill*, 18 July 2023, https://thehill.com/business/housing/4103358-fed-watchdog-warns-ai-machine-learning-may-perpetuate-bias-in-lending/.

37 Hao, Karen. 'AI is sending people to jail—and getting it wrong'. *MIT Technology Review*, 21 January 2019, https://www.technologyreview.com/2019/01/21/137783/algorithms-criminal-justice-ai/.

38 Burgess, Matt, Schot, Evlaine, Geiger, Gabriel. 'This Machine Could Ruin Your Life'. *Wired*, 6 March 2023, https://www.wired.com/story/welfare-algorithms-discrimination/.

39 Quijano, Anibal and Ennis, Michael. 'Coloniality of Power, Eurocentrism, and Latin America', *Nepantla: Views from South*, Vol. 1 No. 3 (2000), pp. 533–80.

40 參考Nagel, Thomas. *The View From Nowhere*. Oxford: Oxford University Press, 1986。

41 關於女性主義立場論，參考Harding, Sandra (ed.), *The Feminist Standpoint Theory Reader*. New York and London: Routledge, 2004; Smith, Dorothy. 'Women's Perspective as a Radical Critique of Sociology'. *Sociological Inquiry*, Vol.

44 (1974), pp. 7–13; Hartstock, Nancy C. M. 'The Feminist Standpoint: Developing the Ground for a Specifically Feminist Historical Materialism'. In Sandra Harding and Merrill B. Hintikka (eds.), *Discovering Reality: Feminist Perspectives on Epistemology, Metaphysics, Methodology, and Philosophy of Science*. Amsterdam: Kluwer Academic Publishers, 1983。亦參考Collins, Patricia Hill. 'Learning from the Outsider Within: The Sociological Significance of Black Feminist Thought'. *Social Problems*, Vol. 33 No. 6 (1986), S14–S32。

42 Harding, Sandra. 'Rethinking Standpoint Epistemology: What is Strong Objectivity?'. in L. Alcoff and E. Potter (eds.), *Feminist Epistemologies*. New York and London: Routledge, 1993, pp. 49–82.

43 Cave, Stephen, Dihal, Kanta. 'The Whiteness of AI'. *Philosophy & Technology*, Vol. 33 No. 4 (2020), pp. 685–703, doi.org/10.1007/s13347-020-00415-6.

44 Crunchbase. 'Current Unicorns Tagged with AI'. https://www.crunchbase.com/lists/current-unicorns-tagged-with-ai/f296fc53-ac45-44e0-88eb-2979f7857fe2/organization.companies.

第三章　技術員

1 資訊科技專業網站TechTarget解釋：「電能使用效率是用於確定資料中心能源效率的指標。電能使用效率的計算方式，是以進入資料中心的總電力除以其中資訊科技設備所耗用的電力。」https://www.techtarget.com/searchdatacenter/definition/power-usage-effectiveness-PUE。

2 參考 Moss, Sebastian. 'Underpaid and overworked: Behind the scenes with Google's data center contractors'. *Data Center Dynamics*, 2 December 2021, https://www.datacenterdynamics.com/en/analysis/underpaid-and-overworked-behind-the-scenes-with-googles-data-center-contractors/。

3 有關冰島文化史的分析，以及將冰島定位為資料中心「原鄉」的分析，請參考Johnson, Alix. 'Emplacing Data Within Imperial Histories: Imagining Iceland as Data Centers' "Natural" Home'. *Culture Machine*, Vol. 18 (2019),

https://culturemachine.net/vol-18-the-nature-of-data-centers/emplacing-data/ 。亦參考 Johnson, Alix. *Where Cloud is Ground: Placing Data and Making Place in Iceland*. Oakland, California: University of California Press, 2023 。

4 Statista. 'Number of data centers worldwide in 2023, by country'. https://www.statista.com/statistics/1228433/data-centers-worldwide-by-country/.

5 OECD. 'OECD Economic Surveys: Iceland'. https://www.oecd.org/economy/surveys/Iceland-2021-OECD-economic-survey-overview.pdf.

6 McKinsey & Company. 'Investing in the rising data center economy'. McKinsey, 13 January 2023, https://www.mckinsey.com/industries/technology-media-and-telecommunications/our-insights/investing-in-the-rising-data-center-economy.

7 Keane, Daniel. 'More than 260 "overheating incidents" in London NHS hospitals amid climate change fears'. *The Standard*, 23 June 2023, https://www.standard.co.uk/news/health/nhs-overheating-incidents-heatwave-london-hospitals-climate-change-b1089712.html.

8 International Energy Agency. 'Data Centres and Data Transmission Networks'. https://www.iea.org/energy-system/buildings/data-centres-and-data-transmission-networks.

9 KPMG. 'The Icelandic Data Center Industry'. March 2018, http://www.si.is/media/_eplica-uppsetning/The-Icelandic-Data-Center-Industry-FINAL.pdf.

10 Mallonee, Laura. 'Inside the Icelandic Facility Where Bitcoin Is Mined'. *Wired*, 3 November 2019, https://www.wired.com/story/iceland-bitcoin-mining-gallery/.

11 Bjarnason, Egill. 'Iceland is a bitcoin miner's haven, but not everyone is happy'. Al Jazeera, 15 April 2019, https://www.aljazeera.com/features/2019/4/15/iceland-is-a-bitcoin-miners-haven-but-not-everyone-is-happy.

12 Le Page, Michael. 'The green tech that could help Iceland become carbon neutral by 2040'. *New Scientist*, 4 January

2023, https://www.newscientist.com/article/mg25634202-900-the-green-tech-that-could-help-iceland-become-carbon-neutral-by-2040/.

13 這還不包括透過冰島大型鋁冶煉廠生產的鋁條間接輸出的能源，鋁冶煉廠在二〇二二年的產值為三十億美元。CEIC, 'Iceland Aluminum: Exports', https://www.ceicdata.com/en/indicator/iceland/aluminum-exports.

14 參考Zook, Matthew and Grote, Michael H. 'The microgeographies of global finance: High-frequency trading and the construction of information inequality'. *Environment & Planning* A, Vol. 49 No. 1 (2017), pp. 121–40, doi/10.1177/0308518X16667298。

15 Verizon, 'IP Latency Statistics'. https://www.verizon.com/business/en-gb/terms/latency/.

16 Starosielski, Nicole. *The Undersea Network*. Durham, North Carolina: Duke University Press, 2015.

17 Tarnoff, Ben. *Internet for the People: The Fight for Our Digital Future*. London: Verso, 2022.

18 Starosielski. *The Undersea Network*.

19 Burrington, Ingrid. 'How Railroad History Shaped Internet History'. *The Atlantic*, 24 November 2015, https://www.theatlantic.com/technology/archive/2015/11/how-railroad-history-shaped-internet-history/417414/.

20 參考Kennedy, P. M. 'Imperial Cable Communications and Strategy, 1870–1914'. *The English Historical Review*, Vol. 86 No. 341 (1971), pp. 728–52。

21 Burns, Bill. 'History of the Atlantic Cable & Undersea Communications', https://atlantic-cable.com/Maps/index.htm.

22 Kennedy, 'Imperial Cable Communications and Strategy, 1870–1914'.

23 Haigh, Kenneth Richardson. *Cable Ships and Submarine Cables*. London: Adlard Coles, 1968.

24 Headrick, D. R. and Griset, P. 'Submarine Telegraph Cables: Business and Politics, 1838–1939'. *The Business History Review*, Vol. 75 No. 3 (2001), pp. 543–578.

25 Corera, Gordon. 'How Britain pioneered cable-cutting in World War One'. BBC News, 17 September 2017, https://

www.bbc.co.uk/news/world-europe-42367551.

26 Parfitt, Tom. 'Georgian woman cuts off web access to whole of Armenia'. *The Guardian*, 6 April 2011, https://www.theguardian.com/world/2011/apr/06/georgian-woman-cuts-web-access.

27 Starosielski. *The Undersea Network*.

28 Starosielski. *The Undersea Network*.

29 Cochrane, Paul. '"Digital Suez": How the internet flows through Egypt – and why Google could change the Middle East'. *Middle East Eye*, 3 March 2021, https://www.middleeasteye.net/news/google-egypt-suez-digital-internet-flow-change-middle-east.

30 Data Center Dynamics. 'NEC to build world's highest capacity submarine cable for Facebook, shuttling 500Tbps from US to Europe'. *Data Center Dynamics*, 12 October 2021, https://www.datacenterdynamics.com/en/news/nec-to-build-worlds-highest-capacity-submarine-cable-for-facebook-shuttling-500tbps-from-us-to-europe/.

31 Heller, Martin. 'Large language models: The foundations of generative AI'. *InfoWorld*, 14 November 2023, https://www.infoworld.com/article/3709489/large-language-models-the-foundations-of-generative-ai.html.

32 Appenzeller, Guido, Bornstein, Matt and Casado, Martin. 'Navigating the High Cost of AI Compute'. Andreessen Horowitz, 27 April 2023, https://a16z.com/navigating-the-high-cost-of-ai-compute/.

33 McKinsey & Company. 'Investing in the rising data center economy'.

34 Statista. 'Share of worldwide hyperscale data center capacity in 2nd quarter 2022, by region', https://www.statista.com/statistics/1350992/global-hyperscale-data-center-capacity/.

35 JLL. '2023 Global Data Center Outlook'. 13 April 2023, https://www.us.jll.com/en/trends-and-insights/research/data-center-outlook.

36 Synergy Research Group. 'Hyperscale Data Center Capacity to Almost Triple in Next Six Years, Driven by AI'. 17

October 2023, https://www.srgresearch.com/articles/hyperscale-data-center-capacity-to-almost-triple-in-next-six-years-driven-by-ai.

37 Kidd, David. 'The Data Center Capital of the World Is in Virginia'. *Governing*, 27 July 2023, https://www.governing.com/infrastructure/the-data-center-capital-of-the-world-is-in-virginia.

38 Synergy Research Group. 'Microsoft, Amazon and Google Account for Over Half of Today's 600 Hyperscale Data Centers'. 26 January 2021, https://www.srgresearch.com/articles/microsoft-amazon-and-google-account-for-over-half-of-todays-600-hyperscale-data-centers.

39 Kim, Tae. 'Meta Boosts Its Spending Plans for 2024. It May Be Good News for Nvidia'. Barron's, 2 February 2024, https://www.barrons.com/livecoverage/apple-amazon-meta-facebook-earnings-stock-price-today/card/meta-boosts-its-spending-plans-for-2024-it-may-be-good-news-for-nvidia--dRwAbF7R9LGAWzaOYvVo.

40 Field, Hayden. 'Tech execs are telling investors they have to spend money to make money on AI'. CNBC, 2 February 2024, https://www.cnbc.com/2024/02/02/techs-new-ai-game-plan-spend-money-to-make-money.html.

41 Vipra, Jai and West, Sarah Myers. 'Computational Power and AI'. AI Now Institute, 27 September 2023, https://ainowinstitute.org/publication/policy/compute-and-ai.

42 Cao, Sissi. 'Amid a Heated A.I. Race, Apple Struggles to Retain Top Talent'. *Observer*, 2 May 2023, https://observer.com/2023/05/apple-ai-chief-chatgpt-google/.

43 Frier, Sarah. 'Meta, Google Talent Leaving for AI Startups, Khosla Says'. Bloomberg, 4 May 2023, https://www.bloomberg.com/news/newsletters/2023-05-04/meta-google-talent-leaving-for-ai-startups-khosla-says.

44 Hurd, Tom. 'The State of AI Talent 2024'. Report published by Zeki. https://www.thezeki.com/the-state-of-ai-talent-2024.

45 EirGrid and Soni. 'All-Island Generation Capacity Statement 2020–2029'. https://www.eirgridgroup.com/site-files/

library/EirGrid/All-Island-Generation-Capacity-Statement-2020-2029.pdf.

46 Not Here Not Anywhere: For A Fossil Free Future. https://notherenotanywhere.com/campaigns/data-centres/.

47 Swinhoe, Dan. 'EirGrid says no new applications for data centers in Dublin until 2028'. *Data Center Dynamics*, 11 January 2022, https://www.datacenterdynamics.com/en/news/eirgrid-says-no-new-applications-for-data-centers-in-dublin-till-2028/.

48 Australian Energy Council. 'Data centres: A 24hr power source?'. 12 October 2023, https://www.energycouncil.com.au/analysis/data-centres-a-24hr-power-source.

49 Rogoway, Mike. 'Google's water use is soaring in The Dalles, records show, with two more data centers to come'. *The Oregonian*, 17 December 2022, https://www.oregonlive.com/silicon-forest/2022/12/googles-water-use-is-soaring-in-the-dalles-records-show-with-two-more-data-centers-to-come.html.

50 Livingstone, Grace. '"It's pillage": thirsty Uruguayans decry Google's plan to exploit water supply'. *The Guardian*, 11 July 2023, https://www.theguardian.com/world/2023/jul/11/uruguay-drought-water-google-data-center.

51 Google Sustainability. '2023 Environmental Report'. https://sustainability.google/reports/google-2023-environmental-report/.

52 Moss, Sebastian. 'Underpaid and overworked: Behind the scenes with Google's data center contractors'.

53 Stanford AI Index Report 2023. https://aiindex.stanford.edu/wp-content/uploads/2023/04/HAI_AI-Index-Report_2023.pdf.

54 National Committee on U.S.–China Relations. 'Kai-Fu Lee: AI Superpowers'. https://www.youtube.com/watch?v=0-8VccRDHgY.

55 International Energy Agency. 'Critical Minerals Market Review 2023'. https://www.iea.org/reports/critical-minerals-market-review-2023.

56 ING. 'China strikes back in the tech war, restricting exports of gallium and germanium', 7 July 2023, https://www.ing.com/Newsroom/News/China-strikes-back-in-the-tech-war-restricting-exports-of-gallium-and-germanium.htm.

57 International Energy Agency. 'Critical Minerals Market Review 2023'.

58 Stanford AI Index Report 2023.

59 Leswing, Kif. 'Meet the $10,000 Nvidia chip powering the race for A.I.'. CNBC, 23 February 2023, https://www.cnbc.com/2023/02/23/nvidias-a100-is-the-10000-chip-powering-the-race-for-ai-.html.

60 Khan, Saif M., and Mann, Alexander. 'AI Chips: What They Are and Why They Matter'. Center for Security and Emerging Technology, April 2020, http://cset.georgetown.edu/research/ai-chips-what-they-are-and-why-they-matter/.

61 Toews, Rob. 'The Geopolitics of AI Chips Will Define the Future of AI'. *Forbes*, 7 May 2023, https://www.forbes.com/sites/robtoews/2023/05/07/the-geopolitics-of-ai-chips-will-define-the-future-of-ai/.

62 Mann, Tobias. 'TSMC warns AI chip crunch will last another 18 months'. *The Register*, 8 September 2023, https://www.theregister.com/2023/09/08/tsmc_ai_chip_crunch/.

63 Financial Times. 'Saudi Arabia and UAE race to buy Nvidia chips to power AI ambitions'. *Financial Times*, 14 August 2023, https://www.ft.com/content/c93d2a76-16f3-4585-af61-86667c5090ba.

64 Gaida, Jamie, Wong-Leung, Jenny, Robin, Stephen, Dave, Pilgrim, Danielle. 'ASPI's Critical Technology Tracker – Sensors & Biotech updates'. Australian Strategic Policy Institute, https://www.aspi.org.au/report/critical-technology-tracker.

65 The Select Committee on the CCP. 'Leveling the Playing Field: How to Counter the Chinese Communist Party's Economic Aggression'. Hearing at Longworth House Office Building, Room 1310, Washington D.C., 17 May 2023, https://selectcommitteeontheccp.house.gov/committee-activity/hearings/hearing-notice-leveling-playing-field-how-counter-chinese-communist.

66 New York Times. 'Pressured by Biden, A.I. Companies Agree to Guardrails on New Tools'. *New York Times*, 21 July 2023, https://www.nytimes.com/2023/07/21/us/politics/ai-regulation-biden.html.

67 OpenAI, 'Frontier Model Forum'. https://openai.com/blog/frontier-model-forum.

第四章　藝術家

1 Yeo, Amanda. 'Netflix is getting blasted for using AI art in an anime instead of hiring artists'. Mashable, 2 February 2023, https://mashable.com/article/netflix-ai-art-anime-boy-dog.

2 Creamer, Ella. 'Authors file a lawsuit against OpenAI for unlawfully "ingesting" their books'. *The Guardian*, 5 July 2023, https://www.theguardian.com/books/2023/jul/05/authors-file-a-lawsuit-against-openai-for-unlawfully-ingesting-their-books.

3 LAION-5B. https://laion.ai/blog/laion-5b/.

4 Vincent, James. 'AI art tools Stable Diffusion and Midjourney targeted with copyright lawsuit'. The Verge, 16 January 2023, https://www.theverge.com/2023/1/16/23557098/generative-ai-art-copyright-legal-lawsuit-stable-diffusion-midjourney-deviantart。截至二〇二三年十二月，申請人已修改其原始訴訟，增加了一個新的被告Runway AI，並納入更多涉嫌侵權的細節。

5 Salkowitz, Rob. 'Midjourney founder David Holz on the impact of AI on art imagination and the creative economy'. *Forbes*, 16 September 2023, https://www.forbes.com/sites/robsalkowitz/2022/09/16/midjourney-founder-david-holz-on-the-impact-of-ai-on-art-imagination-and-the-creative-economy/.

6 Heikkilä, Melissa. 'This new data poisoning tool lets artists fight back against generative AI'. *MIT Technology Review*, 23 October 2023, https://www.technologyreview.com/2023/10/23/1082189/data-poisoning-artists-fight-generative-ai/.

7 參考Rothman, Jennifer. *The Right of Publicity: Privacy Reimagined for a Public World*. Cambridge, Cambridge, MA:

Harvard University Press, 2018。

8 Obedkov, Evgeny. 'What game devs think about generative AI: "World and mission design are about as AI solvable as neurosurgery"'. *Game World Observer*, 14 December 2022, https://gameworldobserver.com/2022/12/14/generative-ai-game-developers-opinion-cyberpunk-2077-rdr2.

9 The Creative Independent. 'A study on the financial state of visual artists today'. thecreativeindependent.com/artist-survey/.

10 Bedingfield, Will. 'Hollywood Writers Reached an AI Deal That Will Rewrite History'. *Wired*, 22 September 2023, https://www.wired.co.uk/article/us-writers-strike-ai-provisions-precedents.

11 SAG-AFTRA. 'A Message from the SAG-AFTRA President and Chief Negotiator'. 13 July 2023, https://www.sagaftra.org/message-sag-aftra-president-and-chief-negotiator.

12 電影暨電視製作人聯盟駁斥了這個說法。Chmielewski, Dawn. 'Black Mirror: Actors and Hollywood battle over AI digital doubles'. Reuters, 14 July 2023, https://www.reuters.com/business/media-telecom/union-fears-hollywood-actors-digital-doubles-could-live-for-one-days-pay-2023-07-13/。

13 截至撰寫本文之際，僅發布了協議草案。https://www.sagaftra.org/files/2023%20SAG-AFTRA%20TV-Theatrical%20MOA_F.pdf.

14 Weiss, Laura. 'SAG-AFTRA's new contract falls short on protections from Artificial Intelligence'. *Prism*, 5 December 2023, https://prismreports.org/2023/12/05/sag-aftra-contract-falls-short-ai-protections/.

15 United Voice Artists. https://www.unitedvoiceartists.com/.

16 United Voice Artists. 'World Voice Professionals Speaking Up'. https://www.unitedvoiceartists.com/wp-content/uploads/2023/05/240522_UVA_Manifesto_Validated_8.pdf.

17 引文出自Hartree, Douglas. *Calculating Instruments and Machines*. Urbana-Champaign: University of Illinois Press,

1949, p. 70。

18 Turing, Alan. 'Computing machinery and intelligence', *Mind*, 59 (1950), pp. 433–60.

19 Press Association. 'Computer simulating 13-year-old boy becomes first to pass Turing test'. *The Guardian*, 9 June 2014, https://www.theguardian.com/technology/2014/jun/08/super-computer-simulates-13-year-old-boy-passes-turing-test.

20 Bringsjord, Selmer, Bello, Paul and Ferrucci, David. 'Creativity, the Turing Test, and the (Better) Lovelace Test'. *Minds and Machines*, 11, pp. 3–27 (2001), https://doi.org/10.1023/A:1011206622741.

21 關於以不同評估方法應用於計算創造力的爭論，請參考Jordanous, Anna. 'Evaluating evaluation: Assessing progress in computational creativity research'. In: *Proceedings of the Second International Conference on Computational Creativity (ICCC-11)* (2011), pp. 102–107。

22 Veale, Tony, and Cardoso, F. Amílcar (eds.). *Computational Creativity: The Philosophy and Engineering of Autonomously Creative Systems*. Cham: Springer, 2019.

23 引文出自Marks, Robert J. *Non-Computable You: What You Do that Artificial Intelligence Never Will*. Seattle: Discovery Institute Press, 2022。

24 引文出自Du Sautoy, Marcus. *The Creativity Code: How AI is learning to write, paint and think*. London: Fourth Estate, 2020。

25 Silver, D., Hubert, T., Schrittwieser, J., Antonoglou, I., Lai, M., Guez, A., Lanctot, M., Sifre, L., Kumaran, D., Graepel, T., Lillicrap, T., Simonyan, K., and Hassabis, D. 'Mastering Chess and Shogi by Self-Play with a General Reinforcement Learning Algorithm' (2017). ArXiv. /abs/1712.01815.

26 Cone, Gabe. 'AI Art at Christie's Sells for $432,500'. *New York Times*, 25 October 2018, https://www.nytimes.com/2018/10/25/arts/design/ai-art-sold-christies.html.

27 最近，使用生成對抗網路（GANs）的圖像生成器熱度減退，取而代之的是使用擴散技術（diffusion technique）的圖像生成器。這些擴散模型的運作方式，是先學習影像的基本結構，然後模仿流體動力學的擴散，將「噪音」套用在這些圖像上。這讓它們能在漸進式圖層上逐步添加細節，來復原圖像。參考Song, Jiaming, Meng, Chenlin, and Ermon, Stefano. 'Denoising Diffusion Implicit Models' (2020), https://doi.org/10.48550/ARXIV.2010.02502。

28 Marks, Robert J. and Bringsjord, Selmer. 'Thinking Machines? Has the Lovelace Test Been Passed?'. *Mind Matters*, 17 April 2020, https://mindmatters.ai/2020/04/thinking-machines-has-the-lovelace-test-been-passed/.

29 Schaub, Michael. 'Is the future award-winning novelist a writing robot?'. *Los Angeles Times*, 22 March 2016, https://www.latimes.com/books/jacketcopy/la-et-jc-novel-computer-writing-japan-20160322-story.html.

30 Merchant, Brian. 'When an AI Goes Full Jack Kerouac'. *The Atlantic*, 1 October 2018, https://www.theatlantic.com/technology/archive/2018/10/automated-on-the-road/571345/.

31 Tapper, James. 'Authors shocked to find AI ripoffs of their books being sold on Amazon'. *The Guardian*, 30 September 2023, https://www.theguardian.com/technology/2023/sep/30/authors-shocked-to-find-ai-ripoffs-of-their-books-being-sold-on-amazon.

32 Jiang Harry, Brown Lauren, Cheng Jessica, Anonymous Artist, Khan Mehtab, Gupta Abhishek, Workman Deja, Hanna Alex, Flowers Jonathan, and Gebru Timnit. 'AI Art and its Impact on Artists'. In: AAAI/ACM Conference on AI, Ethics, and Society. 8–10 August 2023, https://doi.org/10.1145/3600211.3604681.

33 Cave, Nick. The Red Hand Files No. 218, January 2023, https://www.theredhandfiles.com/chat-gpt-what-do-you-think/.

34 Eliot, George. 'The Natural History of German Life'. In Rosemary Ashton (ed.). *George Eliot: Selected Critical Writings*, Oxford: Oxford University Press, 1992.

35 Kant, Immanuel. *The Critique of the Power of Judgement*. Edited and translated by Paul Guyer. Cambridge: Cambridge University Press, 2013.

36 Kant, *The Critique of the Power of Judgement*, §44, 5: 306.

37 Heidegger, Martin. 'The Origin of the Work of Art'. In *Poetry, Language, Thought*. A. Hofstadter (trans.). New York: Harper & Row, 1971.

38 Orwell, George. 'Why I Write'. *Gangrel*, No. 4, Summer 1946, available at: https://www.orwellfoundation.com/the-orwell-foundation/orwell/essays-and-other-works/why-i-write/.

39 Benjamin, Walter. 'The Work of Art in the Age of Mechanical Reproduction'. In Hannah Arendt (ed.) *Illuminations*. New York: Schocken Books, 1969.

40 Benjamin, 'The Work of Art in the Age of Mechanical Reproduction'.

41 Bellinetti, Caterina. '"From Today Painting is Dead": Photography's Revolutionary Effect'. *Art & Object*, 8 April 2019, https://www.artandobject.com/news/today-painting-dead-photographys-revolutionary-effect.

42 Baudelaire, Charles. 'On Photography', from *The Salon of 1859*. https://www.csus.edu/indiv/o/obriene/art109/readings/11%20baudelaire%20photography.htm.

43 Victoria & Albert Museum. 'Julia Margaret Cameron's working methods'. https://www.vam.ac.uk/articles/julia-margaret-camerons-working-methods.

44 Silva, Eva. 'How Photography Pioneered a New Understanding of Art'. The Collector, 4 June 2022, https://www.thecollector.com/how-photography-transformed-art/.

45 安娜・里德勒（Anna Ridler）的個人網站 https://annaridler.com/。

46 'Selected AI works by Helena Sarin'. This is Paper. https://www.thisispaper.com/mag/selected-ai-nft-works-helena-sarin.

47 'AI Has Already Created As Many Images As Photographers Have Taken in 150 Years. Statistics for 2023'. Everypixel Journal. https://journal.everypixel.com/ai-image-statistics.

48 Kelly, Kevin. 'Picture Limitless Creativity at Your Fingertips'. *Wired*, 17 November 2022, https://www.wired.com/story/picture-limitless-creativity-ai-image-generators/.

第五章　操作員

1 Donnelly, Tom, Begley, Jason, Collis, Clive. 'The West Midlands automotive industry: The road downhill'. *Business History*, Vol. 59 No. 1 (2017), pp. 56–74.

2 Healey, Mick J., and Clark, David. 'Industrial Decline in a Local Economy: The Case of Coventry, 1974–1982'. *Environment and Planning A: Economy and Space*, Vol. 17 No. 10 (1985), pp. 1351–67.

3 Healey, Mick J., and Clark, David. 'Industrial Decline in a Local Economy: The Case of Coventry, 1974–1982'.

4 O'Neill, Sean. 'Solving some of the largest, most complex operations problems'. Amazon Science, 14 October 2022, https://www.amazon.science/latest-news/solving-some-of-the-largest-most-complex-operations-problems; Staff Writer. 'How peak events like Prime Day helped Amazon navigate the pandemic'. Amazon Science, 11 July 2022, https://www.amazon.science/latest-news/solving-some-of-the-largest-most-complex-operations-problems.

5 O'Neill, 'Solving some of the largest, most complex operations problems'.

6 Staff Writer, 'How peak events like Prime Day helped Amazon navigate the pandemic'.

7 Amazon, 'The Science behind the New FBA Capacity Management System'. Amazon Science, 2023, https://www.amazon.science/news-and-features/science-behind-fulfillment-by-amazon-fba-capacity-management-system.

8 Amazon Jobs, 'Supply Chain Optimization Technologies'. https://www.amazon.jobs/en/teams/scot.

9 Amazon. 'Maximizing the Efficiency of Amazon's Own Delivery Networks'. Amazon Science, 14 October 2022,

https://www.amazon.science/blog/maximizing-the-efficiency-of-amazons-own-delivery-networks.

10 Lecher, Colin. 'How Amazon Automatically Tracks and Fires Warehouse Workers for "Productivity"'. The Verge, 25 April 2019, https://www.theverge.com/2019/4/25/18516004/amazon-warehouse-fulfillment-centers-productivity-firing-terminations.

11 Bezos, Jeff. '2020 Letter to Shareholders'. Amazon, 15 April 2021, https://www.aboutamazon.com/news/company-news/2020-letter-to-shareholders.

12 McIntyre, Nimah, and Bradbury, Rosie. 'The Eyes of Amazon: A Hidden Workforce Driving a Vast Surveillance System'. The Bureau of Investigative Journalism, 2022, https://www.thebureauinvestigates.com/stories/2022-11-21/the-eyes-of-amazon-a-hidden-workforce-driving-a-vast-surveillance-system.

13 McIntyre and Bradbury, 'The Eyes of Amazon: A Hidden Workforce Driving a Vast Surveillance System'.

14 Rey, Jason Del, and Ghaffray, Shirin. 'Leaked: Confidential Amazon Memo Reveals New Software to Track Unions'. *Vox*, 6 October 2020, https://www.vox.com/recode/2020/10/6/21502639/amazon-union-busting-tracking-memo-spoc.

15 Weatherbed, Jess. 'Amazon's in-van surveillance footage of delivery drivers is leaking online'. The Verge, 18 July 2023, https://www.theverge.com/2023/7/18/23798611/amazon-van-driver-surveillance-camera-footage-leak-reddit.

16 McCarthy, John, Minsky, Marvin L., Rochester, Nathaniel, Shannon, Claude E. 'A Proposal for the Dartmouth Summer Research Project on Artificial Intelligence'. 31 August 1955, reprinted in *AI Magazine*, Vol. 27 No. 4 (2006).

17 引文出自 Beynon, Huw. *Working for Ford*. New York: Allen Lane, 1976。

18 Nye, David E. *America's Assembly Line*. Cambridge, Mass: The MIT Press, 2013.

19 Benyon, *Working for Ford*.

20 Panzieri, Raniero. 'The Capitalist Use of Machinery: Marx versus the "Objectivists"'. In: *Outlines of a Critique of*

Technology*, Phil Slater (ed.), pp. 44–68. London: Atlantic Highlands, 1980; Noble, David F. *Forces of Production: A Social History of Industrial Automation*. New Brunswick, NJ: Transaction Publishers, 2011; Mueller, Gavin. *Breaking Things at Work: The Luddites Are Right about Why You Hate Your Job*. London: Verso, 2021.

21 Benanav, Aaron. *Automation and the Future of Work*. London: Verso, 2020.

22 參考Braverman, Harry. *Labour and Monopoly Capital: The Degradation of Work in the Twentieth Century*. New York: Monthly Review Press, 1998。

23 Del Rey, Jason. 'Leaked Amazon memo warns the company is running out of people to hire'. *Vox*, 17 June 2022, https://www.vox.com/recode/23170900/leaked-amazon-memo-warehouses-hiring- shortage.

24 Segal, Edward. 'Amazon Responds To Release Of Leaked Documents Showing 150% Annual Employee Turnover'. *Forbes*, 24 October 2022, https://www.forbes.com/sites/edwardsegal/2022/10/24/amazon-responds-to-release-of-leaked-documents-showing-150-annual-employee-turnover/?sh=4a90f9051d0b.

25 Kelly, Jack. 'A Hard-Hitting Investigative Report into Amazon Shows That Workers' Needs Were Neglected in Favor of Getting Goods Delivered Quickly'. *Forbes*, 25 October 2021, https://www.forbes.com/sites/jackkelly/2021/10/25/a-hard-hitting-investigative-report-into-amazon-shows-that-workers-needs-were-neglected-in-favor-of-getting-goods-delivered-quickly/.

26 例如可參考下列開創性論述：Moore, Phoebe, Robinson, Andrew. 'The quantified self: What counts in the neoliberal workplace'. *New Media & Society*, Vol. 18 No. 11 (2016), pp. 2,774–92；Moore, Phoebe. 'Tracking affective labour for agility in the quantified workplace'. *Body & Society*, Vol. 24 No. 3 (2018), pp. 39–67。

27 Microsoft. '2022 Work Trend Index Survey'. 22 September 2022, https://www.microsoft.com/en-us/worklab/work-trend-index/hybrid-work-is-just-work.

28 Turner, Jordan. 'The Right Way to Monitor Your Employee Productivity'. *Gartner*, 9 June 2022, https://www.gartner.

com/en/articles/the-right-way-to-monitor-your-employee-productivity.

29 Kantor, Jodi, and Sundaram, Arya. 'The Rise of the Worker Productivity Score'. *New York Times*, 14 August 2022, https://www.nytimes.com/interactive/2022/08/14/business/worker-productivity-tracking.html.

30 Cutter, Chip, and Chen, Te-Ping. 'Bosses Aren't Just Tracking When You Show Up to the Office but How Long You Stay'. *The Wall Street Journal*, 25 September 2023, https://www.wsj.com/lifestyle/careers/attention-office-resisters-the-boss-is-counting-badge-swipes-5fa37ff7.

31 BBC News. 'Court win for man fired for not keeping webcam on'. BBC News, 11 October 2022, https://www.bbc.co.uk/news/technology-63203945.

32 Nguyen, Aiha. 'The Constant Boss'. *Data & Society*, 19 May 2021, https://datasociety.net/library/the-constant-boss/.

33 Negrón, Wilneida. 'Little Tech is Coming for Workers'. Coworker, 2021, https://home.coworker.org/wp-content/uploads/2021/11/Little-Tech-Is-Coming-for-Workers.pdf.

34 Temperton, James. 'Uber is tracking dangerous drivers with smartphone sensors'. *Wired*, 26 January 2016, https://www.wired.co.uk/article/uber-dangerous-drivers-smartphone-tracking.

35 Migliano, Simon. 'Employee Monitoring Software Demand up 60% since 2019'. Top10VPN, 8 August 2023, https://www.top10vpn.com/research/employee-monitoring-software-privacy/.

36 Teale, Chris. 'Many Tech Employees Say They'd Quit Rather Than Be Monitored During Work'. *Morning Consult*, 31 May 2022, https://pro.morningconsult.com/trend-setters/tech-workers-survey-surveillance.

37 Fennell, Andrew. 'Employee Monitoring Statistics'. StandOutCV, 2023, https://standout-cv.com/employee-monitoring-study.

38 Carnegie, Megan. 'The Creepy Rise of Bossware'. *Wired*, 23 July 2023, https://www.wired.co.uk/article/creepy-rise-bossware.

39 Patel, Vishal, Chesmore, Austin, Legner, Christopher M., Pandey, Santosh. 'Trends in Workplace Wearable Technologies and Connected-Worker Solutions for Next-Generation Occupational Safety, Health, and Productivity'. *Advanced Intelligent Systems*, Vol. 4 No. 1 (2022), doi.org/10.1002/aisy.202100099.

40 Stanford Social Innovation Review. 'Bossware Is Coming for You: Worker Surveillance Technology Is Everywhere'. *Stanford Social Innovation Review*, https://ssir.org/videos/entry/bossware_is_coming_for_you_worker_surveillance_technology_is_everywhere.

41 Perceptyx. 'Sense: Uncover valuable insights from moments that matter across the employee lifecycle'. https://go.perceptyx.com/platform/sense-employee-lifecycle-surveys.

42 Smith, Genevieve, and Rustagi, Ishita. 'Workplace AI Wants to Help You Belong'. *Stanford Social Innovation Review*, 14 September 2022, https://ssir.org/articles/entry/workplace_ai_wants_to_help_you_belong.

43 Ruby, Daniel. '41 AI Recruitment Statistics 2023 (Facts & Hiring Trends)'. DemandSage, 6 July 2023, https://www.demandsage.com/ai-recruitment-statistics/.

44 Barrett, Jonathan, and Convery, Stephanie. 'Robot recruiters: Can bias be banished from AI hiring?'. *The Guardian*, 26 March 2023, https://www.theguardian.com/technology/2023/mar/27/robot-recruiters-can-bias-be-banished-from-ai-recruitment-hiring-artificial-intelligence; Ayoub, Sarah. 'Recruitment by robot: how AI is changing the way Australians get jobs'. *The Guardian*, 22 October 2023, https://www.theguardian.com/technology/2023/oct/23/ai-recruitment-job-search-artificial-intelligence-employment.

45 Weissmann, Jordan. 'Amazon Created a Hiring Tool Using A.I. It Immediately Started Discriminating Against Women'. *Slate*, 10 October 2018, https://slate.com/business/2018/10/amazon-artificial-intelligence-hiring-discrimination-women.html.

46 Dastin, Jeffery. 'Insight – Amazon scraps secret AI recruiting tool that showed bias against women'. Reuters, 28

October 2018, https://www.reuters.com/article/idUSKCN1MK0AG/.

47 Drage, Eleanor, and Mackereth, Kerry. 'Does AI Debias Recruitment? Race, Gender, and AI's "Eradication of Difference"'. *Philosophy & Technology* 35 (2022), doi.org/10.1007/s13347-022-00543-1.

48 Fergus, J., 'A bookshelf in your job screening video makes you more hirable to AI'. *Input*, 18 February 2021, https://www.inverse.com/input/culture/a-bookshelf-in-your-job-screening-video-makes-you-more-hirable-to-ai; Schellmann, Hilke, and Wall, Sheridan. 'We tested AI interview tools. Here's what we found'. *MIT Technology Review*, 7 July 2021, https://www.technologyreview.com/2021/07/07/1027916/we-tested-ai-interview-tools.

49 ModernHire. 'Automated Interview Creator'. https://modernhire.com/platform/automated-interview-creator/.

50 Barnes, Patricia. 'EPIC Asks Federal Trade Commission To Regulate Use Of Artificial Intelligence In Pre-Employment Screenings'. *Forbes*, 3 February 2022, https://www.forbes.com/sites/patriciagbarnes/2020/02/03/group-asks-federal-trade-commission-to-regulate-use-of-artificial-intelligence-in-pre-employment-screenings/.

51 Ryan-Mosley, Tate. 'Why everyone is mad about New York's AI hiring law'. *MIT Technology Review*, 10 July 2023, https://www.technologyreview.com/2023/07/10/1076013/new-york-ai-hiring-law/.

52 European Commission. 'Regulatory framework proposal on artificial intelligence'. https://digital-strategy.ec.europa.eu/en/policies/regulatory-framework-ai.

53 Ghaffary, Shirin, and Del Rey, Jason. 'Amazon employees fear HR is targeting minority and activism groups in email monitoring program'. *Vox*, 24 September 2020, https://www.vox.com/recode/2020/9/24/21455196/amazon-employees-listservs-minorities-underrepresented-groups-worker-dissent-unionization.

54 Vallas, Steven P., Hannah Johnston, and Mommadova, Yana. 'Prime Suspect: Mechanisms of Labor Control at Amazon's Warehouses'. *Work and Occupations*, Vol. 49 No. 4 (2022), pp. 421–56, doi.org/10.1177/07308884221106922.

55 例如，參考關於客服中心與罷工的爭論‥Bain, Peter, and Phil Taylor. 'Entrapped by the "Electronic Panopticon"? Worker Resistance in the Call Centre'. *New Technology, Work and Employment*, Vol. 15 No. 1 (2000), pp. 2–18, doi.org/10.1111/1468-005X.00061‥Woodcock, Jamie. *Working the Phones*. London: Pluto Press, 2017‥Ferrari, Fabian, and Graham, Mark. 'Fissures in algorithmic power: platforms, code, and contestation'. *Cultural Studies* (2021), doi.org/10.1080/09502386.2021.1895250。

56 Silver, Beverly. *Forces of Labour: Workers' Movements and Globalisation since 1870*. Cambridge: Cambridge University Press, 2003.

57 Fine, Sidney. *Sit-down: The General Motors Strike of 1936–1937*. Ann Arbor: University of Michigan Press, 1959; Rawick, George. 'Notes on the American Working Class'. *Speak Out*, 1968. https://www.marxists.org/archive/rawick/1968/06/us-working-class.htm.

58 Cant, Callum. *Riding for Deliveroo: Resistance in the New Economy*. Cambridge: Polity Press, 2019.

59 Delfanti, Alessandro. *The Warehouse: Workers and Robots at Amazon*. London: Pluto Press, 2021.

60 Chua, Charmaine, and Cox, Spencer. 'Battling the Behemoth: Amazon and the Rise of America's New Working Class'. *Socialist Register* (2023), https://socialistregister.com/index.php/srv/article/view/39597; Moody, Kim. *On New Terrain: How Capital Is Reshaping the Battleground of Class War*. Chicago: Haymarket Books, 2017.

61 Anon. 'Wildcat Strike at Amazon'. *Notes From Below*, 2022, https://notesfrombelow.org/article/wildcat-strike-amazon.

62 Anon. 'How the Amazon Wildcat Spread'. *Notes From Below*, 2022, https://notesfrombelow.org/article/how-amazon-wildcat-spread.

63 Childs, Simon. 'Amazon Hit by Strikes Across the Globe'. Novara Media, 2022, https://novaramedia.com/2022/08/19/amazon-hit-by-strikes-across-the-globe/.

64 Boewe, Jorn, and Schulten, Johannes. 'The Long Struggle of the Amazon Employees'. Berlin: Rosa-Luxemburg-

Stiftung, 2019. https://www.rosalux.de/en/publication/id/8529/the-long-struggle-of-the-amazon-employees; Cant, Callum. 'Mapping the Amazon Strikes'. *Notes From Below*, 2022, https://notesfrombelow.org/article/mapping-amazon-strikes.

65 Boewe, Jorn, and Johannes Schulten. 'The Long Struggle of the Amazon Employees'. Berlin: Rosa-Luxemburg-Stiftung, 2019. https://www.rosalux.de/en/publication/id/8529/the-long-struggle-of-the-amazon-employees.

66 Weise, Karen, and Scheiber, Noam. 'Amazon Labor Union Loses Election at Warehouse Near Albany'. *New York Times*, 18 October 2022, https://www.nytimes.com/2022/10/18/technology/amazon-labor-union-alb1.html.

67 Gall, Gregor. 'Union Busting at Amazon.Com in Britain'. Indymedia, 2004, https://www.indymedia.org.uk/en/2004/01/284179.html.

第六章　投資人

1 標準普爾五百指數（S&P 500）的資訊科技部門（包括大型科技公司），在二〇二〇年增長了四三・八九％。參考Scehid, Brian. 'Driven by big tech's pandemic gains, S&P 500's 2020 surge masks uneven recovery'. *S&P Global Market Intelligence*, 4 January 2021, https://www.spglobal.com/marketintelligence/en/news-insights/latest-news-headlines/driven-by-big-tech-s-pandemic-gains-s-p-500-s-2020-surge-masks-uneven-recovery-61957736。

2 Challenger, Gray & Christmas. 'Dec 2022 Challenger Report: Job Cuts in 2022 Up 13% Over 2021'. 5 January 2023, https://www.challengergray.com/blog/the-challenger-report-job-cuts-in-2022-up-13-over-2021/.

3 Confino, Paolo. 'Mark Zuckerberg's $46.5 billion loss on the metaverse is so huge it would be a Fortune 100 company—but his net worth is up even more than that'. *Fortune*, 27 October 2023, https://fortune.com/2023/10/27/mark-zuckerberg-net-worth-metaverse-losses-46-billion-earnings-stock/.

4 State of AI Report. https://www.stateof.ai/.

5 State of AI Report. https://www.stateof.ai/.

6 Oberoi, Mohit. 'Why Meta Platforms Stock Still Looks Undervalued After Doubling in 2023'. Nasdaq, 6 October 2023, https://www.nasdaq.com/articles/why-meta-platforms-stock-still-looks-undervalued-after-doubling-in-2023.

7 Financial Times. 'ChatGPT parent OpenAI seeks $86bn valuation'. *Financial Times*, 19 October 2023, https://www.ft.com/content/e4ab95c9-5b45-4996-a69e-46075d6428e5.

8 Stone, Brad, and Bergen, Mark. 'OpenAI Is Working With US Military on Cybersecurity Tools'. Bloomberg, 16 January 2024, https://www.bloomberg.com/news/articles/2024-01-16/openai-working-with-us-military-on-cybersecurity-tools-for-veterans.

9 Krantowitz, Alex. 'Oh, Good, OpenAI's Biggest Rival Has a Weird Structure Too'. *Slate*, 2 December 2023, https://slate.com/technology/2023/12/anthropic-openai-board-trust-effective-altruism.html.

10 Berruti, Massimo. 'Inside the White-Hot Center of A.I. Doomerism'. *New York Times*, 12 July 2023, https://www.nytimes.com/2023/07/11/technology/anthropic-ai-claude-chatbot.html.

11 Sweney, Mark. 'Amazon to invest up to $4bn in OpenAI rival Anthropic'. *The Guardian*, 25 September 2023, https://www.theguardian.com/technology/2023/sep/25/amazon-invest-openai-rival-anthropic-microsoft-chat-gpt.

12 Crunchbase. 'Current Unicorns Tagged with AI'. https://www.crunchbase.com/lists/current-unicorns-tagged-with-ai/f296fc53-ac45-44e0-88eb-2979f7857fe2/organization.companies.

13 Mollman, Steve. 'Sam Altman risks sounding "arrogant" to explain what's wrong with Silicon Valley—and why OpenAI has no road map'. *Fortune*, 7 September 2023, https://fortune.com/2023/09/07/sam-altman-silicon-valley-innovation-decline-openai-no-road-map/.

14 Rosoff, Matt. 'Jeff Bezos told what may be the best startup investment story ever'. *Business Insider*, 20 October 2016, https://www.businessinsider.com/jeff-bezos-on-early-amazon-investors-2016-10

15 Comninel, George C. 'English Feudalism and the Origins of Capitalism'. *The Journal of Peasant Studies*, Vol. 27 No. 4 (2019), pp. 1–53, doi.org/10.1080/03066150008438748.

16 Brenner, Robert. 'Agrarian Class Structure and Economic Development in Pre-Industrial Europe'. *Past & Present*, No. 70 (1976), pp. 30–75.

17 儘管各學者的估計不盡相同，但舍伯恩・庫克（Sherburne Cook）認為這個數字約為三十萬。參考 Cook, Sherburne F. *The Population of the California Indians, 1769–1970*. Berkeley: University of California Press, 1976。

18 Madley, Benjamin. *An American Genocide: The United States and the California Indian Catastrophe, 1846–1873*. New Haven: Yale University Press, 2016.

19 Madley, *An American Genocide: The United States and the California Indian Catastrophe, 1846–1873*.

20 Mamdani, Mahmood. *Neither Settler nor Native: The Making and Unmaking of Permanent Minorities*. Cambridge, Massachusetts: The Belknap Press of Harvard University Press, 2020, p. 58.

21 Lightfoot, Kent G., and Parrish, Otis. *California Indians and Their Environment: An Introduction*. Oakland, California: University of California Press, 2009.

22 Coulthard, Glen. *Red Skin, White Masks: Rejecting the Colonial Politics of Recognition*. Minneapolis: University of Minnesota Press, 2014.

23 McWilliams, Carey. *Factories in the Field: The Story of Migratory Farm Labor in California*. Berkeley: University of California Press, 2000.

24 Ngai, Mae M. *Impossible Subjects: Illegal Aliens and the Making of Modern America*. Princeton: Princeton University Press, 2014.

25 Harris, Malcolm. *Palo Alto: A History of California, Capitalism, and the World*. New York: Hachette Book Group, 2023.

26 史丹佛大學是美國優生學的一個主要中心，優生學是一種主張藉由控制生育來「改善」人口的偽科學學說。這種邏輯在納粹大屠殺期間得到最極端的體現。自二〇一九年來，在史丹佛大學優生學歷史計畫（Stanford Eugenics History Project）的主導下，該大學的優生主義歷史受到愈來愈多的詳細檢視。參考 www.stanfordeugenics.com。

27 Leslie, Stuart W. *The Cold War and American Science: The Military-Industrial-Academic Complex at MIT and Stanford*. New York: Columbia University Press, 1993.

28 O'Mara, Margaret. *Cities of Knowledge: Cold War Science and the Search for the Next Silicon Valley*. Princeton: Princeton University Press, 2005.

29 O'Mara. *Cities of Knowledge*.

30 O'Mara, Margaret. *The Code: Silicon Valley and the Remaking of America*. New York: Penguin Press, 2019.

31 O'Mara. *The Code*.

32 O'Mara. *The Code*.

33 Gompers, Paul, and Lerner, Josh. 'The Venture Capital Revolution'. *Journal of Economic Perspectives*, Vol. 15 No. 2 (2001), pp. 145–68, doi.org/10.1257/jep.15.2.145.

34 Gompers and Lerner, 'The Venture Capital Revolution'.

35 Leslie, *The Cold War and American Science*.

36 Barbrook, Richard, and Cameron, Andy. 'The Californian Ideology'. *Mute*, 1 September 1995, https://www.metamute.org/editorial/articles/californian-ideology.

37 Schleifer, Theodore. 'Here are the 15 Silicon Valley millionaires spending the most to beat Donald Trump'. *Vox*, 27 October 2020, https://www.vox.com/recode/21529490/silicon-valley-millionaires-top-donors-2020-election-donald-trump; Schleifer, Theodore. 'Silicon Valley Makes its Anti-Biden Move'. *Puck*, 8 December 2023, https://puck.news/silicon-valley-makes-its-anti-biden-move/.

38 Sherman, Justin. 'Oh Sure, Big Tech Wants Regulation—on Its Own Terms'. *Wired*, 28 January 2020, https://www.wired.com/story/opinion-oh-sure-big-tech-wants-regulationon-its-own-terms/.

39 Stanley, Ben. 'The thin ideology of populism'. *Journal of Political Ideologies*, Vol. 13 No. 1 (2008), pp. 95–110, doi:10.1080/13569310701822289.

40 Jones, Rachyl. 'Mark Zuckerberg's Voting Stake Renders Shareholders Powerless'. *Observer*, 1 June 2023, https://observer.com/2023/06/mark-zuckerberg-2023-shareholder-meeting/.

41 Zuckerberg, Mark. 'Zuckerberg Facebook video live from our weekly internal Q&A' (2019). Zuckerberg Transcripts, 1092, https://epublications.marquette.edu/zuckerberg_files_transcripts/1092.

42 有關菁英領導意識形態在矽谷所扮演角色的進一步討論，參考Noble, Safiya Umoja, and Roberts, Sarah T. 'Technological Elites, the Meritocracy, and Postracial Myths in Silicon Valley'. In *Racism Postrace*, Roopali Mukherjee, Sarah Banet-Weiser, and Gray Herman (eds.). Duke University Press, 2019, https://doi.org/10.1215/9781478003250。

43 這名稱指的是PayPal的全體創辦人。這群人還包括特斯拉的伊隆・馬斯克、YouTube的陳士駿和LinkedIn的里德・霍夫曼（Reid Hoffman）。

44 Thiel, Peter. 'The Education of a Libertarian'. Cato Unbound, 13 April 2009, https://www.cato-unbound.org/2009/04/13/peter-thiel/education-libertarian/.

45 Slobodian, Quinn. *Globalists: The End of Empire and the Birth of Neoliberalism*. Cambridge, MA: Harvard University Press, 2018.

46 Iliadis, Andrew, and Acker, Amelia. 'The Seer and the Seen: Surveying Palantir's Surveillance Platform'. *The Information Society*, Vol. 38 No. 5 (2022), pp. 334–63, doi.org/10.1080/01972243.2022.2100851.

第七章　組織者

1 這並不是指資料工作者就完全不懂得借鑑歷史。二〇二二年，法國統一民主團結聯盟（SUD）、摩洛哥工會（UMT）與突尼西亞總工會（UGTT）等三個工會，針對法國、摩洛哥與突尼西亞的廠址，同時舉行罷工。透過這些罷工，工人獲得兩位數的加薪百分比。然而這類例子非常罕見，大多數資料工作者都感到陌生。

2 關於工人可以使用的不同「權力資源」，參考Olin Wright, Erik. 'Working-class power, capitalist-class interests, and class compromise'. *American Journal of Sociology*, Vol. 105 No. 4 (2000), pp. 957–1002, doi/10.1086/210397。亦參考Schmalz, Stefan, Ludwig, Carmen, and Webster, Edward. 'The Power Resources Approach: Developments and Challenges'. *Global Labour Journal*, Vol. 9 No. 2 (2018), pp. 113–34, mulpress.mcmaster.ca/globallabour/article/view/3569。

3 IWGB. #ShameOnOcado, at: /iwgb.org.uk/en/page/shame-on-ocado/.

4 支付工人薪水（PAYYOURWORKERS）。給愛迪達執行長比約恩・古爾登（Bjørn Gulden）的公開信，www.payyourworkers.org/open-union-letter-to-adidas-ceo。

5 'Adidas Response to Clean Clothes Campaign Open Letter on PT Panarub Dwikarya Benoa'. https://www.adidas-group.com/media/filer_public/69/1d/691d6520-d1f9-4549-8a94-744dc49ab6ca/adidas_response_to_clean_clothes_campaign_open_letter_on_panarub_dwikarya.pdf.

6 Lipscombe, Dakota and Hirsch, Jeffrey M. 'Google has a union. Is this and other recent organizing efforts a sign of a broader tech labor movement?'. *The North Carolina Journal of Law and Technology*, 8 March 2021, ncjolt.org/blogs/google-has-a-union-is-this-and-other-recent-organizing-efforts-a-sign-of-a-broader-tech-labor-movement/.

7 劍橋大學研究員海登・貝爾菲爾德（Hayden Belfield）將人工智慧工作者的高議價能力，直接歸因於人才供給有限。參考Belfield, Hayden. 'Activism by the AI Community: Analysing Recent Achievements

and Future Prospects', *Proceedings of the AAAI/ACM Conference on AI, Ethics, and Society* (2020), pp. 15–21, doi/10.1145/3375627.3375814。二〇二二年經合組織的報告也證實了這一點，顯示在二〇一九年至二〇二二年間，澳洲、加拿大、紐西蘭、英國、美國、奧地利、比利時、法國、德國、義大利、荷蘭、西班牙、瑞典與瑞士等國，需要人工智慧技能的職缺成長了三三%。參考Borgonovi, Francesca, et al. 'Emerging trends in AI skill demand across 14 OECD countries', www.oecd-ilibrary.org/docserver/7c691b9a-en.pdf。從更廣泛的角度來看科技部門，麥肯錫二〇二三年的一份報告顯示，在二〇二一年至二〇二二年間，儘管全球職位發布量整體減少了一三%，但是科技部門的職缺增加了一五%。一份針對十五種科技趨勢中三百五十萬職缺所做的調查發現，許多需求量最大的技能，每個職缺的合格從業人員數量不到全球平均值的一半。參考Chui, Michael, et al. 'McKinsey Technology Trends Outlook 2023', www.mckinsey.com/capabilities/mckinsey-digital/our-insights/the-top-trends-in-tech#tech-trends-2023。

8 例如在美國，二〇二二年（此為最新的公開政府資料）科技職業薪資中位數（包括科技公司聘用的科技專業人員與商業專業人員）為十萬零六百一十五美元。這個數字比全國平均薪資中位數高出一〇三%。參考'The Computing Technology Industry Association, State of the Tech Workforce', www.cyberstates.org/pdf/CompTIA_State_of_the_tech_workforce_2023.pdf (p. 8)。

9 Maxwell, Thomas. 'Tech is paying big salaries for engineering and developer jobs specializing in AI. Here's how much you can make'. Business Insider, n.d, www.businessinsider.com/ai-engineer-developer-salary-jobs-2023-6?r=US&IR=T.

10 Tarnoff, Ben. 'The Making of the Tech Worker Movement'. *Logic(S) Magazine*, 9 May 2020, logicmag.io/the-making-of-the-tech-worker-movement/full-text/.

11 Neveragain.tech. 'Our Pledge', neveragain.tech.

12 Tarnoff. 'The Making of the Tech Worker Movement'.

13 Tarnoff. 'The Making of the Tech Worker Movement'.

14 Biddle, Sam. 'Of Nine Tech Companies, Only Twitter Says it Would Refuse to Help Build Muslim Registry for Trump'. *The Intercept*, 2 December 2016, theintercept.com/2016/12/02/of-8-tech-companies-only-twitter-says-it-would-refuse-to-help-build-muslim-registry-for-trump/.

15 Tech Workers Coalition. 'Tech Workers, Platform Workers, and Workers' Inquiry'. *Notes From Below*, 30 March 2018, notesfrombelow.org/article/tech-workers-platform-workers-and-workers-inquiry.

16 Collective Action in Tech. data.collectiveaction.tech.

17 Smith, Brad. 'Microsoft Adopts Principles for Employee Organizing and Engagement with Labor Organizations'. *Microsoft On the Issues*, 2 June 2022, blogs.microsoft.com/on-the-issues/2022/06/02/employee-organizing-engagement-labor-economy/; Silberling, Amanda. 'Microsoft Now Has Its First Official Union in the US'. TechCrunch, 3 January 2023, techcrunch.com/2023/01/03/microsoft-zenimax-union/.

18 Wong, Julia C, and Koran, M. 'Google Contract Workers in Pittsburgh Vote to Form Union'. *The Guardian*, 25 September 2019, www.theguardian.com/technology/2019/sep/24/google-contract-workers-in-pittsburgh-vote-to-form-union; Kari, Paul. 'Kickstarter Workers Vote to Unionize amid Growing Industry Unrest'. *The Guardian*, 19 February 2020, www.theguardian.com/us-news/2020/feb/18/kickstarter-union-crowdfunding-tech.

19 Collective Action in Tech.

20 Tech Workers Coalition. 'Tech Workers, Platform Workers, and Workers' Inquiry', 2018.

21 Klint, Finley. 'How GitHub Is Helping Overworked Chinese Programmers'. *Wired*, 4 April 2019, www.wired.com/story/how-github-helping-overworked-chinese-programmers/.

22 Klint. 'How GitHub Is Helping Overworked Chinese Programmers'.

23 MSWorkers, Microsoft and GitHub Workers Support 996.ICU, github.com/MSWorkers/support.996.ICU.

24 Von Struensee, Susan. 'The Role of Social Movements, Coalitions, and Workers in Resisting Harmful Artificial

Intelligence and Contributing to the Development of Responsible AI'. 16 June 2021, https://ssrn.com/abstract=3880779, p. 22. Google figures come from March 2019, see: Wakabayashi, Daisuke. 'Google's Shadow Work Force: Temps Who Outnumber Full-Time Employees'. *New York Times*, 28 May 2019, www.nytimes.com/2019/05/28/technology/google-temp-workers.html.

25 Stone, Katherine. 'The Origins of Job Structures in the Steel Industry'. *Review of Radical Political Economics*, Vol. 6 No. 2 (1974), pp. 113–73, doi.org/10.1177/048661347400600207.

26 Tarnoff. 'The Making of the Tech Worker Movement'.

27 Tarnoff. 'The Making of the Tech Worker Movement'.

28 Stapleton, Claire, et al. 'We're the Organizers of the Google Walkout. Here Are Our Demands'. *The Cut*, 1 November 2018, www.thecut.com/2018/11/google-walkout-organizers-explain-demands.html.

29 Bhuiyan, Johana. 'The Google walkout: What protesters demanded and what they got'. *Los Angeles Times*, 6 November 2019, www.latimes.com/business/technology/story/2019-11-06/google-walkout-demands.

30 二〇一五年，谷歌公司在字母控股集團中進行企業重組後，字母控股以「做正確的事」取代「不作惡」。

31 Tarnoff, Ben. 'Tech Workers Versus the Pentagon: Interview with Kim'. Jacobin, 6 June 2018, jacobin.com/2018/06/google-project-maven-military-tech-workers.

32 Tarnoff, Ben, 'Tech Workers Versus the Pentagon'.

33 Von Struensee, Susan, 'The Role of Social Movements, Coalitions, and Workers in Resisting Harmful Artificial Intelligence', 16 June 2021, pp. 21–2.

34 Collective Action In Tech. https://data.collectiveaction.tech/action/117.

35 聯合企業防禦基礎設施（ＪＥＤＩ）最終因為亞馬遜與微軟兩家公司在採購上的衝突而中止。其後繼者為聯合作戰雲端能力（ＪＷＣＣ），亞馬遜、微軟、甲骨文（Oracle）與谷歌等公司都有參與。

36 Collective Action In Tech. https://data.collectiveaction.tech/action/568.

37 Collective Action In Tech. https://data.collectiveaction.tech/ action/569; 'No Tech for Apartheid: Protesters Call Out Google for Cloud Contract with Israel'. *DemocracyNow!*, 1 September 2023, www.democracynow.org/2023/9/1/headlines/no_tech_for_apartheid_protesters_call_out_google_for_cloud_contract_with_israel.

38 不過必須注意，在反專家計畫的抗議活動中，其組織工作也極依賴一組拒絕工作的關鍵工人團隊。參考 Molinari, Carmen. 'There is something missing from tech worker organizing'. *Organizing Work*, 9 December 2020, organizing.work/2020/12/there-is-something-missing-from-tech-worker-organizing/。

39 二〇二二年以後，科技工作者從事的活動類型發生了轉變：從請願和公開聲明轉向成立工會。參考 Lytvynenko, Jane. 'Why the balance of power in tech is shifting toward workers'. *MIT Technology Review*, 7 February 2022, www.technologyreview.com/2022/02/07/1044760/tech-workers-unionizing-power/。

40 Clean Clothes Campaign. cleanclothes.org.

41 Clean Clothes Campaign. The Accord on Safety, cleanclothes.org/campaigns/the-accord.

42 Clean Clothes Campaign. The Accord on Safety.

43 ExChains. www.exchains.org.

44 Lohmeyer, Nora, Schüßler, Elke, Helfen, Markus. 'Can solidarity be organized "from below" in global supply chains? The case of ExChains'. *Industrielle Beziehungen*, Vol. 25 No. 4 (2018), pp. 401–24. www.econstor.eu/bitstream/10419/227425/1/indbez-v25i4p400-424.pdf (pp. 5–6).

45 Kuttner, Robert. 'Labor's Militant Creativity'. *The American Prospect*, 18 September 2023, prospect.org/blogs-and-newsletters/tap/2023-09-18-labors-militant-creativity/.

46 Fricke, Beatrix. 'BSR: Streik auch am Freitag – Verzögerungen bei Müllabfuh'. *Logo Berliner Morgenpost*, 10 March 2023, www.morgenpost.de/berlin/article237845375/streik-bsr-berlin-muellabfuhr.html.

47 Kassem, Sarrah. 'Labour realities at Amazon and COVID-19: Obstacles and collective possibilities for its warehouse workers and MTurk workers'. *Global Political Economy*, Vol. 1 No. 1 (2022), pp. 59–79. bristoluniversitypressdigital-com.ezproxy-prd.bodleian.ox.ac.uk/view/journals/gpe/1/1/article-p59.xml.

第八章　重新布線

1 Bloch, Ernst. *The Principle of Hope*. Cambridge, MA: The MIT Press, 1995.

2 Ober, Josiah. *Mass and Elite in Democratic Athens: Rhetoric, Ideology, and the Power of the People*. Princeton, New Jersey: Princeton University Press, 1989.

3 Cooper, Frederick. *Decolonization and African Society: The Labor Question in French and British Africa*. Cambridge: Cambridge University Press, 1996.

4 Ransbury, Barbara. *Ella Baker and the Black Freedom Movement: A Radical Democratic Vision*. Chapel Hill: The University of North Carolina Press, 2005.

5 Douglass, Frederick. 'West India Emancipation, speech delivered at Canandaigua, New York, 3 August 1857', rbscp.lib.rochester.edu/4398.

6 O'Neill, Martin, and White, Stuart. 'Trade Unions and Political Equality'. In: Hugh Collins, Gillian Lester, Virginia Mantouvalou (eds.). *Philosophical Foundations of Labour Law*. Oxford: Oxford University Press, 2018.

7 Klein, Steven. 'Democracy Requires Organized Collective Power'. *Journal of Political Philosophy*, Vol. 30 No. 1(2021), pp. 26–47, https://onlinelibrary.wiley.com/doi/full/10.1111/jopp.12249.

8 McGaughey, Ewan. 'The Codetermination Bargains: The History of German Corporate and Labour Law'. *Columbia Journal of European Law*, Vol. 23 No. 1 (2016), pp. 1–43 (p. 35). https://ssrn.com/abstract=2579932.

9 Jäger, Simon, Noy, Shakked and Schoefer, Benjamin. 'What Does Codetermination do?'. NBER Working Paper Series

(2016), https://www.nber.org/system/files/working_papers/w28921/w28921.pdf.

10 Ferreras, Isabelle. *Firms as Political Entities: Saving Democracy through Economic Bicameralism*. Cambridge: Cambridge University Press, 2017.

11 Viktorsson, Mio Tastas and Gowan, Saoirse. 'Revisiting the Meidner Plan'. Jacobin, 22 August 2017, https://jacobin.com/2017/08/sweden-social-democracy-meidner-plan-capital.

12 Lawrence, Mat and Mason, Nigel. 'Capital gains: Broadening company ownership in the UK economy'. Institute for Public Policy Research, 21 December 2017, www.ippr.org/research/publications/CEJ-capital-gains.

13 Syal, Rajeev. 'Employees to be handed stake in firms under Labour plan'. *The Guardian*, 24 September 2023, www.theguardian.com/politics/2018/sep/23/labour-private-sector-employee-ownership-plan-john-mcdonnell.

14 公平工作人工智慧原則規定，工人應至少獲得當地的生活工資；他們應受到保護，以避免因工作而產生的基本風險；合約應易於獲得且公平；工人的管理方式應確保以平等與正當程序為原則；所有工人都有集體發聲與集體代表的管道。參考Fairwork. Principles, https://fair.work/en/fw/principles/。

15 Graham, Mark, et al. 'The Fairwork Foundation: Strategies for Improving Platform Work'. In: *The Weizenbaum Conference 2019 Challenges of Digital Inequality – Digital Education, Digital Work, Digital Life*, pp. 1–8, doi.org/10.34669/wi.cp/2.13.

16 Fairwork 2023 Annual Report. Oxford.

17 Sama. 'The Ethical AI Supply Chain: Purpose-Built for Impact', https://www.sama.com/ethical-ai/.

18 GPAI. Fairwork AI Ratings 2023: The Workers Behind AI at Sama. Report, December 2023, Global Partnership on AI, https://gpai.ai/projects/future-of-work/FoW-Fairwork-AI-Ratings-2023.pdf.

19 GPAI. Fairwork AI Ratings 2023: The Workers Behind AI at Sama.

20 Google. Supplier Responsibility Report 2022, www.gstatic.com/gumdrop/sustainability/google-2022-supplier-

responsibility-report.pdf.

21 法案相關資訊請參考Republic of Philippines, House of Representatives, House Bills and Resolutions, https://www.congress.gov.ph/legisdocs/。

22 Robinson, J. *Economic Philosophy*. Piscataway, NJ: Aldine, 2006 [first published 1962], p. 45.

23 'Italy: Amazon reaches agreement with Italian unions', *Industrial Relations and Labour Law Newsletter*, November 2021, https://industrialrelationsnews.ioe-emp.org/industrial-relations-and-labour-law-november-2021/news/article/italy-amazon-reaches-agreement-with-italian-unions.

24 一日於二〇二四年通過，預計其規定將自二〇二七年起生效。

25 例如，參考這份國際勞工組織公約針對平台工作的提案：Fredman, S., et al. 'International Regulation of Platform Labor: A Proposal for Action'. *Weizenbaum Journal of the Digital Society*, Vol. 1 No. 1 (2021), https://doi.org/10.34669/wi.wjds/1.1.4。

26 Cooperatives Europe. 'The Power of Cooperation: Cooperative Europe's Key Figures 2015'. April 2016, https://coopseurope.coop/wp-content/uploads/files/The%20power%20of%20Cooperation%20-%20Cooperatives%20Europe%20key%20statistics%202015.pdf.

27 An, Jaehyung, Cho, Soo-Haeng and Tang, Christopher S. 'Aggregating Smallholder Farmers in Emerging Economies. Production and Operations Management'. *Production and Operations Management*, Vol. 29 No. 9 (2015), pp. 1414–29, doi.org/10.1111/poms.12372.

28 International Cooperative Alliance. Celebrating 125 Years, www.ica.coop/en/celebrating-125-years.

29 Karya. What we do, karya.in/about/work.html.

30 Miller, Katherine. 'Radical Proposal: Data Cooperatives Could Give Us More Power Over Our Data'. Stanford University: Human Centered Artificial Intelligence, https://hai.stanford.edu/news/radical-proposal-data-

cooperatives-could-give-us-more-power-over-our-data.
31 Scholz, Trebor. *Own This!: How Platform Cooperatives Help Workers Build a Democratic Internet*. London: Verso, 2023.

結論

1 Ahronheim, Anna. 'Israel's operation against Hamas was the world's first AI war'. *Jerusalem Post*, 27 May 2021, https://www.jpost.com/arab-israeli-conflict/gaza-news/guardian-of-the-walls-the-first-ai-war-669371.
2 原為YNet的採訪報導，引文出自《衛報》。https://www.ynet.co.il/news/article/byatqqx00h. Davies, Harry, McKernan, Bethan, Sabbagh, Dan. '"The Gospel": How Israel uses AI to select bombing targets in Gaza. *The Guardian*, 1 December 2023, https://www.theguardian.com/world/2023/dec/01/the-gospel-how-israel-uses-ai-to-select-bombing-targets.
3 Fisk, Robert. *Pity the Nation: Lebanon at War*. Oxford: Oxford University Press, 1990.
4 Browne, Malcolm W. 'Invention That Shaped the Gulf War: the Laser-Guided Bomb'. *New York Times*, 26 February 1991, https://www.nytimes.com/1991/02/26/science/invention-that-shaped-the-gulf-war-the-laser-guided-bomb.html.
5 Abraham, Yuval. '"A mass assassination factory": Inside Israel's calculated bombing of Gaza'. +972 *Magazine*, 30 November 2023, https://www.972mag.com/mass-assassination-factory-israel-calculated-bombing-gaza/.
6 Abraham. '"A mass assassination factory"'.
7 McKernan, Bethan, and Kierszenbaum, Quique. '"We're focused on maximum damage": ground offensive into Gaza seems imminent'. *The Guardian*, 10 October 2023, https://www.theguardian.com/world/2023/oct/10/right-now-it-is-one-day-at-a-time-life-on-israels-frontline-with-gaza.
8 Abraham. '"A mass assassination factory"'.

9 Abraham, Yuval. '"Lavender": The AI machine directing Israel's bombing spree in Gaza'. +972 *Magazine*, 3 April 2024, https://www.972mag.com/lavender-ai-israeli-army-gaza.

10 Loewenstein, Antony. *The Palestine Laboratory: How Israel Exports the Technology of Occupation around the World*. London: Verso, 2023.

11 Biddle, Sam. 'Documents Reveal Advanced AI Tools Google Is Selling to Israel'. The Intercept, 24 July 2022, https://theintercept.com/2022/07/24/google-israel-artificial-intelligence-project-nimbus/.

12 Jewish Diaspora in Tech. 'Letter on Google Communication and Cloud Contracts'. https://docs.google.com/forms/d/e/1FAIpQLSck0yb4 OgXJlf5N2Ap21BhW-QNTL0rigFSYsW_o09QkJOJVbw/viewform.

13 Detrixhe, John. 'The tech industry is hiring Israeli engineers as fast as the army can produce them'. *Quartz*, 15 August 2017, https://qz.com/1050844/the-tech-industry-is-hiring-israeli-engineers-as-fast-as-the-army-can-produce-them.

14 Mohamed, Shakir, Png, Marie-Theres, and Isaac, William. 'Decolonial AI: Decolonial Theory as Sociotechnical Foresight in Artificial Intelligence'. *Philosophy & Technology*, Vol. 33 (2020), pp. 659–84; Wallerstein, Immanuel. *The Modern World-System: Capitalist Agriculture and the Emergence of the European World Economy in the Sixteenth Century*. New York: Academic Press, 1976; Grosfoguel, Ramón. 'Developmentalism, Modernity and Dependency Theory in Latin America'. In Mignolo, Walter (ed.). *Nepantla: Views from South*, Durham: Duke University Press, 2000.

15 EuroNews. 'The future of work lies in the balance between human and AI'. EuroNews, 7 December 2023, https://www.euronews.com/my-europe/2023/12/06/the-future-of-work-lies-in-the-balance-between-human-and-ai.

16 Hern, Alex. 'Microsoft productivity score feature criticised as workplace surveillance'. *The Guardian*, 26 November 2023, https://www.theguardian.com/technology/2020/nov/26/microsoft-productivity-score-feature-criticised-workplace-surveillance.

17 Kak, Amba, and West, Sarah Myers. 'AI Now 2023 Landscape: Confronting Tech Power'. AI Now Institute, 11 April

2023, https://ainowinstitute.org/2023-landscape.

18 CWU. 'AI the "Most Significant Threat" to Workers Today, CWU Urges'. CWU, 2023, https://www.cwu.org/news/ai-the-most- significant-threat-to-workers-today-cwu-urges/.

19 Moody, Kim. *On New Terrain: How Capital Is Reshaping the Battleground of Class War*. Chicago, Illinois: Haymarket Books, 2017, p. 50.

20 該演講可見於YouTube，包括Indrid Cold, 'Mario Savio | Bodies Upon The Gears'. https://www.youtube.com/watch?v=xz7KLSOJaTE&ab_channel=IndridCold。

國家圖書館出版品預行編目資料

血汗AI：為人工智慧提供動力的隱性人類勞工／詹姆斯・默登（James Muldoon），馬克・格雷厄姆（Mark Graham），卡倫・坎特（Callum Cant）著；林潔盈譯. -- 初版. -- 臺北市：大塊文化出版股份有限公司, 2025.02

328面；14.8×21公分. --（from；156）

譯自：Feeding the machine : the hidden human labor powering A.I.

ISBN 978-626-7594-59-9（平裝）

1. CST：勞動問題　2. CST：勞工權利
3. CST：科技業　　4. CST：人工智慧

556　　113020345

L O C U S

LOCUS

LOCUS

LOCUS